嬗变与启示

——改革开放四十年来中国大学发展的道与思

程光旭 著

陕西师范大学出版总社

图书代号：ZZ21N1120

图书在版编目(CIP)数据

嬗变与启示：改革开放四十年来中国大学发展的道与思 / 程光旭著 . — 西安：陕西师范大学出版总社有限公司，2021.7

ISBN 978-7-5695-2270-9

Ⅰ.①嬗… Ⅱ.①程… Ⅲ.①高等学校—发展—研究—中国 Ⅳ.①G649.21

中国版本图书馆CIP数据核字（2021）第122432号

嬗 变 与 启 示

——改革开放四十年来中国大学发展的道与思

程光旭 著

出版统筹	刘东风
责任编辑	胡选宏　安　雄
责任校对	杜　云　王红凯
装帧设计	锦册
出版发行	陕西师范大学出版总社
	（西安市长安南路199号　邮编 710062）
网　　址	http://www.snupg.com
印　　刷	西安五星印刷有限公司
开　　本	787mm×1092mm　1/16
印　　张	25
插　　页	2
字　　数	305千
图　　幅	48
版　　次	2021年7月第1版
印　　次	2021年7月第1次印刷
书　　号	ISBN 978-7-5695-2270-9
定　　价	98.00元

序

  推动高等教育高质量发展,是新时代政府、社会、学者、师生及家长的共同追求。一般认为,高等教育发展起始于意大利威尼斯的博洛尼亚大学,经过法国的巴黎大学、英国的牛津大学与剑桥大学、德国的柏林大学的创新发展而迅速融入人类社会发展之中,并在推动人类社会发展中发挥着越来越重要的作用。现阶段,高等学校已经步入社会的中心,成为人类社会文明和发达的重要标志。中国高等教育起步较晚,在发展过程中披荆斩棘、历经磨难,多次被迫中断。改革开放之后,党的工作重心由"以阶级斗争为纲"转变为"以经济建设为中心",开启了中国社会全面改革发展的新征程,也开启了中国高等教育的繁荣创新发展之路。

  改革开放四十年来,我国高等教育事业取得了令世人瞩目的发展成就。高等教育规模急剧扩张,2019年在学人数逾4002万，毛入学率达到51.6%，高等教育从大众化阶段迈入普及化阶段。高等学校的人才培养质量、科学研究水平、社会服务和文化传承创新能力不断提升，内部治理体系、学科专业结构和层次类型结构不断优化，社会声誉和国际影响力不断提高。

同时，进入新时代，我国高等教育发展也面临着新的挑战与机遇。高等教育的主要矛盾已经从"上大学难"转变为"上好大学难"，优质高等教育资源短缺，公平与质量问题凸显。我国高等教育发展方式正在从以规模扩张和空间拓展为特征的外延式发展，转变为以提高质量和优化结构为核心的内涵式发展。研究改革开放四十年来中国高等教育的发展历程，系统总结高等教育改革发展的经验，是实现高等教育内涵式发展、建设高质量高等教育体系的迫切需要。

《嬗变与启示——改革开放四十年来中国大学发展的道与思》一书的作者程光旭同志曾在西安交通大学任教务处处长、招生办主任、副校长，后在陕西师范大学任校长、党委书记，有比较丰富的高等学校管理经验，而且具备扎实的高等教育管理理论基础，这为本书的撰写奠定了基础。该书以改革开放四十年来我国高等教育的改革发展为主线，从高校办学理念、特色办学、本科生教育、研究生教育、学科建设、教师教育、思政工作和发展趋势等八个方面，对中国高校的办学活动进行了深入系统的研究，既从理论高度论述大学办学活动的发展之道，又从实践视角论述大学办学活动的具体之策，体现了理论与实践的紧密结合。该书遵从大学管理者办学的实践逻辑，从大学办学的一般规律出发，全面阐述了大学管理者的重要使命和主要任务，并运用实践案例和统计资料支撑理论阐释，对大学管理者提升履职水平具有很强的借鉴性。该书注重大学办学理念及办学特色的研究，分析了办学理念及办学特色的构成要素及实践路径，并通过国内外一流大学的发展案例加以印证，对当前我国高校特色化办学亦具有重要的启迪意义。

该书体系全面、内容充实、案例丰富、实践性强，对全面了解改革开放四十年以来我国高等学校改革发展的历程，对大学管理者拓展办学视野、寻求管理之策、提高治理能力，都会提供重要的参考与借鉴，是一本值得研读的著作。

在祝贺该书出版的同时，我也希望有更多的大学管理者能够结合自身丰富的管理实践经验，关注并开展高等教育研究，进而促进科学决策，指导改革实践；在推进我国高校内涵式发展、建设高等教育强国的进程中，繁荣我国的高等教育研究。

是为序。

2020年12月于北京

钟秉林，北京师范大学和东南大学教授、博士生导师，清华大学兼职教授，英国卡迪夫大学名誉研究员。曾任北京师范大学校长、中国教育学会会长。

前言

习近平总书记在庆祝改革开放四十周年大会上讲话指出："1978年12月18日，在中华民族历史上，在中国共产党历史上，在中华人民共和国历史上，都必将是载入史册的重要日子。这一天，我们党召开十一届三中全会，实现新中国成立以来党的历史上具有深远意义的伟大转折，开启了改革开放和社会主义现代化的伟大征程。"1978年，中国社会开启了改革开放的伟大篇章，党和国家的工作重点转移到了以经济建设为中心的新的历史时期。四十多年来，我国政治、经济、社会、文化、生态文明等各方面全面繁荣发展，人民生活实现了由贫穷到小康的历史性转变，社会发展取得了举世瞩目的伟大成就。习近平总书记在讲话中进一步指出："今天，我们在这里隆重集会，回顾改革开放四十年的光辉历程，总结改革开放的伟大成就和宝贵经验，动员全党全国各族人民在新时代继续把改革开放推向前进，为实现'两个一百年'奋斗目标、实现中华民族伟大复兴的中国梦不懈奋斗。"中国社会全方位的改革开放，是以高考制度的恢复和实施为发端的，这也充分证明了教育在我国经济社会发展中的特殊地位与作用。在改革开放四十年之际，研究中国高等教育和高等学校改革发展历程，回顾和反思高等教育发展得失，无论是对总结我国改革开放四十年高等教育发展的经验，还是在新的历史起点上迈向建设现代化高等教育强国新征程，都具有十分重要的历史与现实意义。

改革开放四十年来，我国高等教育取得了举世瞩目的巨大成就。高等学校数、在校生人数、招生人数、毕业人数等都实现了大幅度的增长，高等教育实现了大众化并即将进入普及化发展阶段，高等学校的发展规模已经居于世界前列。高等教育培养了大批高层次人才，科学研究能力显著提升，学科建设水平与世界一流大学的差距快速缩小，质量保障体系进一步健全，这充分表明改革开放四十年来，我国高等教育发展成就辉煌，可圈可点。认真梳理改革开放四十年来我国高等教育特别是高等学校发展的历程，深入反思得与失，全面总结高校发展经验，研究高校办学规律，都是十分必要的。

改革开放四十年来我国高等教育取得的辉煌成就，有其丰富的经验，主要成功经验可以概括为六个方面。

一是我国高等教育快速发展的根本在于全面坚持党对高等教育的坚强领导。 改革开放以来，尽管我国高等教育管理体制几经变革，但是，始终坚持了党对高等教育事业的全面领导。中共中央多次就高等教育改革发展做出重大决策和重要指示，正确把握我国社会主义高等教育事业发展方向。例如，《中共中央关于教育体制改革的决定》《中国教育改革和发展纲要》《国家中长期教育改革和发展规划纲要（2010—2020年）》等，都是党中央根据我国教育改革发展需求做出的重大战略部署，成为相当长一个时期内指导我国高等教育改革发展的重要遵循。在高校内部，实施了党委领导下的校长负责制，确保党的教育方针、政策在高校的贯彻实施，永葆高等教育的社会主义本色。

二是我国高等教育快速发展得益于集中力量办大事的制度优势和政府强力推动。 由于我国政府对高等教育管理的传统惯性及政府主办主体的影响，政府在我国高等教育发展中始终扮演着重要角色，在大学办学规模扩大、学科建设、科研能力提升、教师队伍建设、办学经费投入等方面都发挥着非常突出的作用。政府在高等教育发展中所做出的几次重大决策，如恢复高考制度、实施"211工程""985工程"、高校扩招、大学毕业生自主择业、推进"双一流建设"等，都从根本上改变和影响了我国高等教育的发展态势，不断推动我国高等学校进入新的发展阶段。

三是我国高等教育快速发展深受优秀教育传统文化的影响。 中国社会历来重视教育，古代就有"孟母三迁""悬梁刺股""囊萤映雪""凿壁偷光"等发奋读书的经典故事，反映了我国古代社会具有重视教育的优秀传统，而且成为激励一代又一代人发奋读书的榜样力量。特别在儒家教育思想和科举制度影响下，人们不仅仅把教育看作实现自我价值的有效路径——"学而优则仕"，更将其视为实现"修身、齐家、治国、平天下"及"立德、立功、立言"的重要方式，逐渐形成了"耕读传家"的优良教育传统。深受这一教育传统文化的影响和熏陶，无论是政府、社会，还是学生及家长，都非常重视教育，办人民满意的教育、建设高等教育强国，已成为目前我国社会的共同文化诉求和国家战略。

四是我国高等教育快速发展汲取了社会主义市场经济体制目标模式的新动力。 纵观我国改革开放的发展历程，改革开放的过程实质上是逐渐引入市场要素并建立和完善社会主义市场经济体制的过程。价值规律与市场机制在我国逐步建立并深入到社会发展的各个方面，成为影响社会发展的重要因素。我国高等教育发展同样深受市场机制的影响，在教育管理中逐渐落实高等学校的独立法人地位，让其拥有独立的民事行为能力，自主参与人力资源市场发展决策；在高等学校师资队伍建设及毕业生就业中，主要采取市场化运作机制，让教师和学生按照市场需求自主择业；高等教育发展经费来源打破了由政府单一拨款的局面，实现了由市场参与的多元筹资体制运作；在高等学校的科研发明创造和社会服务活动中，市场化取向和行为也越来越多。总之，市场机制成为推动高等教育发展的重要力量之一，极大地增强了我国高等学校发展的动力与活力，有力推动了高等学校的快速、多样化发展。

五是我国高等教育快速发展得益于我国社会物质财富快速增加提供的有力支撑。 四十年来，我国社会物质财富大规模增加，1978年，当时我国的GDP总量为3645亿元，人均GDP只有381元人民币，而到了2018年，GDP大规模增长，总量达到919 281亿元，人均GDP高达65 880元人民币，这为高等教育发展提供了坚实的物质基础。目前，我国公共教育经费支出占GDP的比重连续六年超过4%，高校投资数额大幅度增加，校园面积迅速扩大，生均经费快速提升，教师工资水平及科学研究资金得到快速增加和比较充分的保障。高等学校发展资金总体上实现了由严重不足向能够基本保障和重点保障的转变，高等学校的资金矛盾开始由资金紧缺向如何更有效地花钱的方向转变，这为我国高等教育规模扩大、科学研究开展、师资队伍建设、学生培养水平提升、国际交流与合作推进等提供了充分的经费支持和保障。

六是我国高等教育快速发展得益于国际化进程的加速发展。 随着我国经济建设对外开放的深入开展，高等教育的国际交流和合作也不断加快，特别是我国加入WTO之后，全面融入国际经济社会中，为高等教育的国际化发展提供了前所未有的机遇和挑战。一方面，面对国内高等教育与西方发达国家存在的巨大差距，我国政府制定了资助出国留学的政策和措施（如CSC等），高校开始大范围接触学习国外高等教育先进管理经验和办学经验，大力推动我国高等教育管理体制机制及高校办学方式改革，在教师管理、课堂教学、考试评价、科研管理等方面，注意向西方发达国家学习，缩小了与西方发达国家高校学术水平的差距。另一方面，面对全球经济一体化的发展大势，我国高等学校通过建立国外校区、与国外高水平大学联合办学、合作开展科学研究、派遣访问学者、联合培养学生、积极吸引国际学生来华留学、聘请国外知名教授等形式，积极拓展国际交流与合作，大力提升国际知名度和影响力，高等教育的国际化程度有了大幅度提高。

当然，改革开放四十年来，我国高等学校在发展规模、人才培养数量与质量、教师队伍建设、科学研究、文化传承创新、国际交流与合作等方面尽管也取得了辉煌的成就，但是与世界高等教育发达国家相比，我国高等教育在管理体制机制改革、学生培养质量、世界一流大学与一流学科建设、科学研究评价体系建设、高水平教师队伍建设、科学研究、高校学术文化、大学文化建设、高等教育分类多样化发展、高校教师创新与大学生创业、高等教育与区域社会经济联系等方面，还存在比较多的问题，与人民群众对高等教育的需求和期待还存在一定的差距，与我国社会主义现代化建设现实需要与战略要求还存在诸多不适应。

本书以改革开放四十年为时间主线，根据作者在研究型大学从事管理工作的切身经历，从高等教育管理者的角度对我国高等教育特别是高校发展历程进行了深入研究，从大学功能发展演化阐述大学的发展之"道"，归纳比较了发达国家高等教育发展模式及启迪意义；着重论述高水平大学办学特色彰显的有效路径；着力阐述了本科教育在大学办学中的核心作用，从卓越人才培养角度解析本科教育招生选拔及培养发展变革进程；系统总结了研究生教育的发展变迁历程，从理论与实践层面探讨了研究生教育改革目标；初步揭示了学科建设内涵，检视学科建设的发展历程及其有益经验；结合师范大学的工作经历，探索认识教师教育内涵及要义，着重论述了卓越教师培养之道；总结了党对高校领导的经验，从现代大学治理体系建设及思政教育方面分析了高校党委的领导作用；分析预测我国高等学校未来改革发展趋势，从扎根中国大地办大学、服务国家发展战略及教育强国建设等方面分析了高等学校改革动向。

在本书的写作过程中，我们注重事实性、史料性、过程性，坚持理论与实践相结合、历史与现实相结合、本土与域外相结合、宏观与微观相结合的原则，对高校的主要办学活动进行了系统分析，历经三载完成。总体来看，本书在以下几个方面具有一定的创新性：

一是对改革开放四十年来中国高校发展权威性史料的收集和梳理。具体事实材料是研究的基础，也是让读者进行自我理解和自我体验的重要参考。科学研究中重视权威史料的收集，是保证研究准确性的重要基础，也是给予读者客观真实体验的重要基础。例如，伊斯顿（Easton）在《政治体系》中强调，"事据"对形成科学理论的科学研究具有特别的重要作用；迪尔凯姆（Durkheim）在《社会学方法的准则》中强调，"事实材料"是社会科学研究的基础。可见，搜集权威性史实材料对科学研究十分重要。从本书的内容来看，写作过程中特别注重呈现史实的权威史料的搜集，让读者通过这些史料（政策、文件等）的阅读，体验和思考当时高等教育发展的必然与应然，以便得出更加客观、真实的结论，也可以更好地对作者的观点和结论进行验证。同时，也为高校管理者提供重要的案头必备参考。

二是对改革开放四十年来中国高校办学历史演进规律进行系统分析与总结。本书以1978年十一届三中全会推行改革开放政策为研究时间起点，追踪了四十年大学办学的发展轨迹，从发展嬗变历程中寻找大学的发展规律，并进行了充分的归纳分析，总结出一些大学办学的历史演进规律。例如，大学是在社会发展的过程中逐渐孕育并发展壮大的，大学功能是随社会发展变化而逐渐丰富发展的，本科教育始终处于高校人才培养的中心地位，学科建设是支撑大学发展壮大的坚实基础，等等。对这些规律的总结极大地丰富了本书的理论价值，为读者全面认识大学办学发展规律、理性认识当前大学办学状态，提供了有益参考，对丰富和发展大学办学理论与实践具有重要价值。

三是对未来高校办学发展趋势的预测与研判。本书虽然从历史角度展开，但是立足现实，着眼未来，希望在总结历史发展规律的基础上，结合现实状况对高校办学未来发展趋势进行预测与研判。"凡事预则立，不预则废"，对高校办学未来发展趋势的预测与研判，有利于帮助相关人员进一步深入理解和准确认识高校的未来办学活动，对政策制定者制定面向未来的教育发展政策、对高校管理者实施面向未来的管理变革、对社会公众适应高校办学未来发展状态等，都可以提供有益的借鉴和参考，对进一步提升我国高校的办学能力有重要帮助。

四是对书稿的可读性大力着笔布局。学术性著作往往具有晦涩难懂的不足，非专业人员很难深入阅读和全面理解，这不但会影响其受众面，而且会影响其学术价值的发挥。因此，本书在写作过程中极力克服学术性论著晦涩难懂、受众面小的弊端，着力提高可读性编撰，借助表格、图片及典型案例等，阐释深刻的道理，力求深入浅出、通俗易懂，以便读者轻松理解其中的思想、理论与实践，从而扩大论著的受众面。这也体现了作者力求学术普及化的学术情怀及志趣。

总之，本书以改革开放四十年来我国高等教育特别是高校改革发展历程为主线，结合作者在研究型大学从事管理和教学科研工作的体会，力求比较客观地总结我国大学改革发展经验，反思在推进改革中的一些困惑和感悟，在体例安排、内容选择、呈现方式等方面具有鲜明的特点和创新性。当前，在我国大力推动高校"双一流"建设过程中，希望本书的出版能为高等教育管理与高等学校治理提供有益参考。当然，由于作者水平有限，视野主要局限于教育部部属研究型大学，因而对我国大学整体性研究还不够全面，尤其是对改革开放以来大学功能的划分、大学办学特色的凝练等表述，仅代表作者个人观点，书中难免存在一些局限、不足和瑕疵，敬请读者批评指正。

程光旭

2020年10月

目 录

第一章
大学之道在于立德树人止于至善 ······ 001

第一节　大学之道 ······ 003
第二节　定位之策 ······ 036
第三节　国际范例 ······ 051
第四节　实践启迪 ······ 060

第二章
中国特色是大学不可替代的鲜明特性 ······ 067

第一节　特色内涵 ······ 069
第二节　彰显路径 ······ 083
第三节　实践范例 ······ 093

第三章
坚持本科中心是大学立校之本 ········ 107

- 第一节　本科为本 ········ 109
- 第二节　为国选才 ········ 113
- 第三节　人才培养改革 ········ 125
- 第四节　质量保障机制建设 ········ 142
- 第五节　创新创业教育实践 ········ 151

第四章
创新研究生教育是大学兴校之基 ········ 159

- 第一节　嬗变发展 ········ 161
- 第二节　理论指引 ········ 171
- 第三节　发展变革 ········ 179
- 第四节　素养提高 ········ 184
- 第五节　质量提升 ········ 189
- 第六节　他山之石 ········ 206

第五章
建设高水平特色学科是大学水平提升之要 ········ 219

- 第一节　时代强音 ········ 221
- 第二节　内涵要义 ········ 223
- 第三节　经验总结 ········ 231
- 第四节　学科评估 ········ 251
- 第五节　发展之策 ········ 262
- 第六节　发展之势 ········ 268

第六章
振兴教师教育是教育强国之根 …… 273

- 第一节　特性表征 …… 275
- 第二节　特色彰显 …… 284
- 第三节　卓越教师培养 …… 291
- 第四节　实践案例 …… 300

第七章
推进思想政治教育引领是大学发展之魂 …… 313

- 第一节　发展历程 …… 315
- 第二节　新发展要求 …… 330
- 第三节　创新实践 …… 342

第八章
着眼未来是大学创新发展之策 …… 357

- 第一节　远瞩世界教育发展格局 …… 359
- 第二节　扎根中国大地办学 …… 362
- 第三节　服务国家发展战略 …… 366
- 第四节　构筑高校内部发展体系 …… 369

参考文献 …… 373

后　记 …… 379

第一章

大学之道在于立德树人止于至善

关于大学之道的感悟与阐释，有着丰富的内涵。中国古代以"大学之道，在明明德，在亲民，在止于至善"的教育之道规训教育活动，而国外，欧洲的大学则更强调神学教育、知识传播和科学研究。这都是大学之道的内在要义。当然，尽管大学之道内涵丰富，本书所述主要指大学办学规律。

世界大学创建和发展的经验表明，大学功能是大学发展的根本遵循，是大学的办学目标、发展方向，是大学办学活动的内在指引，是大学办学规律的重要外在表现形式。

大学伴随着社会发展进步而不断成长壮大，其功能也在不断丰富和发展。现代大学已被赋予人才培养、科学研究、社会服务、文化传承与创新、国际交流与合作、创新创业等诸多功能。但人才培养、科学研究、社会服务及文化传承与创新才是大学的主要功能。虽然西方国家的大学比我国大学的产生早几百年，但是在我国，大学的功能并非直接照搬西方现代大学功能，而是经历了人才培养、科学研究及社会服务等功能的不断丰富与拓展，形成了相互杂糅与重点突出的特征。

改革开放四十年来大学发展的经验表明，对大学功能进行准确定位并实现特色发展，应该从国情校情、历史传承、基本趋势及现实需求出发，有所为有所不为，走"人无我有、人有我优、人优我特"的发展之路。

第一章
大学之道在于立德树人止于至善

大学功能是大学在社会系统中的价值体现,是大学存在和发展的基础,也是指引大学办学的重要指针。深入论述和系统阐释大学功能,是明辨大学之道,实现大学科学合理办学的重要方式。从大学发展历史上看,每一次大学发展进入新阶段,都是由于大学功能的发展而促成的,可以说,大学功能的发展是推动大学发展进步的重要源泉,准确认识大学功能,合理定位大学办学方向,是大学发展的首要任务。现阶段,关于大学功能的范畴已经出现了泛化的状况,如何科学认识大学功能、科学定位大学办学方向,已经成为大学办学的重要内容。

第一节 大学之道

老子在《道德经》中提出了"道"的概念,他指出:"有物混成,先天地生。寂兮寥兮,独立而不改,周行而不殆,可以为天地母。吾不知其名,强字之曰道。"从《道德经》的这段论述来看,老子认为"道"是天地创生之初就已经存在的一种东西,这种东西宏大无形、独立不变,往复循环运动,可以孕育天地万物。对于这种东西,老子认为不知道如何称呼它,暂且以"道"来称呼之。但"道"具体是什么,老子在《道德经》开篇,说"道,可道,非常道;名,可名,非常名",他认为"道"并不是能够完全具体说明的。尽管如此,有研究者指出:《道德经》对"道"有多次强调,"道"的含义在各处也不尽相同,但总体上包含了三种意义,即"实存意义的'道'""规律性的'道'"和"生活准则的'道'"①。《庄子·缮性》进一步指出,"道,理也。……道无不理",这进一步说明"道"即"理"。《说文解字》指出:理,治玉也。从玉,里声,即玉的纹理之意。可见,"道"既是事物的"纹理",即事物发展运动的内在遵循。本书所强调的"大学之道"中的"道",也主要是指"理",即大学发展演变的内在遵循。

在古代,没有真正意义上的大学,但有关教育之道的论述却非常丰富。老子在《道德经》中提出了"道法自然"的思想,认为人的一切活动都应该遵循自然之道,顺应自然规律,这一论述体现出朴素的唯物主义思想。老子强调在具体的教学活动中应该实施"行不言之教",即要通过自身的行为示范来感化受教育者,让受教育者"无为自化"。

图1-1 老子讲经图

---

① 陈鼓应.老子今注今译[M].北京:商务印书馆,2016:23-33.

老子还提出了"善者吾善之，不善者吾亦善之，德善；信者吾信之，不信者吾亦信之，德信"的思想，这就要求在教育活动中，无论是对待善良品德高尚诚信之人，还是对待不善良品德不高尚不诚信之人，都需要以善良、高尚品德及诚信去教导。孔子是我国历史上伟大的教育家，形成了许多对后世有重要影响的教育思想。他认为教育培养人主要是培养人的"仁爱之心"和"礼仪道德"，主张教会学生像尊敬爱护自己的亲人一样懂得尊敬爱戴别人，还要教人"克己复礼"，通过人人相爱塑造良好的社会道德规范。

图1-2 孔子讲学图

我国第一部教育专著《礼记·学记》指出："发虑宪，求善良，足以謏闻，不足以动众。就贤体远，足以动众，未足以化民。君子如欲化民成俗，其必由学乎！"由此可见，《学记》认为教育可以"化民成俗"，是一种十分重要的政治统治手段。为了进一步强调教育在政治统治中的突出作用，《学记》进一步指出，"是故古之王者建国君民，教学为先"，强调要把教育放在国家管理及统治的优先地位。古代儒家经典《大学》从教育的目的及归宿出发，深入阐述了教育之道。《大学》开篇第一句指出，"大学之道，在明明德，在亲民，在止于至善"，也就是说，教育的宗旨在于彰显高尚的品德；在于反省提升自身的道德并推己及人，使人人都改过自新、弃恶从善；在于实现整个社会都形成良好的道德风尚，达到至善至美的地步。但教育的根本目的还不止于此，而是要通过"格物、致知"，为自身"修身、齐家"，最终达到"治国、平天下"的目的。另一篇《中庸》则从"教"的角度，提出了大学之道，指出"天命之谓性，率性之谓道，修道之谓教"，认为教育活动就是教育人"修道"的活动，并提出了学习的方式方法，强调要"博学之、审问之、慎思之、明辨之、笃行之"。

宋代理学家朱熹提出"存天理、灭人欲"的哲学思想，并由此衍生出了朱熹深刻的教育思想。在朱熹看来，正是由于人的欲望的存在，导致人出现了许多恶行，所以，朱熹强调教育的根本目的在于让人们认识自然规律和消灭人的欲望。特别是朱熹在白鹿洞书院主持讲学时，为规范教育活动、引导教育行为而制定了《白鹿洞书院揭示》，其中指出："熹窃观古昔圣贤所以教人为学之意，莫非使之讲明义理，以修其身，然后推以及人。非徒欲其务记览为词章，以钓声名、取利禄而已也。"《白鹿洞书院揭示》深刻反映了朱熹对教育之道的认识，也反映出朱熹的教育思想承袭了孔孟等儒家的教育思想。朱熹认为教育的根本目的还是"明义理""修其身"，从而影响他人，实现社会道德水平提升和社会的和谐稳定。明代哲学家王阳明以"心学"为指导，提出了"致良知"说。他认为每个人都会出现过错，即使圣人也不例外，教育就是要通过感化的方式让人们不断发现良知，从而形成完善的个体。

图1-3 白鹿洞书院

从上述有关"教育之道"的论述来看,我国古代主要是从道德规范及自然规律角度来阐述"教育之道"的。到近代,则主要从大学功能和社会发展的相互关系来阐述"大学之道"。例如,蔡元培说"大学者,研究高深学问者也",梅贻琦说"大学者,非谓有大楼之谓也,有大师之谓也"。国外对"大学之道"的阐述也非常丰富。例如,古希腊先贤柏拉图(Plato)认为教育是要培养"哲学王",亚里士多德(Aristotle)倡导教育要培养人的"理性"思想。

英国教育家纽曼(Newman)认为"大学教育应提供普遍性的知识",大学存在的目的在于传授知识。柏林洪堡大学(Humboldt University of Berlin)创立者洪堡(Humboldt)把大学界定为"以纯知识为对象的学术研究机构。而纯学术的研究活动正是大学孤寂和自由的存在形式的内在依据"[1]。查尔斯·范海斯(Charles R. Van Hise)提

---

[1] 陈洪捷. 德国古典大学观及其对中国的影响[M]. 北京:北京大学出版社,2006:1.

出:"大学的职能包括将学生培养成有知识能工作的公民……将知识传授给广大民众,使他们能够运用这些知识解决经济、生产、社会、政治及生活等方面的问题。"①弗莱克斯纳(Flexner)认为:"大学不能远离社会,但更重要的是大学不是风向标,不能什么流行就迎合什么,大学应不时满足社会的需要,而不是它的欲望。"②

总之,无论是我国古代先贤关于"教育之道"的论述,近现代教育家关于"大学之道"的阐述,还是国外教育家对"大学之道"的阐述,都在强调大学的功能是什么,只不过中国与国外教育家强调的侧重点有所不同。中国古代强调格物、致知、修身、齐家,最终达到治国、平天下的目标,国外则强调传播知识和研究活动,但都从不同侧面反映出教育的本质或大学的功能。

大学功能是高等学校办学活动的集中体现和属性反映,在一定程度上反映了大学办学活动的内在规律。"大学之道"就是高校办学活动的内在规律,可以认为大学功能是"大学之道"的外在表现形式,探究"大学之道"在某种程度上可以通过分析大学功能来实现。

一、大学的功能阐述

大学是在社会发展的过程中发展壮大的,大学的功能也是随着大学的发展壮大而不断丰富和发展的,这是大学的发展之道。

大学是在社会发展的过程中逐渐孕育并发展壮大的,从早期意大利的博洛尼亚大学(University of Bologna)、法国的巴黎大学(University of Paris)到后来现代大学的出现,都是伴随着社会的发展而不断发展壮大的。例如,创立于1088年的世界上第一所正规大学——博洛尼亚大

---

① CURTI M., CARSTENSEN V. The University of Wisconsin: A History, 1848-1925[M]. Madison: The University of Wisconsin Press, 1949: 549.
② 亚伯拉罕·弗莱克斯纳.现代大学论:美英德大学研究[M].徐辉,陈晓菲,译.杭州:浙江教育出版社,2001: 8.

学，就以教学生研究罗马法为重要任务。由于基督教在发展过程中越来越封闭，对人们思想的禁锢日趋严重，但在西欧的封建领主和骑士对地中海东岸国家发动系列战争之后，意大利航海文化、东方文化不断融入罗马文化，成为罗马文化发展的新潮流。随着地处地中海沿岸的意大利商业经济逐渐发展，人们寻求思想突破的愿望及需求更加强烈，因此，与当时欧洲大多数研习法律的机构不同，博洛尼亚的一批学者不断尝试突破基督教会的禁锢和管制，通过"游击战"的形式在传授罗马法，吸引了大批年轻人来此讲学和学习，由此形成了协会式的大学，成为不同于欧洲大多数研习法律机构的一个另类。

巴黎大学的前身是索邦神学院（College of Sorbonne）（1261年正式使用"巴黎大学"一词），它在1150年前后诞生时，由于整个社会处在中世纪封建礼教的笼罩中，开设修道院，传播基督教神学成为当时社会的潮流。巴黎大学建立之初就是以服务于传播基督教神学的社会潮流为根本任务的，并在这一过程中，不断得到教会的保护和资源供给，逐渐发展成为正规大学。

1167年，英格兰国王亨利二世（Henry II）召回寄读于巴黎大学的英国师生和学者，他们聚集于牛津，在天主教会的协助下，从事经院哲学的教育和研究。人们开始把牛津作为一个"总学"，这是牛津大学（Oxford University）的前身。牛津大学的创办，实际上就是英国王权与法国王权斗争的产物，适应了当时英国社会的政治需要。初创时期的牛津大学，是与英国社会重视宗教传统密切相关的，成为英国宗教的附属机构，注重经院哲学教育，为英国宗教的传播和人才培养服务，办学理念、标准以及人才培养目标等都是与当时英国的宗教统治相适应的。在文艺复兴时期，牛津大学最先接受人文主义的影响，成为英国文艺复兴的思想中心。

18世纪德国人文主义运动和宗教改革广泛兴起，一些大学如耶拿大学（University of Jena）、哈勒大学（Halle University）不断加快大学改革，现代大学逐渐萌芽。然而，1806年普鲁士在普法战争中战败，普鲁士陷入严重的社会危机，如何克服社会危机、实现国家振兴成为当时普鲁士面临的急迫问题。面对国家危机，普鲁士教育大臣洪堡，企图从教育改革入手来缓解国家危机，于1810年建立具有现代意义的大学——洪堡大学（时名柏林大学）。

威斯康星在1848年成为美国第30个州时，就立法决定在州首府麦迪逊（Madison）建立威斯康星大学（University of Wisconsin-Madison）。在独立战争结束之后，美国急需促进资本主义的发展，因此需要设立更多的高校来培养人才。在1862年，美国出台了著名的《莫雷尔法案》（*Morrill Act*），法案规定按各州在国会人数的多少分配给各州国有土地，各州将土地出售或投资所得的收入，在五年内至少建立一所"讲授与农业和机械工业有关的知识"的学院，康奈尔大学（Cornell University）就是在这样的背景下创办的。威斯康星大学作为一所在美国高等教育史上占有重要地位的赠地学院，则以"威斯康星思想"（Wisconsin Idea）而著名。威斯康星思想明确地把服务社会作为大学的重要职能。在1903年，威斯康星大学的第10任校长查尔斯·范海斯在其就职演讲中提出，大学应当是为本州全体人民服务的机构。威斯康星大学开设了更多应用性、技能性课程，与威斯康星州社会产业经济全面融合，社会服务能力显著提升，在世界范围内产生了广泛而深刻的影响，引领了当时大学发展的潮流。由此，大学的社会服务功能受到重视。

我国建立真正意义上的现代大学不过百年历史。虽然中国现代大学教育起步较晚，但对大学功能的认识起点并不低。在清朝末期，由于西方列强对中国的侵略，清政府及先进知识分子认识到面对西方列强的"坚船利炮"，需要"变法图强"，"师夷长技以制夷"。在戊戌变法运动和洋务运动的大力推动下,中国社会掀起了学习西方先进技术的热潮,学习西方先进的大学制度和办学思想成为当时的时代潮流。1895年10月2日,天津海关道盛宣怀奏请光绪皇帝批准,在天津创建天津北洋西学学堂,成为中国近代史上最早创办的大学之一。1896年10月,盛宣怀上奏《条陈自强大计折》并附《请设学堂片》,奏请在上海设置南洋公学。在1904年,清政府公布了由张百熙、荣庆、张之洞重新拟定的一系列有关学制系统的文件,统称《奏定学堂章程》。1904年,严修、张伯苓秉承教育救国理念创办了南开大学,基于"教育必改造中国,改造中国则先改造人"的教育理念,张伯苓将南开大学的功能与使命定义为:培养学生爱国爱群之公德,与夫服务社会之能力。之后,民国政府和北洋政府在1912年、1922年又分别制定了"壬子癸丑学制""新学制"等。1917年1月9日,北京大学开学,蔡元培校长在开学典礼上发表演说,明确提出"大学者,研究高深学问者也",奠定了北京大学研究高深学问的功能和使命。

1949年中华人民共和国成立前夕,国内大学数量达到60所以上,主要包

图1-4 时任北京大学校长蔡元培

括学习西方英美英语语系国家、德法等欧洲大陆国家的办学体制及思想建立的国立大学、省立大学以及系列私立大学,还有许多教会学校。中

华人民共和国成立后，对所有大学进行了社会主义改造，形成了由国家统一管理的大学公有制，并且为了适应大规模工业化经济建设的需要，学习和仿效苏联的高等教育模式，大规模调整高等学校的院系，重新构建大学组织，创办现代新型大学。由此可见，大学是伴随着社会发展而不断发展壮大的，其功能也在不断丰富和发展。由于受政治体制、经济水平、科学技术水平等因素的制约，中国现代大学制度建立也较晚，恰恰说明大学伴随社会发展而发展。

在大学功能研究上，尽管学者们关于大学功能的内容阐述包括了人才培养、科学研究、社会服务、文化传承与创新、国际交流与合作，甚至有些学者主张大学功能还应包括创新创业等，但是，本研究认为，大学的主要功能包括人才培养、科学研究、社会服务及文化传承与创新四个方面，而国际交流与合作、创新创业等功能，更多的是实现此四个功能的方式与手段。在此，我们对大学功能做以具体分析。

（一）人才培养

创办高校的根本目的是培养大批高层次人才，人才培养是高等教育的基本使命和首要功能，这是高校安身立命之所在。一直以来，世界上许多著名高校都把加强人才培养作为重要的办学任务来抓，通过不断改革人才培养模式和强化人才培养质量提升办学水平。比如，世界著名的牛津大学，就因出色的人才培养而赢得了世界的尊重。据不完全统计，截至2019年，牛津大学毕业生中有27人曾任英国首相，50人曾获诺贝尔奖，还有90多位皇家学会会员和100多位英国科学院院士，牛津培养的著名律师、学者、银行家等更是不计其数。牛津大学之所以取得这样的骄人成绩，在于学校人才培养理念中一直倡导"博雅教育"（Liberal Arts Education），重视培养学生的绅士精神，强调人才培养不只是知识的传授，更重要的是高尚人格的培养。牛津大学在人才培养中，实施导师制和学院制。在导师制实施方面，学校一般都会为每位学生安排导师（tutor），一个导师指导1—2名学生，导师会通过学术讨论会、共同进餐、咖啡闲谈等形式和学生见面，保证导师和学生有充分沟通的时间和机制。导师还要帮助学生制订学习计划、解决学习困难，提出学生发展意见，等等，导师的职责是成为学生学习、生活的伙伴，在知识、方法、思维、文化等方面全面影响学生发展。在学院制实施方面，牛津大学的学院（college）在人事、财务、学术、教学等方面拥有很高的自主权，学院在学生选拔、培养方面享有自主权，能够自主评价学生的学业成绩。学院还负责学生的住宿、餐饮以及图书资料建设、学习场地建设、体育及娱乐设施设备建设等，为学生的学习和生活提供全方位的具有本院特色的服务。学院的每个教师、学生、图书馆人员、生活服务人员、教辅人员、管理人员及保安等，都对本学院形成了强烈的认同意识，具有浓厚的学院主人翁精神。牛津大学的这些人才培养举措，使学院在学生学习、娱乐、生活、管理等方面对学生进行全面、全过程的教育。换句话说，就是充分发挥第一课堂和第二课堂的双重教育作用。又如，美国的耶鲁大学（Yale University）历来也是以注重人才培养而闻名于世的大学。耶鲁大学的耶鲁学院是专门从事本科人才培养的单位，由于它在人才培养方面的卓越贡献，几乎使它成为耶鲁大学的代名词。耶鲁大学的人才培养历来注重博雅教育或通识教育（Liberal Arts Education），着力培养学生的心智能力、道德能力、创新能力和公民素养，让学生有广博见识、独立精神及批判意识。

我国现代大学在建立之初也十分重视人才的培养工作。例如，创办于1898年的京师大学堂在建立之初，就以培养懂得西方先进技术的人才为目标，而清华大学则以培养欧美留学预备人才为己任。特别是民国时期，我国高校也非常注重人才培养。当时的南京临时政府教育总长蔡元培颁布的第一个法令——《大学令》，其第一条即规定：

"大学以教授高深学术,养成硕学闳才,应国家需要为宗旨。"①受此影响,民国时期的高校也造就了一大批人才,极大地提升了民国时期高等教育在世界的影响力和我国的教育历史地位。例如,北京大学在创办之初,其地位和影响力在中国和世界上都很低,官僚习气十分浓厚,校内派系林立、斗争复杂,严复、章士钊、何燏时、胡仁源等人都因受到校内反对力量的打压而默然下台;学校一些富家学生不刻苦学习,带听差,打麻将,捧名角,对读书毫无兴趣,蔡元培称当时的北京大学为富家子弟的俱乐部;一些老师不认真教书,据顾颉刚回忆,当时一些有钱的教师和学生,吃过晚饭后就坐洋车奔"八大胡同",导致北大在社会上的名声很不好。蔡元培执掌北大之后,积极对北京大学进行改造,把育人作为改造北大、提升北大影响力的重要措施。首先,他旗帜鲜明地提出了新时代大学人才培养的目标,他说:"大学学生当以研究学术为天职,不当以大学为升官发财之阶梯。"其次,他还提出了人才培养的内容,即军国民教育、实利主义教育、公民道德教育、美育及世界观教育五大内容。在"五育"中,他认为军国民教育是让国家强大起来的重要武器,实利主义教育也很重要,这有利于学校培养的人才在实践中切实发挥作用。后来,蔡元培还积极倡导美育教育,认为美育对陶冶学生情操具有非常重要的作用,要通过强化美育教育来塑造学生高尚的品行。他在《美育与人生》中指出:"人人都有感情,而并非都有伟大而高尚的行为,这由于感情推动力的薄弱。要转弱而为强,转薄而为厚,有待于陶养。陶养的工具,为美的对象,陶养的作用,叫作美育。"②最后,蔡元培强调对学生要实施全面发展和文理并重的教育,不主张分科教育,认为分科教育将导致学生偏科,不利于培养学生全面的知识结构和完整的

---

① 杨立德.西南联大的斯芬克司之谜[M].昆明:云南人民出版社,2005:5.
② 蔡元培.蔡元培美学文选[M].北京:北京大学出版社,1983:220.

认识水平。通过蔡元培的大力改造,北京大学的人才培养质量和水平得到社会的认可,社会声誉也逐渐提升。

中华人民共和国成立后,我国大学更加重视人才培养工作,经过相继学习苏联、美国之后,形成了具有我国特色的人才培养模式。例如,大学在人才培养的专业设置、课程设置和教学方法上,既强调为改革开放和社会主义现代化建设服务,培养德智体美劳全面发展的社会主义建设者和接班人,又强调发展学生的个性,为学生的自我成长服务。1999年我国高校开始大规模扩招,在校大学生数量猛增,极大地推进了我国高等教育大众化进程。但随着高等教育的规模扩张和社会经济转型发展的不断升级,人才培养质量不高的问题日益受到社会的关注,提高人才培养质量成为国家、高校需要解决的问题。现阶段高校人才培养工作中,围绕提升人才培养质量,国家和高校相继采取了一系列举措,如出台《基础学科拔尖学生培养试验计划》《卓越工程师教育培养计划》《卓越教师教育培养计划》等,都强调对人才要进行专门化、专业化教育培养,着力造就一大批高精尖人才。一些高校通过设立专门的实验班、基地班、书院等方式,探索创新型人才培养的新模式,并取得了显著成效。如北京大学设立元培学院,探索新时期中国综合性高水平研究型大学本科人才培养新模式,清华大学设立"清华学堂"培养拔尖人才,西安交通大学、上海交通大学、浙江大学、复旦大学、南京大学、吉林大学等也纷纷设立了相应的学院、实验班等,积极探索拔尖创新人才培养模式。另外,我国高校还积极开展留学生教育,通过提供奖学金、安排住宿等方式给予优待,如清华大学、北京大学等众多高校都建有专门的留学生宿舍,吸引外国留学生来华学习,实现人才培养的国际化,为世界各国特别是发展中国家培养了一批各行各业的专业人才,对实现人才交流,促进这些国家的发展有重要意义。

（二）科学研究

科学研究是高校在发展过程中逐步确立的另一项重要功能。在洪堡大学建立之前，世界上的大学都是以教学活动为主要职能的，注重博雅教育，强调把学生培养成为牧师、统治阶级接班人等。而洪堡大学则开创了大学从事科学研究的先河。洪堡在重建柏林大学（University of Berlin）时，认为要从根本上建立一所新型大学，让大学能够承担起社会发展和民族复兴的职责，他提出了建立"现代大学"的理想。在洪堡的理想中，现代大学应该是"知识的总和"（Universitas litterarum），教学和研究同时在大学开展，而且强调"学术自由、教学自由、学习自由"，大学完全以传授知识为目的，而非务实人才的培养。他认为大学兼有双重任务：一是对科学的探求，二是对个性和道德的修养。因此，他在柏林大学基础上创建洪堡大学时，将科学研究和教学相融合，使科学研究成为高校的一项重要功能，也由此使洪堡大学成为"世界学术中心"和"现代大学之母"，也是世界上第一所将科学研究和教学相融合的新式大学。在强调大学重视科学研究的同时，他认为给予科学研究人员自由是很重要的。因为科学真理具有极大的不确定性，只有给予科学研究人员充分的自由，他们才能发挥创造性，去充分探求真理。洪堡也强调大学要鼓励持有不同学术观点的教授相互间开展争论，以便在论争中发现不足，寻找真理。他还强调科研人员要耐得住寂寞，因为科学研究不可能一蹴而就，也不可能完全按照预期目标顺利实现，需要科研人员不断探索。科研人员只有耐得住寂寞、锲而不舍地探索，才有可能发现真理。洪堡的这一办学理念，引领了当时世界高等教育改革发展的新方向，科学研究活动逐渐受到大学的重视，科学研究逐渐成为高校的一项重要功能，洪堡创建的柏林大学也成为现代大学的源泉。

在现代社会，科学技术与社会发展的关系越来越紧密，特别是随着知识经济的迅猛发展，二者的关系更加紧密。社会发展不断提出新的科学研究课题，需要高校去探索、研究。高校也需要不断地参与科学研究，才能紧跟快速发展的科学技术前沿，把最新的科学技术传授给学生，培养出符合社会发展需求的人才。而高校一大批拥有丰富知识和技术的教师面向社会需求从事科学技术研究，能够极大促进社会的发展，能够带来相应的经济利益和社会效益。因此，随着科学技术发展与社会专业化发展的日益深入，大学越来越成为科学研究的一支重要力量，成为促进科学技术与经济社会发展的重要力量。

在我国，尽管大学的创建相比西方要晚，但我国高校在创建初期就非常重视科学研究，它们以西方现代大学为样本，在积极推进人才培养的同时，也积极推动科学研究功能的发挥。例如，蔡元培先生在主政北大时，就积极推动北大的科学研究活动，他认为大学是研究学术的高地，北京大学需要积极推动科学研究。他在《北京大学一九一八年开学式演说词》中说："大学为纯粹研究学问之机关，不可视为养成资格之所，亦不可视为贩卖知识之所。学者当有研究学问之兴趣，尤当养成学问家之人格。"[1]蔡元培深受德国洪堡思想的影响，认为自由是从事科学研究的重要基础，必须为科研工作者创造自由宽松的环境，他指出："我对各家学说，依各国大学通例，循思想自由原则，兼容并包。无论何种学派，苟其言之成理，持之有故，尚不达自然淘汰之命运，即使彼此相反，也听他们自由发展。"这就是蔡元培先生提出的著名的北大办学理念——"思想自由，兼容并包"。他还鼓励不同学术观点的争论，他说，"大学者，'囊括大典，网罗众家'之学府也"，"我素信学术上的派别，是相对的，不是绝对的；所以每一种学科的教员，即使主张不同，若都是'言之成理、持之有故'的，就让他们并存，令学生有自由选择的余地"[2]。因此，在北大主政期间，蔡元培能够聘请许多持有不同见解的优秀人员来校任教。例如，

---

[1] 高平叔. 蔡元培教育论著选[M]. 北京：人民教育出版社，2017：171.
[2] 高平叔. 蔡元培全集：第3卷[M]. 北京：中华书局，1984：221.

胡适和辜鸿铭常常发生争论,而李大钊、陈独秀在北大能够积极从事马克思主义思想的传播,等等。据说,胡适和梁漱溟对孔子的看法不同,蔡先生就请他们同时各开一课,唱对台戏,进行学术争鸣。又如上海教会学校圣约翰大学,在建立时完全仿照西方风格来办学,积极推动科学研究。圣约翰大学强化学生的英语功底,以实现"彻底研究",强化科学教育,以便让学生明确真理,增进人类社会的福祉。天津北洋西学学堂(1896年正式更名为北洋大学堂)自创办之始,其创办者盛宣怀就强调要着力培养精通专业的钻研人才。民国政府建立之后,民国政府教育部将北洋大学堂改名北洋大学,并进行工科化改造。北洋大学未办工科,在20世纪二三十

图1-5 阿瑟·布雷德佛德·毛理尔1911—1914年在北洋大学任教时的课程表及借书证

代就提出要注重培养科学技术人才,强调要把科学研究成果通过实验不断转化为现实的生产力,先后成立了"天津水工试验所""中央研究院工学研究所""南洋大学工业研究所""矿业工程研究所"等机构,专门从事相关研究工作。中华人民共和国成立以后,特别是改革开放以来,我国教育行政管理部门更加重视高校的科学研究功能,一些高校在这四十年间经历了科研从无到有、从个体研究到集体研究的不断发展壮大的过程,一些研究型大学已经成为我国科学研究的重要力量。尤其进入新世纪以来,我国政府大力推动产业转型升级,大力实施创新驱动发展战略,高校的科学研究功能会越来越突出,在国家科学研究领域的作用也会越来越大,对社会经济发展的支撑和推动作用必将日益显著。

(三)社会服务

高校的社会服务是在人才培养和科学研究功能之后逐渐衍生出的重要功能。在高校社会服务功能发展中,美国"威斯康星思想"在世界高等教育史上具有划时代意义,这一思想主张高等学校应该为区域经济和社会发展服务。由此,世界高校的职能从人才培养、科学研究扩展到社会服务,社会服务成为高校的第三大职能。威斯康星大学校长范海斯在1904年提出"服务是大学唯一理想"的口号,成为高校承担社会服务功能的先声。范海斯指出:"州立大学的生命力在于它与州的紧密关系,州需要大学来服务,大学对于州负有特殊的责任。教育全州的男女公民是州立大学的任务,州立大学应该促成对本州发展有密切关系的知识的迅速增长。州立大学的教师应该用其学识专长为州做出贡献,并把知识惠及于全州人民。"[①]他又提出威斯康星大学要打破大学的围墙,要变成威斯康星州的大学,把知识和科学技术应用于社会,为威斯康星州的改革发展服务。在威斯康星,威斯康星大学在全州设立教学中心,

---

① PAUL WESTMEYER. A History of American Higher Education [M]. Illinois: Charles C.Thomas Publishers, Springfield, 1985: 40.

通过函授等形式满足全州人民接受高等教育的需求。还会利用学校经费资助学校、社会人员开展有关政治、经济、文化等热点问题的讨论与研究，利用学校各种讲堂举办有关州发展问题的各类讲座，积极鼓励学校教师服务本州社会经济发展，解决州社会经济发展中存在的各种问题。例如，该校1984年建立大学科技园以来，通过企业孵化、技术转让、成果转化等形式，密切了大学与当地社会经济发展的联系，为州社会经济发展做出了突出的贡献。自1985年以来，学校每年派出40人左右的专家服务团，解决州发展中遇到的问题和困难。威斯康星大学还通过社区服务，联合公共图书馆等机构，把一些先进知识和技术通过书籍发放等形式送到社区，共同提升当地居民文化素养。而美国约翰斯·霍普金斯大学（Johns Hopkins University）一开始就重视把科学研究应用于实践，在建校之时，首任校长丹尼尔·吉尔曼（Daniel Gilman）强调："建立大学有多重目的，但是首先是为了建设一个比现在更好的社会。"他重视应用性研究，认为科学研究"不仅仅是为了科学的目的而研究，是为了建设更好的人类社会而研究"，强调大学的科学研究应该和社会密切联系，形成良好的互动关系，而不是把大学建设成隔绝于世的象牙塔。美国康奈尔大学创立人埃兹拉·康奈尔（Ezra Cornell）提出"建立一所任何人都能够接收到任何一种学科教育的高校"，要向社会提供最好的设施，使社会获得实用知识和技术。

高校之所以要承担社会服务功能，是由于高校具有一些特别的资源优势：一是高校长期从事高深知识的创新和传播活动，拥有一大批知识丰富、掌握先进科学技术的教师，可为社会经济发展培养各式各样的人才，满足社会对人才的需求。二是高校可以根据自己的科研传统及科研基础进行技术开发，通过专利申请、技术转让等方式，把自身的科学研究成果通过企业购买的方式提供给企业进行转化，实现高校科学技术服务于社会经济的发展。三是高校有各学科领域的专家和教师，他们长期从事某一领域的高深研究、知识创新和传播活动，具有丰富的专业知识和专业技能，高校可以充分利用这些人力资源条件，努力为社会提供专业咨询和智库服务。四是高校拥有实验室、图书馆、教室、体育场、运动馆等设施设备，可向社会公众开放，满足社会公众享受这些资源的需要。高校拥有这些优势和丰富资源，为其发挥社会服务功能奠定了良好的基础。

改革开放以来，随着我国社会主义市场经济体制的建立和完善，高校办学活动逐渐与市场接轨，关注社会需求、满足社会需要成为高校建设发展的一项重要内容。在这一发展背景下，我国高校的社会服务功能逐渐产生和发展起来。从时间上说，我国高校的社会服务功能在20世纪90年代开始受到重视，进入21世纪后，社会服务已经成为高校的一项非常重要的职能，高校与社会经济发展的联系日益密切。在人才培养方面，为了进一步满足社会经济发展对专业人才的需要，促进社会经济的发展，我国高校在1999年开始扩招。1999年招生录取人数达到160万，比1998年的108万增加52万，扩招增幅为48%，当年毛入学率为10.5%。经过二十年的招生规模增加，到2019年，我国高校录取人数超过820万，毛入学率超过50%，高等教育进入普及化阶段。每年为社会输送几百万名大学毕业生，仅2007年到2017年十年中累计毕业大学生7000万人，一批一批的专业人才，为社会和经济发展提供了大量的人才和智力支撑。在科学研究方面，为推进科学研究与社会经济发展密切结合，我国政府采取一系列举措，例如，通过设立大学科技园强化高校社会服务功能。从2002年开始推进高校国家大学科技园建设，到2014年，已经进行了10个批次，共完成115个国家大学科技园的建设。以清华大学为例，清华大学国家大学科技园聚集了一大批世界500强公司，如宝洁公司（P&G）、日电（NEC）、谷歌（Google）、微软（Microsoft）等，成为国际化企业的聚集区，在企业孵化、资产净值等方面都取得了非常突出的成绩（如图1-6、图1-7所示）。

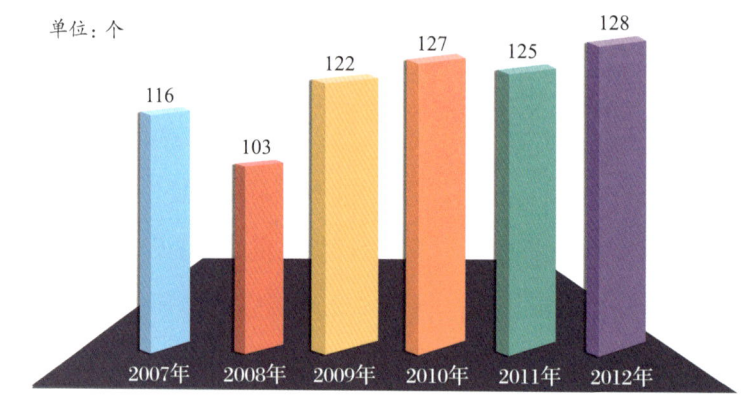

图1-6 清华大学国家大学科技园2007—2012年在孵企业数量示意图①

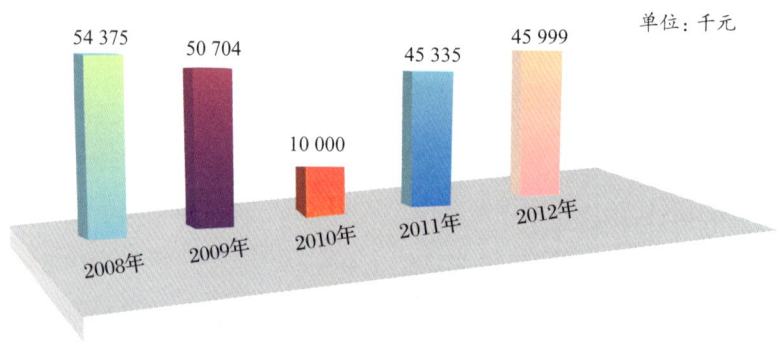

图1-7 清华大学国家大学科技园2008—2012年固定资产净值示意图②

另外,清华大学国家大学科技园还积极加快网络化建设,提升自身的辐射能力。从2001年建设第一个外地分园——清华科技园(江西)开始,清华科技园与地方政府紧密合作,充分整合清华大学以及当地的相关行业企业资源,深入调研,因地制宜,不断探索适合地方经济发展的创新型科技园发展模式,以开发建设、管理输出、品牌输出等不同模式进行辐射发展,截至2019年,已在北京、上海、沈阳、威海、昆山、南昌、广州、西安等近30个城市和地区分别建成了省市大学科技园。虽然,几十年来,大学科技园的作用也曾受到质疑,无论这些科技园今后

---

① ② 图1-6、图1-7数据均来源于《中国火炬统计年鉴》(2013年版),由中经未来产业研究中心整理。

如何发展，但在21世纪初这段时间，大学科技园把大学与企业、当地政府紧密联系起来，通过科学技术转化、创新人才培养、信息咨询服务等形式，突出体现了我国高校服务社会的鲜明特征。

在科研成果转化方面，随着改革开放深入推进，经济社会建设对科技成果的需求快速增加，我国高校科研转化意识逐渐增强，科研转化水平逐渐提升。比如，2008年浙江大学在全国建立11家产学研创新服务区域平台，设立技术转移分支机构98家。2013年至2017年，浙江大学签订技术转让合同370项，合同金额2.8亿元。仅在浙大科技园，浙大师生参与创办的企业就有339家。上海交通大学设立专业机构从事科研成果转化工作，仅2017年前11个月就交易了117件专利，促成技术持股项目13个，累计金额9亿多元。2016年，西南交通大学出台"西南交大九条"推动科技成果转化，促成超过亿元的知识产权作价入股，成立了20余家高科技公司。

在高校图书资料等服务中，大学进一步向社会开放图书馆资源，服务社会大众需求。教育部专门颁布《普通高等学校图书馆规程》，提出高校图书馆应发挥资源和专业服务的优势，开展面向社会用户开放的服务。例如，南京大学与支付宝合作共建了智慧图书馆，社会公众可通过支付宝领取电子借书卡借阅书籍，图书资源向社会公众完全开放。南京大学、南京工业职业技术学院、中国矿业大学等20多所高校还建立了共享图书联盟，学校图书馆资源可以共享共用。南昌大学等11所江西高校、北京师范大学等众多高校图书馆也以多种形式面向社会公众开放，积极发挥大学社会服务的功能。

（四）文化传承与创新

高校无论是进行人才培养还是从事科学研究，都是一种知识性活动，它们或是传播知识，或是批判继承与创新知识。从高校知识活动的内在本质讲，这些知识性活动都离不开文化，本质上是一种文化活动。

一方面，知识本身就是文化的一种表达形式，从事知识创新与传播在一定程度上就是在实施着文化传承创新；另一方面，知识性活动是在文化理念影响下进行的经验积累和规律挖掘，也是对文化本身的保存、创新和发展，但是随着时代的发展和进步，文化也需要传承和创新。高校从事知识活动所具有的传承、创新和发展特性，决定了它在文化传承创新方面具有特殊的功能。特别是在知识化、产业化、市场化、全球化越来越突出的今天，如何传承创新本土文化成为社会的普遍需求，要求高校承担文化传承创新功能的需求越来越强烈。许多学者对于大学文化传承的功能提出了自己的看法，例如，西班牙学者奥尔托加（Ortega）在其1930年出版的著作《大学的使命》中就提出要把大学的基本"启蒙"功能归还给大学，他认为大学的任务在于向人类传授时代文化的全部内容，向人类清楚真实地展示当今个人生活所必须面对的复杂世界。

文化传承创新一直是我国知识分子的重要追求。孔子、董仲舒、孔颖达、程颢、程颐、朱熹、王阳明等历代先贤都十分重视古典书籍的编辑整理，这本身就具有鲜明的文化传承特色。我国建立具有现代意义的大学之后，大学的文化传承功能得到延续和继承。梁启超在《莅北京大学校欢迎会演说辞》中谈道："普通学校目的，在养成健全之人格，与其生存发展社会之能力，……然大学校之所以异于普通学校，而为全国最高之学府者，则因于普通目的以外，尚有特别之目的在。"梁启超指出大学的目的在于"研究高深之学理，发挥本国之文明，以贡献于世界之文明是焉"。北京大学在近代文化传承中有卓越的表现，成为中国新文化运动的中心，在民主与科学思想、马克思主义思想传播等方面发挥了非常突出的作用，并逐渐体现出创新的要求。进入21世纪以来，随着我国社会经济的快速发展，经济发展与社会文化发展的不平衡问题日益突出，如何进一步繁荣和发展社会主义文化，成为新时期我国社会发展的重要内容。高校长期从事文化创新传承活动，进一步繁荣和发展社会主义文化，这也是高校一项重要的职能和使命。2011年4月，时任中共中央总书记胡锦涛在庆祝清华大学建校100周年大会上讲话指出："从总体上看，我国高等教育还不完全适应经济社会发展和人民群众接受良好教育的要求，同国际先进水平相比还有明显差距。不断提高质量，是高等教育的生命线，必须始终贯穿高等学校人才培养、科学研究、社会服务、文化传承创新各项工作之中。"胡锦涛同志对高校承担文化传承创新功能提出了明确的要求，我国高校也因此更加积极履行文化传承创新的使命。改革开放四十年来，一些高校在履行文化传承创新功能方面做出了积极的努力，形成了鲜明的特色。例如，上海交通大学积极将中国传统文化融入师生的学习生活中，让师生在浓厚的文化氛围中接受传统文化教育，从而滋养和培育大学生的社会主义核心价值观。2019年，上海交通大学还积极发挥本校作为70所大学博物馆教育联盟会长单位的优势，以中国优秀传统文化为出发点，指导博物馆联盟的建设和发展，博物馆已成为大学传承创新文化的重要手段。上海交通大学还举办中国传统文化艺术节、全球大学生华语短诗大赛等活动，吸引了美国哈佛大学（Harvard University）、斯坦福大学（Stanford University）等名校的参与。

深入推进中华优秀传统文化融入教育过程是高校文化传承创新的重要手段。为深入推进中华优秀传统文化全方位融入高校教育，教育部决定在全国普通高校开展中华优秀传统文化传承基地建设，支持高校围绕民族民间音乐、美术、舞蹈、戏剧、戏曲、曲艺，传统手工技艺和民族传统体育活动等传统文化项目建设传承基地。西安交通大学于2016年获批成为全国首批创建中华优秀传统文化传承基地建设高校，并充分利用基地积极传播中华优秀传统文化。学校在与陕西省戏曲研究院等部门通力合作下，立足西北地区秦腔历史文化底蕴厚重的现实，把秦腔文化与西安交大校园文化相交融，开展了一系列秦腔文化的传承创新工作，让更多的人认识秦腔，了解秦腔，担负起传播秦腔的使命，成为秦腔艺术的传承者和守护者。例如，学校开设了全校艺术类通识课程及秦腔理论与实践课程，聘请专业演员担任戏曲社专业指导老师，依托秦腔艺术工作坊，开设"流派传承班"，打造原创歌曲《不吼也秦腔》，举办"秦腔人物化妆造型漫谈"讲座，出版《秦腔老照片》纪实图书，开展秦腔进学校、进社区系列活动，通过将秦腔文化引进校园，推动大型秦腔现代戏《大树西迁》赴外专场演出，开展海内外艺术文化交流活动，助力实现秦腔艺术"引进来"与"走出去"的目标等。

在世界经济全球化背景下，各国高等教育交流、合作更加频繁，这也为文化的传承创新提供了更多渠道。这种交流、合作，不仅可以使师生接触到最新的学科知识，也让师生接触、了解西方文化，在不同文化与理念的碰撞中，增进了相互了解，促进了中西文化的交流与创新。近年来，我国高校为促进文化传承与创新，呈现出积极加强对外交流与合作的新特点。例如，美国纽约大学（New York University）和我国华东师范大学强强联合办学形成的上海纽约大学，就借鉴美国纽约大学的办学理念及管理经验，是文化传承与创新的一种新探索。哈佛上海中心、昆山杜克大学、宁波诺丁汉大学、西交利物浦大学等都采取了中外合作办学的形式，实现了管理方式、师资队伍、办学理念、学校文化等方面的交流和互动，促进了双方大学的交流与合作。这种办学方式是中外文化相互借鉴、相互学习的另一种文化传承创新模式。另外，我国一些高校还积极到海外办学，能够让海外的学生及家长了解中国的教育及文化。如北京大学在英国开办分校、厦门大学在马来西亚开办分校，等等。

二、大学的功能演变

在我国高等教育发展史上，大学的功能并非一成不变的，而是经历了人才培养、科学研究及社会服务等功能的不断拓展，并且随着高校在社会经济发展中的作用越来越突出,大学的功能也在继续拓展与发展。改革开放四十年来,我国大学功能也出现了明显的变化,按照大学功能凸显作用情况,大致可以分为四个发展阶段。

(一)以人才培养为主的阶段(1977—1984年)

1976年"粉碎'四人帮'之后,全国工作着重点转移到社会主义现代化建设上来,突出的矛盾是人才缺乏,教育事业不能适应经济建设的发展……如果不采取有力措施,势必要造成更为严重的后果"[①]。由于国家急需培养为社会经济发展服务的各类专门人才,尽快恢复高考,让大学正常运转乃是当务之急。1977年8月,时任国务院副总理邓小平在北京主持召开科学与教育工作座谈会,提出要尽快恢复高考制度,为国家建设培养人才。当年10月,国务院批转下发教育部《关于1977年高等学校招生工作的意见》,提出要恢复招生工作、恢复大学教育,并对报考条件、报考办法都进行了详细的说明。尽管当时面临高考招生时间紧、任务重等问题,但还是克服重重困难,在当年就实现了高考招生,这充分体现了当时国家对专门人才培养的重视和渴望。以此为起点,我国开始恢复高考招生制度,各大学全面恢复教育教学秩序,人才培养活动逐渐全面实施。此后,国家又对高考制度不断进行改革,以提高人才选拔的水平与质量。

除了高考制度外,我国研究生教育同样遭受了"文革"的严重破坏,因此,恢复研究生教育也是"文革"之后高等教育的一项重要任务。1977年国务院批转教育部《关于高等学校招收研究生的意见》,提出要正式恢复研究生教育,对研究生教育的培养目标、招生条件、招生办法、培养办法等做了明确规定。同年,教育部和中国科学院联合发出《关于1977年招收研究生具体办法的通知》。1978年1月,教育部发出《关于高等学校1978年研究生招生工作安排意见》,决定将

---

① 郑言.正确认识和处理教育与经济的关系[J].人民教育,1980(5):12-13.

1977年、1978年两年招收研究生工作合并进行，"一次报名，同时考试，一起入学"，统称为1978级研究生。研究生学制一般为三年，考试科目包括政治、外语、基础课和专业课，由招生单位自主命题。同年，教育部批复吉林大学，由吉林大学和山东大学、北京师范大学、四川大学、云南大学、厦门大学等五校合作，在吉林大学培养研究生。可见，"文革"之后尽快恢复高校的人才培养功能是当时的主要任务。

（二）科学研究受到重视阶段（1985—1990年）

1977年7月，邓小平同志明确指出："重点大学既是办教育的中心，又是办科研的中心。"两个月后，经他亲自批示的《关于中国科学技术大学几个问题的报告》明确提出"要把科大建成一个能够独立进行高水平教学和科研的重点大学"。邓小平同志还指出："今后我们要很好地研究科研和教育如何协调、人员如何经常交流的问题。"但是长期以来，由于在宏观布局上，我国人才培养和科学研究遵循两条线，即高校主要承担人才培养功能，专门成立的科研院所主要承担科学研究功能。因此，在恢复高考之后的很长一段时间内，高校的科学研究功能并没有受到重视，即使有些高校的教师在完成教学任务之余从事科学研究活动，也没有得到学校的大力支持和特别重视。1985年，在我国完成"六五"计划并制定"七五"计划时，全国科学技术工作会议、全国教育工作会议、全国城市经济体制改革试点工作座谈会、中国共产党十二届四中全会等相继召开，并颁布了《中共中央关于教育体制改革的决定》《中共中央关于制定国民经济和社会发展第七个五年计划的建议（草案）》等一系列重要文件。这一年是对我国实施改革开放和经济社会发展进行全面总结反思的一年[①]，也是进一

---

① 项贤明.新中国七十年教育观变革的回顾与反思[J].南京师大学报（社会科学版），2019（2）：15.

步转变发展方式、深入推动经济社会更快更好发展的一年。《中共中央关于教育体制改革的决定》就是在这一时代背景下颁布的。《决定》指出，"使高等学校在发展科学技术方面做出更大贡献。……重点学科比较集中的学校，将自然形成既是教育中心，又是科学研究中心"，明确强调了高校在科学研究中的地位和作用，标志着高校的科学研究功能受到重视。

随着改革开放的深入推进，高等教育各个方面的工作基本恢复了"文革"之前的正常状态，步入正常发展的轨道，如何谋求进一步发展成为大学面临的新挑战。与此同时，世界各国充分意识到科学技术对国家经济社会发展的重要意义。如邓小平在1975年就特别指出，"如果我们的科学研究工作不走在前面，就要拖整个国家建设的后腿"，"实现现代化的关键是科学技术"。在全国科学技术工作会议之后，一些著名学者积极向国家主要领导人建言献策，提出要加强我国的科学研究。例如，李政道教授积极建言我国建立国家自然科学基金、博士后制度等[①]。在这一阶段，大学的科学研究功能得到了空前的重视和强化。我国一些重要的科学研究支持计划也在这一阶段启动，为大学增强科学研究功能提供了有力的支撑。1986年，国家自然科学基金委员会成立，自然科学基金坚持支持基础研究，逐渐形成并发展为由研究项目、人才项目和环境条件项目三大系列组成的资助格局。高校教师在自然科学基金的大力支持下，深度参与到科学研究活动中，科学研究能力得到大力提升。1986年，党中央、国务院果断决策，启动实施了《高技术研究发展计划纲要》（简称"863"计划），旨在提高我国自主创新能力，以前沿技术研究发展为重点，统筹部署高技术的集成应用和产业化示范。

随着国家科学研究政策的大力推进及科学研究资源的不断丰富，许

---

① 周德喜. 浅议中国特色的博士后制度[J]. 天津市教科院学报，2006（2）：65-67.

多高校教师申请承担了国家设立的这些科研项目，大学的科学研究功能得到不断强化。

（三）人才培养与科学研究双重发展阶段（1991—2009年）

1991年出台了《中华人民共和国国民经济和社会发展十年规划和第八个五年计划纲要》，提出要在继续强化人才培养规模、提升人才培养水平的同时，加强大学科学研究水平建设。这标志着国家对大学人才培养和科学研究功能的双重重视。《纲要》指出，"有重点地办好一批大学。加强一批重点学科的建设，使其在科学技术水平上达到或接近发达国家同类学科的水平"，"'八五'期间，研究生教育和本科教育要在基本稳定现有规模的基础上，进行适当充实、配套和加强。努力办好一批重点大学。对少数不合格的高校限期进行整顿，对不符合办学标准的，要予以撤并"。在《纲要》的指导下，国家相继启动了"211工程"和"985工程"，1995年11月，经国务院批准，原国家计委、原国家教委和财政部联合下发了《"211工程"总体建设规划》，"211工程"正式启动，目的是通过提升一部分高校的人才培养和科学研究水平，带动高等教育整体水平的提升。在此期间，我国还启动了"985工程"。1998年，时任中共中央总书记江泽民提出，"为了实现现代化，我国要有若干所具有世界先进水平的一流大学"，这是"985工程"启动的序幕。1999年，国务院批转教育部《面向二十一世纪教育振兴行动计划》，《计划》指出，"实施'高层次创造性人才工程'，加强高等学校科研工作，积极参与国家创新体系建设"，"985工程"正式启动建设，北京大学和清华大学率先进入"985工程"建设项目。2004年，教育部、财政部印发《关于继续实施"985工程"建设项目的意见》，启动二期建设，至2011年被列入"985工程"建设的大学达到39所。在"211工程"和"985工程"专项经费的资助下，一些高等学校以及一批重点学科在人才培养、科学研究、管理水平和办学效益等方面有了较大提高,在高等教育管理体制改革方面取得了明显的进步,成为立足中国国内培养高层次人才、解决经济建设和社会发展重大问题的重要基地。其中,一部分重点高等学校和一部分重点学科接近或达到国际同类学校和学科的先进水平,大部分学校的办学条件得到明显改善,在人才培养、科学研究等方面取得较大成绩,适应国家、地区和行业发展需要,总体处于国内先进水平,起到骨干和示范作用。

在20世纪90年代初,随着我国各项事业的发展,对接受过高等教育人才的需求越来越强烈,人才培养速度和规模越来越难以适应经济社会发展的需求。为此,国家在1998年酝酿高等教育扩招计划,并于1999年正式实施。这是新中国高等教育发展史上持续时间最长、扩招规模最大的一项高校大扩招,极大地提高了高等教育的人才培养规模和高等教育本身的规模,堪称我国高等教育发展史上影响深远的一件大事。扩招以前,我国高等教育处于精英化教育阶段,1998年高等教育毛入学率仅为9.7%,自1999年扩招之后,高等教育持续超快速发展,短短几年的扩招使我国高等教育从精英教育阶段进入大众化阶段,2010年高等教育毛入学率达到26.5%(如图1-8所示)。

图1-8 1998—2011年我国普通高等学校招生人数示意图

在此阶段，我国除实施高等教育扩招计划，积极推进高等教育大众化之外，在科学研究方面也启动"973"计划、《"九五"国家重大技术装备研制和国产化工作的规划方案》等具有深远意义的计划，为我国高校提升科学研究能力与水平，强化科学研究功能带来了重要发展机遇。例如，1997年，国家决定制定国家重点基础研究发展规划，开展面向国家重大需求的基础研究，即"973"计划。高校在"973"项目中发挥了非常重要的作用。

表1-1　1998—2012年高校承担"973"项目情况表[①]

年份	1998	1999	2000	2001	2002	2003	2004	2005	2006	2007	2008	2009	2010	2011	2012	总计
全国立项总数	15	44	27	20	26	27	31	39	108	129	114	140	193	180	182	1275
高校立项总数	6	18	13	14	14	20	14	20	53	75	63	76	108	110	122	726
高校比例（%）	40.00	40.91	48.15	70.00	53.85	74.07	45.16	51.28	49.07	58.14	55.26	54.29	55.96	61.11	67.03	56.94

从表1-1可以看出，高校是"973"计划项目的重要研究力量，是承担"973"计划项目研究任务的主力。这也从一个侧面说明高校的科学研究功能已经非常突出，其科学研究功能日益得到加强。

（四）多种功能协同发展阶段（2010年至今）

20世纪最后十年，我国高等教育有了长足的发展。无论是在体制、结构方面，还是在专业调整、课程设置方面，都进行了大力度改革，这对于提高大学生培养质量，促进我国整个民族素质、社会文明进步和经济转型，都具有十分重大的意义。但是要建成具有中国特色的现代高等教育体系，还需要各级政府和高等学校做出更大的努力。

2010年，党中央、国务院召开了新世纪第一次全国教育工作会

---

① 杨鹏，孙学会，王浩，孙桂芳. 高校承担基础研究重大项目情况分析及管理思考[J]. 中华医学科研管理杂志，2015（1）：53.

议，并颁布了《国家中长期教育改革和发展规划纲要（2010—2020年）》，中国教育改革和发展进入新的历史阶段。《纲要》全面总结了我国教育改革发展经验，深入阐述了我国教育改革发展问题，明确了2010—2020年间教育改革发展的方向，其综合性、全面性、深入性等在教育史上具有里程碑式的意义。《纲要》在强化高校人才培养功能和科学研究功能的同时，强调要加强高校的社会服务功能和文化传承创新功能。因此，《纲要》的出台标志着我国大学功能走向多样化发展阶段。笔者认为，也就是在此阶段，我国高等学校逐渐多层次分化，有的高校发展成为科研能力很强的研究型大学，有的高校成为以教学为主的教学型大学。

在人才培养方面，随着我国经济发展和社会进步，对高层次人才的需求也逐渐增多，高层次人才不足成为影响我国社会经济发展的重要问题。因此，加强各类人才培养，提高高等教育质量，推动我国从人力资源大国向人力资源强国转变，成为这一阶段的重要目标。2010年，教育部陆续实施了"卓越工程师教育培养计划"和"基础学科拔尖学生培养试验计划"（"珠峰计划"）。2010年6月，教育部在天津大学召开"卓越工程师教育培养计划"启动会，联合有关部门和行业协会（学会），共同实施"卓越工程师教育培养计划"。2012年，"卓越法律人才教育培养计划"开始实施。2013年，《教育部 农业部 国家林业局关于实施卓越农林人才教育培养计划的意见》出台。2014年，《教育部关于实施卓越教师培养计划的意见》出台，开始实施"卓越教师培养计划"。卓越计划涵盖了理、工、农、医、法等学科（专业），以培养拔尖创新人才、提升人才培养质量为主要目标，以改革人才培养模式为重要内容，人才培养质量问题受到前所未有的重视。

在科学研究方面，为引导、推动高校开展重大创新性、基础性和应用型研究，我国对科研管理体制进行了较大幅度的改革。例如，2012

年《中共中央 国务院关于深化科技体制改革 加快国家创新体系建设的意见》中提出："到2020年，基本建成适应社会主义市场经济体制、符合科技发展规律的中国特色国家创新体系；原始创新能力明显提高，集成创新、引进消化吸收再创新能力大幅增强，关键领域科学研究实现原创性重大突破，战略性高技术领域技术研发实现跨越式发展，若干领域创新成果进入世界前列；创新环境更加优化，创新效益大幅提高，创新人才竞相涌现，全民科学素质普遍提高，科技支撑引领经济社会发展的能力大幅提升，进入创新型国家行列。"2012年12月，教育部印发的《关于进一步加强高校科研项目管理的意见》进一步提出："完善科研管理体系，增强科学管理能力；加强科研项目全过程管理，保障科研任务顺利实施；建立科研服务体系，提高科研项目管理水平。"2018年颁布的《国务院关于优化科研管理提升科研绩效若干措施的通知》提出："建立完善以信任为前提的科研管理机制，按照能放尽放的要求赋予科研人员更大的人财物自主支配权，减轻科研人员负担，充分释放创新活力，调动科研人员积极性，激励科研人员敬业报国、潜心研究、攻坚克难，大力提升原始创新能力和关键领域核心技术攻关能力，多出高水平成果，壮大经济发展新动能，为实现经济高质量发展、建设世界科技强国做出更大贡献。"这些政策通过深化高校科研管理体制机制改革，理顺科学研究程序，激发科学研究活力，促进了高校科学研究质量的提升。

在社会服务方面，这一时期出台的一系列政策文件进一步明确强调要提升和强化高校的社会服务能力。例如，《国家中长期教育改革和发展规划纲要（2010—2020年）》提出："高校牢固树立主动为社会服务的意识，增强社会服务能力。"2012年教育部党组召开会议，传达学习全国科技创新大会精神，并部署相关工作，强调要"着力提升高等学校服务经济社会发展能力"。2014年教育部印发的《中国特色新型高校智库建设推进计划》提出："高校智库应当发挥战略研究、政策建言、人才培养、舆论引导、公共外交的重要功能。"2015年，中共中央办公厅、国务院办公厅印发的《关于加强中国特色新型智库建设的意见》提出："发挥高校学科齐全、人才密集和对外交流广泛的优势，深入实施中国特色新型高校智库建设推进计划，推动高校智力服务能力整体提升。"这都体现了新时期对高校社会服务功能的进一步要求，它要求高校不但要密切关注社会，而且要引领和引导社会的发展，要通过人才培养、科学研究、设施设备提供、政策建言、社会咨询等形式，全方位服务社会。

这一时期，国家对高校的文化传承创新功能也提出了明确的要求，掀起了高校承担文化传承创新功能的新高潮。2011年，清华大学举行庆祝建校100周年大会，时任中共中央总书记胡锦涛应邀出席并发表重要讲话。胡锦涛在讲话中明确指出，高校要把文化传承与创新作为高校与人才培养、科学研究及社会服务并举的功能来建设。他指出："高等教育是优秀文化传承的重要载体和思想文化创新的重要源泉。要积极发挥文化育人作用，加强社会主义核心价值体系建设，掌握前人积累的文化成果，扬弃旧义，创立新知，并传播到社会、延续至后代，不断培育崇尚科学、追求真理的思想观念，推动社会主义先进文化建设。"这是对高校文化传承创新功能提出的最为明确的政治要求。2013年出台的《中共中央关于全面深化改革若干重大问题的决定》强调："全面贯彻党的教育方针，坚持立德树人，加强社会主义核心价值体系教育，完善中华优秀传统文化教育，形成爱学习、爱劳动、爱祖国活动的有效形式和长效机制，增强学生社会责任感、创新精神、实践能力。"2014年，习近平总书记在北京大学师生座谈会上讲话指出："中华文明绵延数千年，有其独特的价值体系。中华优秀传统文化已经成为中华民族的基因，植根在中国人内心，潜移默化影响着中国人的思想方式和行为方式。"他强调，大学是国家人才培养的主要机构，大学生正值青年时代，要积极开展文化及文化自信教育，肩负起文化传承与创新的时代重任。党的十八大报告进一步指出："文化是民族的血脉，是人民的精神家园。全面建成小康社会，实现中华民族伟大复兴，必须推动社会主义文化大发展大繁荣，兴起社会主义文化建设新高潮，提高国家文化软实力，发挥文化引领风尚、教育人民、服务社会、推动发展的作用。"可见，高校的文化传承创新作用在党和国家诸多政策中得以强调，凸显了高校文化传承创新功能在这一时期得到高度的重视。

总之，从大学功能的演变看，改革开放四十年来，我国大学的功能发生了显著变化，具有明显的阶段性特征。大学功能逐渐由单一的人才培养功能向多样化功能转变。这里需要强调的是，我国大学众多，建校历史长短不一，学校办学实力也存在较大差异，不同类型的大学在上述发展阶段中承担的职能可能有所不同，阶段划分只表明在某一阶段大学的某项功能得到了强化。因此，上述阶段划分是宏观层面大致的概括，可能不够全面细致。事实上，大学人才培养、科学研究、社会服务及文化传承创新功能并不是割裂的，而是一所大学在办学中所发挥出来的功能，它们之间具有密切的联系，是辩证统一的。

第二节　定位之策

大学的办学活动具有一定的目标追求和实现目标的方式方法，恰当的目标和方式方法能够帮助大学快速提升办学水平，有效提高办学质量，否则，将导致大学走许多弯路，难以在短期内实现办学水平和办学质量的提升。这种目标和方式就是通常所说的办学定位。大学在办学活动中准确定位，是实现快速崛起的重要条件，国内外一些发展比较突出的大学案例都是在办学活动中能够准确定位而实现快速发展的,这是大学的发展之道。笔者认为,从自身发展、历史传承、基本趋势及现实需求出发,坚持有所为、有所不为,实现"人无我有、人有我优、人优我特",是大学进行科学定位的基本原则。

一、定位的依据

高校功能定位是一个比较复杂的问题,"一方面,政府不断强调各个高校要在各自的层次上办出自己的水平和特色;另一方面,高校在不断地进行'升级运动',追求高层次、综合性、研究型"[1]。学院升级为大学的动机持续不断。尽管如此,并不意味着我国高校不需要进行功能定位,相反,更应积极推进高校准确定位自己的办学活动,这是因为"科学定位,是一所大学成功的前提"[2]。一些世界著名大学的快速崛起,就与其准确的办学功能定位密切相关。例如,美国斯坦福大学坚持创新创业教育,成为世界上一些一流科技公司的人才"摇篮";美国威斯康星大学"以威斯康星州为办学边界"的大学社会服务定位,使其艺术和设计、环境和建筑、新闻和传媒等应用型专业都全球知名;麻省理工学院(Massachusetts Institute of Technology)对理工人才培养的定位,使其成为美国最重要工程顶尖人才的培养阵地。那么,大学如何准确定位?我们从以下四个方面做以分析。

(一)自身发展是基

创办世界一流大学固然是许多大学追求的目标,但定位建设世界一流大学并不能成为我国所有大学的奋斗目标。我国目前共有3000多所高校,由于历史、经济、环境等方面的原因,各高校之间也存在不少差

---

[1] 黄启兵. 我国高校定位的制度分析[J]. 现代大学教育,2007(2):6.
[2] 牛欣欣,洪成文. 香港科技大学的成功崛起:"小而精"特色战略的实施[J]. 比较教育研究,2011(11):65.

距,而且这种不平衡和差距还将长期存在。因此,高校的定位不能都是建设世界一流大学,而要首先坚持有所为、有所不为的原则,立足于自身的办学实力和现实状况,熟悉自己的办学基础,明白自己的优势和劣势,找准自己的位置,设定自己的发展空间。具体来说,就是高校要依据自身发展的现实基础进行定位,主要包括三个方面。

1. 依据自身树立的品牌。品牌是高校发展的无形资产,是高校社会影响力、美誉度的重要组成部分。高校品牌的形成,能够给社会大众留下深刻的印象,引发社会大众的关注。如全球顶尖战略营销家,被称为"定位之父"的杰克·特劳特(Jack Trout)认为,人们对一个品牌的印象很难轻易改变,会保持很强的稳定性。同样,求学者与社会公众对高校品牌的印象也会保持一定的稳定性。而且,品牌的个性越突出,给人们留下的印象越深刻,也更容易在他们心中占有一席之地。高校定位也需要高校管理者积极塑造和挖掘自身的品牌,增强自身的社会影响力,发挥品牌具有的特别选择性"蝴蝶效应",形成特有竞争能力。例如,北京大学和清华大学都是世界著名大学,也是中国实力最强、声望最高的大学,而且特色鲜明,个性迥异。由于北京大学塑造了人文社科的品牌优势,清华大学塑造了理工科的品牌优势,因此,人们普遍认为北京大学历来是人文学科强劲的大学,清华大学是理工科强劲的大学。实际上,北京大学的理科也很强,清华大学的人文学科也不弱,但是每年高考,学生在考量这两所重点大学填报志愿时,往往看重的是北京大学的人文社科品牌和清华大学的理工科品牌。又如,中国人民大学将"红色基因"的思想政治教育与教育教学工作相结合,努力打造有温度的人大品牌,为使教育教学更有温度、思想引领更有力度、立德树人更有效度,学校把工作的重心和目标落在育人效果上,"全过程全方位"深入挖掘育人元素,锐意进取、改革创新,让"十大育人"人大工作品牌充满创意和活力,不断促进人大自身综合实力的提升,这充分说明学校品牌塑造对高校发展的重要作用。

2. **依据自身的特色**。特色实质上就是自身的个性与差异,这是彰显自身特殊之处的重要方面,更是高校发挥特殊功能的重要之处。一所高校不可能在所有学科领域都保持一流水平,而应充分发掘和利用所具有的办学资源,挖掘自身特色,走更有特色的路,不断强化特色,做到有所为有所不为。有所为就是要立足现有学科的实际,紧跟社会发展要求和人力市场需求,办出自己的特色,形成自己的优势;有所不为就是不能脱离实际,不强求在自己弱势、别人强势的方面去发展。这就要求高校在学科建设、人才培养、学校发展等基本目标上不能盲目求大、求全、求高,而要集中有限资源,瞄准区域经济与社会发展需求,在人才的知识结构和能力体系的某些方面形成高原或高峰。高校的特色发展之路,充分说明特色的形成是密切联系社会实际的,也是发挥自身优势的,更是进行资源最大化利用的,高校依据自身特色进行功能定位,有利于高校办出特色、办出水平,更能体现高校办学的特殊价值,实现自身办学效益的提升。例如,中南大学充分发挥自身科研环境和师资的优势,较早开设冶金专业,而且持续强化冶金专业特色,为我国冶金行业乃至其他相关行业输送了大量高级技术人才和管理人才。又如,云南大学结合云南得天独厚的生态环境和民族众多的优势,注重发挥学校在生态研究和少数民族研究方面的特色,提升了自身的学科建设水平,增强了学校的办学影响力。

3. **依据自身的优势**。由于受政治、经济、地理位置、历史发展机遇等因素的影响,使得各高校的发展存在差异,不同高校因此会在地域、学科建设、政策支持、研究资源等方面形成不同的发展优势。高校在确立功能与定位中,积极挖掘自身优势,就更能有效促进高校发展,更能体现高校的优势,让高校为社会提供更有价值的产品和服务。例如,苏州大学就是积极利用自身优势快速发展的典范之一。为了挖掘自身优势,从2006年开始,苏州大学几次召开全校战略研讨会,让教师、干部从事务性工作中解脱出来,静下心来认真思考问题,共同学习和研讨事关学校改革发展的大计,为学校的发展集思广益、献计献策,确定学校发展的战略和定位。同时进一步凝练办学理念和办学精神,明确发展目标、发展战略、发展方针,引领学校朝着正确的发展目标不断迈进。苏州大学充分考虑自身的环境特点,顺应社会发展大势,积极推进学校抢抓发展机遇。如2011年,苏州大学提出"顺天时、乘地利、求人和"的发展思路,并在2015年进一步调整强化,作为学校中长期发展的战略。其中的"乘地利",就是借助苏州作为国家历史文化名城、国家高新技术产业基地、长江三角洲重要的中心城市所具有的文化优势、产业优势、环境优势,全面推进"名城名校、融合发展"。所谓"求人和",就是外部争取上级领导支持,争取各级政府帮助,争取各家企业解囊,争取千家万户赞扬,争取新闻媒体表彰,争取校友师恩难忘;内部要求党政同心、上下同心、干群同心、师生同心;全力维系维护好学校发展所需要的内外部和谐环境,求和而上,共谋发展。苏州大学通过充分发挥自身优势,实现了快速发展,在当前主要大学排名中频繁超过一些"985"大学,是社会公认的发展较快的大学之一。

(二)历史传承是魂

"综观世界一流大学,一般都有悠久的发展历史和深厚的文化底蕴。对于一所大学来说,时间跨度意味着锤炼和积淀,蕴含着继承与创新。没有持久的努力和不懈的追求,一所大学要实现从名不见经传到名扬四海的飞跃是非常困难的。"[1]任何高校都是基于一定发展历史时期的,是在历史变迁中不断发展变化的。高校在其发展时期,承担不同职能和发挥特殊功能的过程中,逐渐形成了特有的发展模式和固有的发展文化,它奠定了高校进一步发展的基础,如理念基础、制度基础、思维

---

[1] 楼艳,顾建民.香港科技大学崛起的成功之道[J].高等农业教育,2006(11):83.

基础、文化基础、校友基础等，贯穿其中的就是历史的传承。高校发展失去历史传承，将会丢掉其灵魂。高校功能与定位要依据自身发展的历史传承，应主要采取两种方式方法。

1. *依据历史发展中形成的特色优势学科*。学科是高校发展的基础，也是高校在发展中不遗余力持续建设的重要内容。高校在其历史发展中，经过较长时间的积累，会形成一些特色优势学科。高校的功能与定位立足于自身历史发展中的优势学科，有利于继续突出学校特色和优势，这对于促进特色学科、优势学科做大做强，实现学校特色的进一步发挥具有重要作用。

2. *依据历史发展中形成的精神文化*。精神文化是高校在其历史发展中逐渐形成的，它经历了长期的积累、提炼和升华，形成了高校特有的内在精神力量，时时刻刻、潜移默化地影响着高校的一切人和事，成为高校生存与发展的隐形力量。高校依据历史发展中形成的精神文化，能够遵循高校发展的内部传统，符合高校领导者的心理预期，有利于全校师生的认同与遵循，也能减少因高校功能重新定位而变革所引发的阻力，更能减少因高校变革过大引起的改革不适应和固有精神文化的断裂，避免全校师生对高校变革的各种不适应甚至有所抵制。

（三）基本趋势是导

高等学校在定位时，要深入了解国家乃至世界高等教育的发展趋势，明确自己的发展方向，理清自己的不足和差距，找准自身的优势和特色，才能少走弯路，避免与其他高校发展目标趋同，造成资源浪费。可见，高校定位必须依据高等教育的发展趋势来确定，主要方式有两个方面。

1. *依据世界高等教育发展大势*。"尽管各国大学文化、特色不同，但开放包容、合作互补已经成为共同的选择。纵观世界范围内的一流大学，国际化都是其发展战略的重要组成部分。同时，越来越多的国家意识到必须在全球的视角下审视教育改革发展,高等教育国际化已超越教育政策层面而上升为国家发展战略。"[1]世界各国基本上都有高等教育,高等教育发展也与各国的政治体制、经济水平及文化传统密切相关。高等教育具有自身发展的内在规律,存在共同的发展特性,特别是在知识经济快速崛起、信息化快速发展的今天,高等教育发展速度明显加快,高校之间更需频繁交流交往,相互了解最新发展趋势和动态,确保自身发展紧跟时代。所以,高校办学定位还要依据世界高等教育发展大势来进行,这既是寻求和遵循高等教育发展普遍规律的要求,也是追踪和了解高校发展趋势和最新动态的需要。依据世界高等教育发展大势定位高校功能,还有利于高校在更大的国际视野下认识自身的优劣及特色,准确寻求符合自身特点的发展战略,从而借鉴经验,实现快速发展,更能够让高校与世界高等教育发展保持同步,避免自身发展陷入孤立无援和脱离高等教育基本趋势的困境。为此,有学者就明确指出:"对一所大学来说,和世界一流大学的差距或大或小,但要看清将来应该是什么样的,就必须站在国际高等教育大平台上审视自己,在国际高等教育大坐标系上定位自身。"[2]

清华大学顺应全球化的大趋势,在办学活动中积极扩大对外交流和合作,在对外交流合作中不断审视自身与高水平大学的差距,不断追踪国际高等教育发展趋势来修正办学定位。例如,2013年清华大学在第24次教育工作讨论会上确定了"价值塑造、能力培养、知识传授"三位一体培养模式,把价值塑造放在第一位。基于学校章程和综合改革发展,适应人力资源国际竞争的大趋势,学校明确人才培养目标是"致力于培养肩负使命、追求卓越的人"。"肩负使命"就是要教育学生能超越自我,有宏大事业观,有长远的追求,并能落实到个人身上。"追求卓

---

[1] 任友群."双一流"战略下高等教育国际化的未来发展[J].中国高等教育,2016(5):15.
[2] 任友群."双一流"战略下高等教育国际化的未来发展[J].中国高教研究,2016(5):16.

越"是清华精神的一部分,是一个人的境界和格调,"清华人"要有眼光、有视野。清华大学教育教学改革最重要的还是落实办学定位、落实三位一体培养模式、落实人才培养目标。在2019年清华大学外事工作会议上,邱勇校长讲话指出:"清华首先是中国的清华,国家的大学,同时也是一所具有全球视野的大学。"清华大学校务委员会副主任谢维和在交流发言中说:"因为开放,我们赢得了战略性空间资源。在开放的格局里,清华的位置和角色已经悄然发生了变化,思维方式和人才培养模式也需要相应的发生变化。"大学要承担好人才培养、科学研究、社会服务、文化传承创新、国际交流合作等办学任务,扎根中国大地、建设世界一流大学,致力于成为全球卓越的高等教育和学术研究机构。

2. 依据国内高等教育发展形势。有学者认为:工科是立国之本,理科乃强国之基。经历了近代史上因为理工基础薄弱而造成的积贫积弱,改革开放四十年来,高等教育大力发展建设理工科院校。随着我国经济社会发展的知识经济特征越来越明显,以及我国各行各业的专业分工日益细化,高等教育知识创新作用和专业人才培养作用越来越突出,社会对高等教育的要求也越来越多样化。例如,2018年在国家"十三五"发展规划的主要目标中所提出的实施内容就包括"创新驱动发展成效显著",具体要求是:"创新驱动发展战略深入实施,创业创新蓬勃发展,全要素生产率明显提高。科技与经济深度融合,创新要素配置更加高效,重点领域和关键环节核心技术取得重大突破,自主创新能力全面增强,迈进创新型国家和人才强国行列。"中共中央、国务院印发的《国家中长期人才发展规划纲要(2010—2020年)》在战略目标中指出:"到2020年,我国人才发展的总体目标是:培养和造就规模宏大、结构优化、布局合理、素质优良的人才队伍,确立国家人才竞争比较优势,进入世界人才强国行列,为在21世纪中叶基本实现社会主义现代化奠定人才基础。"这说明社会的发展已经与高等教育发展密切结合，对高等教育的目标要求不断增多和深化。在此社会发展大背景下，高校随社会需求发展而变动的现象更加明显，新的发展动态及发展趋势更加频繁出现。深入了解国内高等教育发展形势，明确其发展动态及发展趋势，认清高等教育发展任务及发展需求，做到"人无我有，人有我优"，通过高校之间的知己知彼，扬长避短，错位竞争，从而拓展差异化生存的空间，这是有利于快速提升大学办学水平的重要方式。

（四）现实需求是能

"反者道之动"，这是事物发展不可或缺的条件。相反的东西是前进的动力，社会的挑战是大学前进的动力，这是贯穿于老子哲学思想的重要内容。社会发展中面临政治、经济、文化、人口、资源等因素的限制，需要大学提供相应的知识、智力、技术、人才等方面的支持，以实现资源的合理配置和科学的制度设计。从社会与大学的互动关系来说，社会为大学发展提供了现实需求，带来了发展机遇与挑战，大学只有适应社会现实需求，抓住机遇，才能获得源源不断的发展资源和发展动力。所以，大学密切关注社会的现实需求，将成为高校发展的持续不断的动能。

世界上一些著名大学就是在密切关注和贡献社会现实需求的过程中得以快速发展的。例如，新加坡南洋理工大学（Nanyang Technological University）在其发展过程中，自始至终贯穿了一个词——务实，"这个'务实'可以解释为：一是遵从实际需求，即清醒认识到自己所肩负的历史使命，理性把握学校发展方向；二是追求办学实效，即紧跟社会发展要求，尽可能为社会提供最好的服务"[①]。从国内外许多大学的发展历史来看，大学实质上是在不断适应社会需要的过程中实现发展的。如在国外，意大利早期大学为了适应意大利威尼斯的商业发展，以法

---

① 王晶晶.来自世界后发型大学的成功启示：以香港科技大学和新加坡南洋理工大学为例[J].宁波大学学报（教育科学版），2009（3）：42.

律、医学为主的专业大学得以发展。另一古老大学——法国巴黎大学是为主教学校和僧侣学校教育的发展需要而设立的。英国牛津大学、剑桥大学（University of Cambridge）等为了适应统治阶级的需要，主要从事博雅教育，以培养服务封建统治阶级的接班人和宗教僧侣而成为当时的高等教育中心。为了适应英国工业化发展的需要，新成立的伦敦大学（University of London）转向世俗化教育，开始在大学设立与工业化社会相适应的专业教育，就是以博雅教育著称的牛津大学、剑桥大学，后来也不得不增加专业教育。

在我国，深圳大学在基于现实需求促进自我发展方面是比较典型的。为了适应深圳特区建设发展需要，1983年国务院批准创办深圳大学。深圳大学在发展中密切关注特区需求，根据特区发展需求不断调整学科建设方向，设置了许多基于特区发展需求的学科，在为特区发展做贡献的同时，也助推了自身的快速发展。深圳大学的建设受到党中央、教育部和地方政府的高度重视，采取了对口支援的办法，如北京大学援建了深圳大学的中文、外语类学科，清华大学援建了深圳大学的电子、建筑类学科，中国人民大学援建了深圳大学的经济、法律类学科。深圳大学很快在广东省高校中位居前列。类似的例子还有郑州大学，也是基于现实需求而快速发展的。国家考虑到河南省高等教育较为薄弱的现状，在郑州大学建设初期，教育部组织山东大学、北京大学、吉林大学、东北大学等高校，对郑州大学提供师资支援。改革开放后，以经济建设为中心成为社会发展的根本指南，高校服务地方社会经济发展成为国家大力推动的内容。郑州大学在发展中紧贴河南省社会经济发展实际，积极为河南省社会经济发展服务，促进了自身的快速发展。比如，河南省大数据管理局与郑州大学共建河南省大数据研究院，旨在打造"政—产—学—研—用"相结合，面向河南省经济、社会、科技、文化和生态发展，专门从事大数据科学研究、人才培养、平台建设与运行监管、战略咨询和应用示范的研究机构。2017年，郑州大学进入"国家一流大学"建设行列（B类）。可见，依据社会发展的现实需求定位发展功能，是大学发展的基本规律，也是大学发展的必然选择。具体可采取三种方法。

1. **针对现实社会发展中存在的突出问题。**解决社会发展中存在的突出问题，为大学功能发挥提供了舞台和机会。大学通过解决这些问题，从而完善与社会发展相应的功能，实现自身的价值。所以，大学功能定位针对现实社会发展中存在的突出问题，既能有效地为大学发展提供方向及机会，又能充分彰显大学服务社会发展的功能。当然，任何社会的发展，在发展的不同时期，都会存在各种各样的问题，这些问题有或隐或显、或大或小、或重要或不重要、或紧迫或松缓之分，但问题的隐显、大小、重要与否、紧迫松缓往往取决于主体的认识。一个隐性的社会问题，可能因主体的积极认识而变成显性的问题，一个不重要的社会问题，可能因主体的积极认识而变成重要的问题，所以，大学依据现实社会发展中存在的突出问题进行功能定位，应更加积极主动，要善于寻找问题、发现问题。

2. **依据现实社会发展的基本特点。**所谓现实社会发展的基本特点，是指社会经济发展产业结构、经济形态、社会文化特征、自然资源和人文资源禀赋、地理环境特点等，它反映了当前社会发展的基本形态和基本形势，是对社会发展基本状况的概括性反映。依据现实社会发展的基本特点定位大学发展功能，能够让大学了解社会发展的现实状况，明确社会发展的基本特征，可以根据现实社会提供的各种条件和形成的各种自然、人文、经济等环境去定位自身功能，确保大学功能定位符合现实社会基本特点。否则，可能导致大学功能定位脱离社会现实，受到发展环境、发展资源等的限制而影响发展，一些好的大学发展规划甚至束之高阁。社会基本特点是对社会基本状况的概括，这就要求大学在依据现实社会发展的基本特点进行功能定位时，需要既科学客观又全面深入地了解社会，对社会基本状况进行总结概括，这样才能使其功能定位更符合社会实际状况。

3. 依据现实社会发展的基本趋势。所谓社会发展的基本趋势，是指政治战略、社会新型技术、产业结构调整等方面构成的基本发展态势。社会发展的基本趋势预示了社会发展的未来方向，是社会发展的未来指引，需要高校去适应，如果大学因违背这一趋势而脱离社会实际，会错失发展机遇。大学依据现实社会发展的基本趋势进行功能定位，能够使大学的发展规划不落后于社会发展，而紧跟社会发展前进的步伐，为社会发展做出符合实情的发展贡献。同样，为了依据现实社会发展的基本趋势预测社会发展的未来，从而为自身功能进行准确定位，还需要既研究历史，又立足现实，以准确把握社会发展规律，这就要求高校主动研究，科学判断未来发展趋势。

二、大学的分类

任何一个国家的高等教育往往都是由多种类型的大学构成的系统，在这一系统中，各类型的大学有着各自的特征。美国卡内基教学促进基金会（Carnegie Foundation for the Advancement of Teaching）将全美高等教育机构划分为六种类型，即博士学位颁授机构、硕士级学院及大学、学士级学院、副学士级学院、专门机构、族群学院及大学。我国学者武书连认为按科研规模的大小，可将现有大学分为研究型、研究教学型、教学研究型、教学型等四种类型[①]。刘献君认为办学类型涉及多个方面，如按隶属关系来分，有部属高校、地方高校；按办学主体来分，有国家主办高校、民办高校；按学科结构来分，有单科性学校、多科性学校、综合性院校[②]。潘懋元、吴玫认为大学可划分为研究型大学、高职

---

① 武书连. 再探大学分类[J]. 科学学与科学技术管理，2002(10)：26.
② 刘献君. 论高等学校定位[J]. 高等教育研究，2003(1)：25.

高专及中间型大学（大多数应当定位于教学型，有的也可定位于教学研究型）等①。可见，学者对大学类型的研究有着多重视角，大学也存在着多种划分类型。本研究基于学者们对大学办学层次分类的研究，认为大学在办学层次上主要由教学型大学、教学研究型大学和研究型大学三类构成，我们对各自的特点做以简要的分析。

（一）教学型大学

教学型大学是以从事本科生、专科生教育为主要职责，主要为地方培养应用型、技能型人才的高等教育机构。教学型大学以人才培养为功能定位。在人才培养方面，这类大学注重结合当地社会经济发展实际或根据用人单位需求订单式培养学生。有研究者认为，这类大学"本科大学基本上不招收研究生，他们都执行四年以上的学制；专科教育基本上是职业教育，学制较短"②，人才培养的针对性强，目标明确，注重学生动手能力和实践技能训练，理论教育关注较少，其所培养的毕业生动手能力强，操作技能熟练，能够快速入行入门，减少了用人单位的岗前培训活动，受到用人单位的欢迎。在科学研究方面，研究规模较小，大多数教师主要从事教育教学活动，科学研究活动较少；学校科研内容主要限于具体教育教学活动的状况、当地传统文化资源、当地社会经济发展等方面，地域性特色明显；科研成果主要为教育教学活动服务，推动基础研究和实现市场转化应用成果不多，科研创新活力不足。

从数量及种类来看，在全国约3000所高校中，高等职业学院约1400所，新建地方本科院校约700所，都属于教学型大学，几乎全部的高等职业技术院校、专科学校及许多新建地方本科院校实际上都定位于这一类型。这类学校是我国高等教育最庞大的群体，承担着技能型、应用型人才培养的重任，也是我国高等教育大众化的重要力量。

---

① 潘懋元，吴玫.高等学校分类与定位问题[J].复旦教育论坛，2003（3）：8.
② 王义遒.多样化：我国高等教育大众化的关键[J].北京大学教育评论，2003（4）：20.

（二）教学研究型大学

教学研究型大学是我国高等教育的中坚力量，在人才培养和科学研究方面都具有重要的衔接作用，弥补了教学型大学与研究型大学在人才培养和科学研究方面的不足。相对于教学型大学，教学研究型大学在发挥好人才培养功能的基础上注重科研功能的发挥，鼓励教师既提高教学水平，又注重提高科学研究能力。在人才培养方面，教学研究型大学一方面为教学型大学提供本科生和研究生教育机会，但是自身的研究生招生指标往往较少，因此，另一方面又为研究型大学提供大量的研究生生源，弥补研究型大学本科毕业生升学供给不足与教学型大学本科毕业生升学需求强烈的矛盾。在科学研究方面，教学研究型大学主要从事大量的技术性和应用性研究，有关影响人类社会发展的重大创新性、基础性、引领性的研究较少。从学校内部办学活动来看，这类大学研究项目规模比较大，研究水平比较高，但是学校并没有把科学研究当作自身发展中最为重要的任务，而是把科学研究与教学活动当作学校办学的双重核心任务，两者具有旗鼓相当的发展态势。因此，这类大学在办学定位中注重人才培养与科学研究双重作用，强调人才培养注重应用，强调科学研究与社会经济发展密切结合。就教学研究型大学的数量而言，一些进入"211工程"的非"985工程"大学、省级重点大学、省部共建大学基本上都属于这一类学校，数量大约为400所。

（三）研究型大学

从大学办学的教育层次来讲，研究型大学是各类大学中教育层次比较高的大学。例如，王义遒教授指出："研究型大学是最高层次的大学，招收大量研究生，以培养学术型的精英教育为主，兼顾职业教育。"[①]在人才培养方面，这类大学主要从事精英教育，注重研究生培养，在校研究生数量普遍多于本科生数量，目标是为社会培养各行各业

---

① 王义遒.多样化:我国高等教育大众化的关键[J].北京大学教育评论,2003(4):20.

的精英人才，不论是研究生还是本科生，都注重培养学生的科学研究能力，以造就推动人类社会发展的卓越人才和领军人才为目标。在科学研究方面，这类大学的教师拥有强大的科学研究能力，学校拥有大量的科研项目和经费、众多的研究中心和庞大的科学研究团队，学校科学研究氛围浓厚，研究活动纷繁活跃，注重研究科技前沿和影响人类社会发展的重大问题，科研成果能够在国内、国际产生重大影响，甚至对人类社会发展产生重要的推动作用。例如，北京大学是我国著名的研究型大学，其官网介绍称："今天的北京大学已经成为国家培养高素质、创造性人才的摇篮，科学研究的前沿和知识创新的重要基地，国际交流的重要桥梁和窗口，要建成高水平的研究型大学。"清华大学同样作为我国一所重要的研究型大学，其官网介绍称："面向未来，清华大学将秉持'自强不息、厚德载物'的校训和'行胜于言'的校风，坚持'中西融汇、古今贯通、文理渗透'的办学风格和'又红又专、全面发展'的培养特色，努力建成高水平、有质量的研究型大学，为实现高等教育内涵式发展、建设高等教育强国做出新的更大的贡献。"上海交通大学也是一所研究型大学，其官网介绍称："这所英才辈出的百年学府正乘风扬帆，以传承文明、探求真理为使命，以振兴中华、造福人类为己任，建成我国高水平的研究型大学，向着中国特色世界一流大学目标奋进。"浙江大学是一所特色鲜明、在海内外有较大影响的综合型、研究型、创新型大学，在一百二十多年的办学历程中，浙江大学始终秉承以"求是创新"为校训的优良传统，注重精研学术和科技创新，建设了一批开放性、国际化的高端学术平台，汇聚了各学科的学者大师和高水平研究团队。从这四所大学的自我介绍来看，都充分体现出研究型大学在人才培养和科学研究方面有较高的自我定位。

从具体学校划分来看，进入"985工程"建设的大学基本上都把自己定位为研究型大学。这些学校在社会上有较高的声誉，在人才培养和科学研究方面水平较高，是用人单位高度认可的精英大学。例如，清华大学、北京大学、浙江大学、上海交通大学、复旦大学、南京大学、华中科技大学、武汉大学、四川大学、中山大学、哈尔滨工业大学、中国科学技术大学、西安交通大学等都是研究型大学。

第三节　国际范例

从世界大学的发展历程来看，一些著名的大学都是通过准确定位，不断积累自身特色，塑造自身发展模式而引领高等教育发展潮流，从而奠定了自己一流大学的地位，这是大学发展的引领之道。通过研究国外有关高校的发展特色与模式，可为我国高校科学定位、快速发展提供借鉴。

一、美国哈佛大学的校长引领模式

哈佛大学是美国本土历史最悠久的高等学府，其诞生于1636年，最早由马萨诸塞州殖民地立法机关仿照英国剑桥大学而创立，初名为新市民学院（College at New Town）。为了纪念在成立初期给予学院慷慨支持的约翰·哈佛（John Harvard）牧师，学校于1639年3月更名为哈佛学院。1780年马萨诸塞州颁布新宪法，哈佛学院扩建、更名为哈佛大学。值得一提的是艾略特校长，查尔斯·威廉·艾略特（Charles William Eliot）担任校长四十年（1869—1909年），从根本上使哈佛大学蜕变为美国的现代研究型大学。艾略特认为美国教育没有为孩子们提供符合需求的教育，这种教育总在模仿欧洲国家，没有形成美国的本土特色。因此，他着手对哈佛大学进行改造。艾略特指出："本大学认为，文理学科之间并非相克不容，我们也赞同不把课程局限于数学或文学经典、科学或形而上学这样狭窄的选择范围。我们将兼容并包，提供所有学科，而且最好地教授它们。"①艾略特强调各个学科要兼容发展，并且努力做到优秀，要去发现新知识和关注前沿问题，为此，他深入各个院校探讨改革方案及培养计划。艾略特认为选修制能够照顾到学生的兴趣和个性差异，让学生对某一领域深入自由探索，因此，他积极推动选修课制度。这一制度的实施推动了哈佛大学的全面改革，促进了学院中系所制度的建立，教师开始深入研究学问，学生开始按照自身意愿努力学习，教学活动按照学分制组织实施，一些新兴学科蓬勃发展，等等。在艾略特的领导下，哈佛大学逐渐发展成为世界著名学府。

值得一提的还有哈佛大学的另一位校长阿伯特·洛厄尔（Albert Lowell），他受美国进步主义的影响，1909年着手对艾略特的改革行为进行修正，他认为没有卓越的本科教育就没有卓越的大学，因此，他强调要重塑哈佛大学的本科教育。他把英国的寄宿制度引入学校，还引入牛津大学、剑桥大学的荣誉激励制度，实施"集中与分配"的课程制度等，经过近三十年的改革，重新树立了哈佛大学在美国高等教育中的领导地位。1933年詹姆斯·科南特（James Conant）初任校长时，他基于"全人类的共同利益"，对哈佛大学教育中专业知识狭窄的状况进行反思，并大刀阔斧地对其实施了影响深远的通识教育改革。科南特拨款组建了由文理学院和教育学院专家组成的专门委员会，对哈佛大学本科教育进行研究，1954年该委员会发表了《自由社会中的通识教育》（General Education in a Free Society），全面分析了教育面临的挑战及使命。据此，科南特在哈佛大学推动实施通识教育，后来成为引领美国教育改革的时代潮流。20世纪六七十年代，由于各种社会矛盾丛生，通识教育受到极大的挑战，文理学院院长亨利·罗索夫斯基（Henry Rosovsky）和校长德里克·博克（Derek Bok）合力推动"核心课程"

---

① CHARLES WILLIAM ELIOT. Educational Reform: Essays and Addresses[M]. New York: The Century Co., 1898: 1.

图1-9　哈佛大学图书馆

革命，强调大学要把学生变成一个有文化的人，为此提出了培养学生的五项要求：一是在文学艺术领域，要能对世界艺术做出评判性的表达；二是在历史领域，能够用历史观点看待当今社会问题；三是在社会与道德领域，能够系统思考人类社会；四是在科学领域，能够用科学知识武装人类与世界；五是在外国文化领域，能够对本国文化形成新认识，并了解外国文化。2002年，萨默斯（Summers）作为哈佛大学校长又对哈佛大学进行改革，他首先从考试分数入手，并改革核心课程、重振通识教育等，进一步引导哈佛大学走向强大。可见，哈佛大学的校长们根据社会经济发展实际及高等教育发展趋势，不断对哈佛大学进行改造。哈佛大学的办学经验表明，哈佛大学的校长们是哈佛大学改革发展的引领者，这种经验一直延续至今。

二、英国牛津大学的人才培养推进模式

英国牛津大学是一所古老的大学,在八百多年的发展历史中不断创造辉煌,对英国的政治、经济、文化、科技生活均发挥着重要的作用。同时,对世界高等教育的发展也具有重要的领导与示范作用,特别是牛津大学的人才培养模式,成为世界许多高校优先学习的范例。

在19世纪中期,牛津大学就形成了大学理念,即把大学看作探索普遍学问的场所,看作自我管理的学者社团,致力于追求知识和真理。在其漫长的办学历史上,牛津大学一直坚持这一办学理念。同时,在很长时期内,牛津大学都把人才培养看作唯一的职能。在19世纪后期引入科学研究职能后,牛津大学仍把人才培养置于重要的地位。在人才培养目标上,牛津大学虽然也根据时代发展进行适当的调整,但其基本培养目标并没有变,"主要职责就在于培养良好的公民,它培养将要成为社会各界和学术界未来领袖的精英"。为了培养理想的人才,牛津大学保留了传统的学院制和导师制,设置了与其他大学不同的专业和课程体系,为学生创设适宜的发展环境。在对领袖人才的培养中,牛津大学又特别重视政治人才的培养。学者约瑟夫·A.索斯(Joseph A. South)指出:"自中世纪开始,牛津大学就为那些试图进入权力界的人提供了通途,直到19世纪后期,牛津大学实际上就是英国政府的一部分。与君主、议会和英国教会一样,牛津大学是政府机构的一个分支。就是以这种身份,牛津大学为社会权力岗位培养人才。如果把牛津大学说成是英国官僚的预备培养学校,一点也不为过。在过去的几百年间,牛津大学培养出来的高层次的政治家和公务员比其他所有大学(包括剑桥大学)加在一起还要多。"[①]据统计,在1900—1985年这八十五年间,在受过大学教育的972位部长中,有455位是牛津大学的毕业生;在托尼·布莱

---

① 刘宝存.牛津大学办学理念探析[J].比较教育研究,2004(2):20.

尔（Tony Blair）以前的11位首相中，有8位毕业于牛津大学。从建校直到2019年，牛津大学共培养了27位英国首相以及数十位世界各国元首和著名的政界领袖。

"进入21世纪，牛津大学力求形成一种平衡，这种平衡是指在短期内服务社会与理性追求知识之间的平衡，让学生获得一技之长与追求真理之间的平衡，长期目标与短期目标之间的平衡"①。牛津大学不仅继续坚持培养领

图1-10 坐落在牛津大学校园的圣玛丽教堂

袖人才的传统，而且也注重培养各行各业的领袖人才，如文学、物理、经济、医学、化学、数学等各领域学术界的领袖。学生培养中注重通识教育，着力培养学生的综合素质和对未来社会的适应能力。学校也逐渐向综合性方向发展，本科生人数在文理学科具有了均衡性，改变了原来人文学科比例过大，自然科学（理科）人数很少的状况，现在的牛津大学已经成为一所文、理、法、管、医等学科共同发展的综合性大学。总之，牛津大学的人才培养目标朝着更全面的方向发展。

当然，牛津大学独特的人才培养制度和办学定位是其他大学很难复

---

① 黄文，刘琴.打造独一无二的牛津：访牛津大学第一副校长麦克米伦[N].中国教育报，2004-08-07（2）.

制的，但这并不否定它的办学理念的借鉴意义。在大学职能日益多样化和大学教育日益专业化的今天，牛津大学始终把本科生教育放在重要地位，始终把学生个人的发展放在首位，始终坚持培养全面发展的人才，并把人才培养目标定位于培养各方面的领袖，这对于我国的大学建设也有重要的启示意义。

三、德国慕尼黑应用科技大学的经济发展推动模式

慕尼黑应用科技大学（Munich University of Applied Sciences）成立于1971年，位于巴伐利亚州（Bavaria），是德国著名的应用科技大学之一。这个大学的建校时间并不算长，只有五十年的历史。之所以把它作为一个范例，是因为慕尼黑应用科技大学注重以经济发展为核心，为学生迅速适应经济发展的需求搭建桥梁，不断培养学生适应社会发展需求的能力。

巴伐利亚州曾是德国较落后的农牧业地区。二战后，州政府采取积极措施大力吸引各类人才、科研机构和高新技术企业来巴伐利亚落户、投资，成功实现从农牧业向高新技术的经济结构转型，一跃成为经济基础雄厚、基础设施完备、经济结构合理的高科技集中地区。慕尼黑应用科技大学正是在这样的社会经济中诞生和发展的，其办学特性和教育的实用性体现在为区域经济的发展培养人才，为地方解决经济发展中存在的实际问题。该大学以地方实际为主导，理论学习与实践培训紧密结合，培养学生应用型能力，为推动地方经济发展、优化人才结构、服务产业进步提供教学保障。慕尼黑应用科技大学积极与其他大学以及企业、政府、科研机构交流合作，将资源整合到人才培养过程中，为学生创造理论联系实际的机会，实现优势互补。

另外，随着社会经济的发展变化，慕尼黑应用科技大学在办学过程中，对办学目标及时改进和更新，特别强调现代大学应该发展和提升创

业化的思考和行动能力、可持续发展的能力、创业能力、数字化能力，通过这些能力的提升，进一步增强了大学对社会经济发展的引领作用。慕尼黑应用科技大学的这一办学模式，值得我国许多大学，尤其以培养应用型人才为主的大学借鉴。

四、法国巴黎高等师范学校的国家引导模式

由于受启蒙运动中一批思想家，如伏尔泰（Voltaire）、卢梭（Rousseau）、狄德罗（Diderot）等人新思想的影响，1789年法国大革命之后，法国的统治阶级（即新型资产阶级）认为，在原有暴政被推翻之后，最重要的事情就是要传播知识，开启民智，建立符合资产阶级发展的学校。于是在资产阶级大革命成功后，颁布了一系列教育法令，如著名的《孔多塞法案》（The Condorcet Constitution），目的就是要通过国家干预建立起世俗化的教育，为社会经济发展培养人才。为了进一步实现这一目的，法兰西第一共和国（1792年在法国大革命期间建立的法国历史上第一个资产阶级共和国）国民公会下令于1794年10月30日创建巴黎高等师范学校（Ecole Normale Super Paris），要求教师由全国最出色的学者构成。根据国民公会的政令，巴黎高等师范学校的使命是"帮助学生学会教学的艺术"。

由于巴黎高等师范学校在创建时就汇集了拉普拉斯（Laplace）、蒙治（Munge）、拉格朗日（Lagrange）、巴斯德（Pasteur）等众多法兰西精英，使该校在创建之初就在法国具有了很高的地位。但由于管理制度不完善、缺少资金、环境较差等原因，一年后巴黎高等师范学校关闭，直到1808年才再行恢复。1847年，学校正式迁到乌尔姆路（Ulm Street），并确立了文理并行的学科发展思路，认为这种学科发展思路有利于培养基础知识雄厚和全面的学生，有利于杰出人才的出现，也使得它成为一所典型的文理学院。法兰西第三共和国（1870年9月，巴黎人民

起义推翻第二帝国再建共和国，即法兰西第三共和国。到1940年时，因纳粹德国入侵而垮台）建立时，巴黎高等师范学校开始进入黄金发展时期，因为关于政治体制的争论使统治者认识到，要稳固共和制度，需要把这种观念深入人心，而最有效的方式就是通过教育来进行。由于巴黎高等师范学校是培养教师的重要基地，因此受到了前所未有的重视，办学投入、办学条件越来越好，对优秀教师和学生的吸引力越来越大，此时的巴黎高等师范学校已经成为法国的著名高等学府。

法国在第二帝国时期，由于重商主义政策的推行，专业技术人才的需求量大增，高等教育为社会经济发展培养急需人才显得十分必要。伊波利特·福图（Hippolyte Fortoul）、居斯塔夫·鲁兰（Gustav Rouland）等在其任教育部长时，都坚持国家化的教育立场，积极推动教育世俗化。后期的教育部长迪律依（Duruy）又提出高等教育应为社会经济发展服务，大力增加科学课程，强化科学研究。在此背景下，巴黎高等师范学校也增加了相应的自然科学及人文社会科学课程，科学研究逐渐受到重视，一大批研究中心与工程实验中心建立起来了，为社会经济发展服务的意识和能力大幅度提升。

在第三共和国时期，政府积极利用第二次工业革命的机会发展社会经济，加强高等教育研究，促进高等教育服务向社会经济领域延伸。巴黎高等师范学校更是积极响应政府这一发展导向，促进交叉学科建设和实验工程中心建设，加强科研导向和卓越人才培养。巴黎高等师范学校办学秉承优秀的思维方式和优秀的教育机制相结合的理念，同时体现了民主的精神和精英意识。20世纪90年代，巴黎高等师范学校更是把发展视野放在了全球。为提升培养质量和国际声誉，巴黎高等师范学校主要在入学途径和科研合作两个方面进行了改革。入学途径方面，学校不再仅限于入学选拔考试，开始接收通过递交申请材料、通过欧洲高等教育一体化的相关留学项目以及该校与世界其他高等教育机构的合作项目等途径入学。科研合作方面，学校除已有的与索邦大学（Sorbonne University）等法国大学的科研合作外，还积极拓展与海外高校的科研合作。截至2018年，巴黎高等师范学校已经与世界五十多个机构达成合作，如与哈佛大学、剑桥大学、北京大学、华东师范大学、中国科学技术大学等，都有密切的合作。可见，尽管巴黎高等师范学校在发展中自己积极努力，紧跟世界发展潮流及社会经济发展需求，但无疑也受到了国家的高度重视，国家运用行政手段对巴黎高等师范学校发展进行了有效推动。总体来看，其发展既有国家强有力的干预和推动，也在于学校自身积极配合国家发展需求及战略，牢固树立高水平的办学理念，积极谋求自身发展之道。进入21世纪，巴黎高等师范学校旨在"通过高水平的文化和科学教育，培养出一批有能力从事基础理论研究和应用科学研究的高级研究人才，培养从事高校教育、科研培训和中等教育的人才，更广义地说，也培养服务于国家行政机关、社会团体、公共事业机构和公私营企业的优秀人才"。

五、日本广岛大学的自我变革模式

1945年夏，尽管日本在第二次世界大战中的败局已定，但日本在冲绳等地的疯狂抵抗导致了大量盟军官兵伤亡。出于保护盟军官兵生命、迫使日本尽快投降的目的，美国总统杜鲁门和军方高层人员决定在日本投掷原子弹以加速战争进程。1945年8月6日，美军轰炸机在广岛投下原子弹，广岛人民的生命财产遭到了严重的破坏。1949年，在广岛恢复生产发展的过程中，为了培养社会经济恢复生产所需要的人才，并把和平发展贯穿到人们的内心深处，在这片受过创伤的荒凉土地上，建立了广岛大学（Hiroshima University）。在1950年举行的隆重开学典礼仪式上，第一任校长森户辰男（Morito Tatsuo）宣布以建立"自由和平的大学"作为办学的宗旨，从此，"立足于世界和平"成为广岛大学的办学理念。广岛大学在崇尚自由与和平的建校精神指引下，其办学理念不断得到完善与升华，进而发展为"追求和平，知识创新，综合素质教育，与地区社会、国际社会共存，不断进行自我变革"五项原则。这"五项原则"是广岛大学开展一切工作的出发点和落脚点。

根据日本1947年的《学校教育法》和1956年的《大学设置基准》中"大学为了审定重要事项，须设置教授会（由教授、副教授和其他职员组成）"的规定，广岛大学给予师生极大的自主权，实行教授治校。在这些"杰出群体"的引领下，创造自由的学术氛围和给予人才自由的成长空间，贯穿于广岛大学办学理念的始终，这是广岛大学能够培养出大批适应社会需求的高素质优秀拔尖人才的根基所在。为了创造更美好的校园环境，1972年广岛大学决定将校址从广岛市内迁移至东广岛市。至1995年3月，除医学、齿学、附属医院（霞校区）、经济学和法学的夜间课程、社会科学研究科的经营管理专业和法务研究科（东千田校区）以外，所有的系科都顺利迁至东广岛市。至2003年本科毕业生已突破十万人。经过2004年4月国立大学法人化，2006年4月全面的大学院讲座化，广岛大学现拥有11个学部、11个研究科、1个特别专攻科和1个附属医院，另外还有原子弹·放射线医学科学研究所、高等教育开发研究中心、纳米装置系统研究中心、放射光科学研究中心等23个研究机构和5个"21世纪国家重点科研项目（COE）"基地。2017年9月29日，广岛大学参与发起成立中日人文交流大学联盟。已走过七十年历程的广岛大学，现已成为日本为数不多的著名综合性大学之一。

第四节　实践启迪

国内外一流大学办学的发展实践经验，对我们创办高水平大学提供了有益启迪，笔者从四个方面做以归纳总结。

第一章
大学之道在于立德树人止于至善

一、明确定位，强化特色

从世界一流大学及我国一些知名大学的发展历程来看，这些大学快速崛起的一个关键因素在于明确了自己的发展方向和定位，始终朝着既定的目标发展，形成了自己鲜明的特色。例如，哈佛大学建设成为真正意义上的世界知名大学是从艾略特校长的改革开始的，艾略特认为哈佛大学一直模仿欧洲大学是没有前途的，必须使哈佛大学成为具有美国本土特色的大学。经过艾略特在选修制、课程设置等方面的改革，使哈佛大学成长为世界顶尖级的大学。而耶鲁大学就是由于对哈佛大学不满而建立的，它积极维护宗教观点和传统课程，如耶鲁大学校长杰里迈亚·戴（Jeremiah Day）发表的《耶鲁报告》（*Yale Report of 1828*），使得耶鲁大学成为异于哈佛大学的高校。哈佛大学注重研究生教育，而耶鲁大学长期重视本科生和研究生教育，使之成为美国研究生教育与本科教育密切结合的典范。又如斯坦福大学把自己定位于创新创业大学，强调"使所学的东西都对学生的生活直接有用，帮助他们取得成功。因此，它的目的是以整个人类的文明进步为最终利益，积极发挥大学的作用，促进社会福祉；教导学生遵纪守法，尽享自由给人的快乐"。斯坦福大学注重学生创新创业能力培养，重视科技研发和产业化发展，使得斯坦福大学成为创新创业大学的典型代表。巴黎高等师范学校长期把自己定位于师范学校，主要培养师资力量。这些大学办学实践的最重要经验，就是坚守定位和特色，它们在世界大学中都具有十分重要的地位。

二、确保质量，提升声誉

虽然高等教育越来越走向世俗化，人们对高等教育的需求也越来越强烈，但是控制规模、确保办学质量、维护学校声誉是一些著名大学的共同追求。例如，巴黎高等师范学校是法国培养精英的学校，并且入学学生已经是政府的准公务员，学校很受社会欢迎，大量学生申请入学，竞争很激烈，即便如此，巴黎高等师范学校也没有大规模扩招，每年招收人数稳定在200人左右。有一项统计显示，美国常春藤大学录取本科生人数常年维持在2000—2500人[①]。哈佛大学每年的录取率约为5%，耶鲁大学也一直把招生录取率维持在6%—8%。清华大学本科招生规模控制在3500人左右，北京大学（含医学部）本科招生规模也一般在4300人左右，这样的本科招生规模在中国的大学中是比较小的。这些大学不盲目扩大规模，既注重录取学生的质量，确保所录取学生是优秀生源，又防止因招生规模扩大，教学条件和师资力量没有跟上，导致学校办学质量下降，影响学校办学声誉。相比之下，我国一些新建大学在高等教育扩招之后，不顾学校办学实际和教学条件的制约，盲目扩大办学规模，影响了学校的办学质量，导致人才培养质量不高，科学研究水平提升也不明显。

三、居安思危，不断改革

任何一所大学的发展都不会是一帆风顺的，如果长期坚守固有的办学模式，就可能导致大学因故步自封而落后。不断树立危机意识，持续推动大学改革发展，是大学走向卓越的重要保证。哈佛大学在发展的过程中没有故步自封，相反，它通过不断树立危机意识、不断改革发展而长期保持国际领先地位。从20世纪30年代到70年代，哈佛大学再一次发挥了美国大学改革"桥头堡"的引领作用，在科南特和普西（Pusey）两位校长的持续努力之下，掀起通识教育和核心课程建设方面的世界发展潮流。2002年，哈佛大学启动了新一轮通识教育改革，并于2007年公布《通识教育特别工作组报告》，将原来核心课程的六项内容（外国文

---

① 新浪网.6年录取大数据看懂常春藤大学录取特点[EB/OL]（2017-12-01[2019-10-15]）http://edu.sina.com.cn/ischool/2017-12-01/doc-ifypikws9168890.shtml

化、历史研究、文学与艺术、道德推理、自然科学、社会分析）改为通识教育计划的四大领域八大门类课程（审美与阐释能力、文化与信仰、实证和数学推理、伦理和推理、生命系统科学、物理宇宙学、世界与社会、美国与世界的关系）。2018年，哈佛大学又开始实施新的通识教育改革方案，将原来通识教育计划的"八大门类"改为"4+3+1"的新课程模式，包括4门必修通识课程（美学与文化，伦理与公民，历史、社会、个人，社会科学技术）、3门分布式课程（艺术与人文，科学与工程，社会科学）和1门实证与数学推理课程。总之，哈佛大学以居安思危的方式不断推动改革，始终使自己处于改革发展的前沿，发挥了对高等教育发展的引领作用。

中华人民共和国建立初期，国家明确规定要在各大区集中建设一批大学，由政府直接进行管理，例如兰州大学、云南大学、西北大学等高校都在名单之中。1959年3月，中共中央发出《关于在高等学校中指定一批重点学校的决定》，指定16所高校为全国重点大学：中国人民大学、北京大学、清华大学、中国科学技术大学、北京工业学院、北京航空学院、北京农业大学、北京医学院、北京师范大学、天津大学、哈尔滨工业大学、复旦大学、上海交通大学、华东师范大学、上海第一医学院、西安交通大学。在改革开放四十年的建设发展过程中，当年确定的这些重点大学中有一些在发展过程中就逐渐落后了，而当时没有被确定为重点大学的一些大学，由于积极改革，主动作为，整体发展水平迅速超越了一批第一批重点大学，如华中科技大学在1959年并不是国家确定的重点大学，在1960年才进入第二批国家重点大学行列，但是，学校敢于竞争善于转化，大力实施人才强校战略，引进卓越师资，开展科学研究，几十年来发展就特别快。2001年，华中科技大学进入国家"985工程"重点建设高校行列，目前已经成为国内实力很强的重点大学，超过了多个当年第一批进入国家重点大学行列的大学。

四、顺势而为，抢抓机遇

从世界高等教育发展历史来看，世界一些著名大学是在顺应社会环境变化的过程中发展壮大的，这些大学积极利用社会环境变化去改造和发展自身，形成了基于自身特点的发展目标。大学的发展离不开社会环境，社会环境为大学发展提供了良好的发展基础和持久的提高动力。但是大学能否充分利用社会环境则需要大学的领导者自己积极顺应形势，努力寻找机会，争取丰富的资源。例如，牛津大学和剑桥大学早期从事的教育是博雅教育，开设宗教、哲学、拉丁文等课程，主要培养封建统治阶级的接班人和牧师。但是，随着资产阶级社会的发展壮大，牛津大学和剑桥大学也逐渐从博雅教育走向世俗教育（现代资本主义国家不受教会管辖的学校所进行的教育），开始开设社会学、物理学、地理学、数学等课程，逐渐适应社会环境的变化。英国的伦敦大学在建立时，是因为发现当时社会需要一些大学从事世俗化教育，以培养产业界人才，因此，它积极把自己定位于世俗化教育学校。英国华威大学（University of Warwick）在建立不久，就遇到社会新自由主义思潮的影响，政府开始紧缩财政，不愿意为高等教育过分买单，华威大学顺应当时的社会经济形势，积极开展创新创业教育，并成立教育集团进行教育的市场化运作，经过十多年的发展，学校已成长为英国高水平大学。美国麻省理工学院也是积极抓住二战及战后美国与苏联竞争的机会，与政府密切合作，建立了一大批具有针对性的实验室，如查尔斯·斯塔克·德雷珀（Charles Stark Draper）的仪器实验室与辐射实验室、哈罗德·埃杰顿（Harold Edgerton）的频闪实验室等，开展了计算机、雷达、惯性导航系统、核武器等方面的研究。麻省理工学院顺应当时二战结束后的社会形势，积极参与美国国家研究计划，极大地促进了学校科学研究水平的提升，在促进其成为世界顶尖大学方面具有里程碑式的意义。

总之，这些著名大学在其几十年，甚至几百年的发展历史中，都形成了各自的发展模式和办学特色。尽管每个大学的发展具有不同的模式和成长路径，但是在千差万别的发展模式和成长路径中，我们还是发现一些共同的特点：无论是在大学的创办之初，还是在大学的发展之中，定位问题始终是大学的办学治校者必须考虑的重大问题。高水平大学的成长都有着明确的办学定位，并且在改革发展中不断完善目标，长期坚守办学定位，不要因学校党委书记和校长的更替而发生显著的改变，从而实现自身的快速发展。这就要求国家公办高水平大学，在建设世界一流大学的长期征程中，建立起校级领导班子可持续追求办学定位的机制。

第二章 中国特色是大学不可替代的鲜明特性

办学特色是大学办学活动中形成的独有特征。彰显办学特色，是提升大学办学水平、增强社会影响、强化竞争力的重要手段。尽管大学办学特色各有千秋，但如何彰显办学特色还是有一定规律可循的。大学的办学特色，需要在办学活动中不断探索、总结和凝练，通过长期积累和不断实践来形成，这也是大学的发展之道。

形成大学办学特色的要素有许多，但特有优势、长期形成及社会认可，是最为主要的因素。不同地域拥有不同的自然环境和人文环境，有能够利用的不同自然资源和人文资源，形成人无我有、人有我特的优势，这是大学实现特色发展的先决条件；大学是人类社会发展到一定阶段的产物，并随着人类社会的进步而发展，特色的形成是长期积累、不断传承和创新发展的结果；只有得到社会广泛认可，能够发挥引领力、感召力、影响力的办学要素，才能称得上办学特色。

近代以来，我国大学不断学习西方国家的先进办学经验，融合我国的传统文化基因，逐渐形成了具有某些特征的办学特色。特别是中华人民共和国成立以来，在中国共产党的领导下，中国高等教育经历了与伟大时代的同频共振和变革创新，大学办学的中国特色更加鲜明。扎根中国大地办大学，坚持党对高校的全面领导，坚持中国特色社会主义性质，坚持立德树人，坚持服务人民、服务现实，走内涵式高质量发展道路，这是中国大学追求特色发展的根本之道。

> 20世纪80年代以来，我国高等教育走上了正常发展轨道，并开始寻求创新发展之路。1985年颁布的《中共中央关于教育体制改革的决定》提出要"扩大学校的办学自主权"，其实质就是政府对高校放开、放活，让高校根据自身的特点和特色办学。进入21世纪后，高校特色发展进入"快车道"，特别是《统筹推进世界一流大学和一流学科建设总体方案》的实施，根据学科特色对大学进行评价，促进大学特色办学动力大幅度提升，纷纷走向特色化办学之路。当然，尽管特色办学已成为政府、社会及高校的共识，并且各方都在努力推动，但高校办学特色不显著的状况依然没有很好地扭转。如何使大学办出特色，仍然是大学领导班子当今所面临的重要挑战和需要牢记的使命。

第一节　特色内涵

大学要形成办学特色，这已成为政府、社会及高校的共识，但从具体实践活动来看，各级教育管理行政部门和学校的领导关于高校办学特色的认识还不深刻，其问题主要表现在："一是停留在特色的总结上，忽视了特色的创建；二是办学特色泛化，注重'向上'，忽视'向下'。"[①]因此，深入研究思考和理解高校的办学特色特征，对推动高校实施特色发展具有重要的意义。

---

① 刘献君.论大学办学特色的创建[J].高等教育研究，2012（1）：52-53.

一、办学特色三要素

关于办学特色,一种观点认为办学特色是高校的比较优势。例如,韩延明认为,"高校特色发展是指一所大学在长期办学过程中积淀形成的,具有可持续发展方式和被社会认可的、本校特有的优于其他学校的发展特征"[1];申纪云认为,"办学特色是指学校在长期办学过程中积淀形成的、符合办学规律的、被社会公认的独特的办学风貌。这种办学风貌的表现,可以是整体的,也可以是某个方面的"[2]。而另一观点强调办学特色是学校的优良特征。例如,刘献君认为,"大学的办学特色是指一所大学在其发展历程中形成的比较持久稳定的发展方式和社会公认的、独特的、优良的办学特征"[3];李化树认为高校办学特色是高校的特性化特征,是自身区别于其他高校最明显的特征,本质上这种定义强调特色实质上就是指高校的个性,他指出:"大学办学特色是指在一定的办学思想指导下,经过长期的办学实践逐步形成的比较持久稳定的发展方式和被社会公认的、独特的、优良的办学特征,是一所大学区别于其他大学的特性,尤其是最具个性的特点和亮点。"[4]兰玉杰认为:"高校办学特色是指一所大学在长期办学过程中积淀形成的,具有可持续的发展方式和被社会认可的、本校特有的优于其他学校的独特优质风貌。办学特色应具有完整的理念、丰富的内涵和鲜明的特征,是学校生存和发展的核心竞争战略,是形成优质教育资源和办学活力的关键,是一所大学的比较优势和目标价值所在。"[5]这种定义隐含的另一个意

---

[1] 韩延明.中国高校必须强力推进特色发展:研读潘懋元先生高校特色发展理论之感悟[J].高等教育研究,2010(8):35-41.
[2] 申纪云.高等学校办学特色问题探析[J].中国高等教育,2014(10):7.
[3] 刘献君.论大学办学特色的创建[J].高等教育研究,2012(1):53.
[4] 李化树.论大学办学特色[J].清华大学教育研究,2006(2):75.
[5] 兰玉杰.高校办学特色的内涵与建设探究[J].中国高教研究,2008(12):52.

义，就是不优良特征可能就不能成为办学的特色。还有一些学者综合了前面两种观点，认为高校办学特色包括个性和优势两个方面。例如，李旭炎强调："通俗地讲，办学特色体现为'人无我有，人有我优'。所谓'人无我有'，也就是别的学校没有但我有，这反映的是一所学校的个性；所谓'人有我优'，也就是别的学校也有但我做得更好，这反映的是一所学校的优势。总之，办学特色体现在两个方面：一个是个性，即特别之处；一个是优势，即出色之处。"①吴中平指出："高校办学特色是指学校在长期的办学过程中积累、形成、创新和发展，在办学理念中体现，在人才培养、科学研究和社会服务、学科专业和师资队伍建设等办学行为中实践，在学校文化建设中强化，在学校局部工作中反映且深刻影响学校整体工作的，有别于其他学校且相对优胜并得到校内广泛认可的一种办学特征和发展方式。"②

从上述关于大学办学特色的内涵分析来看，体现大学办学特色的要素有许多方面，但特有优势、长期形成及社会认可是最为主要的要素。这里，我们围绕这三大要素，做一具体阐述。

（一）特有优势

大学办学特色是其独有的特性，是其他大学所不具有或者不太明显的，是其鲜明的个性特征，是显示其特殊性的重要方面。当某所高校体现出了有别于其他高校的个性差异，才能说这所大学可能具有办学特色，如果没有形成独有的特性，就不能说这所大学具有办学特色。如果某所大学在办学中与其他大学体现了相同性，而没有体现出个体差异，就不能显示自身的特殊性。大学办学特色主要体现在人无我有和人有我强两个方面。当人无我有，拥有了自己的某种特色时，这所大学就能够做别的大学所做不了的事情，这就可以凸显出自身的价值，彰显出个性

---

① 李旭炎.强化高校办学特色的若干思考[J].高等教育研究，2010（6）：58.
② 吴中平.高校办学特色的内涵及构建研究[J].中国高教研究，2009（9）：65.

差异。当人有我强,即别的大学拥有某种特色,自己同样拥有且自己拥有的特色比别的大学更加明显,能够比别的大学更加鲜明地从事某项活动,做出更有价值的教学科研活动时,自己的个性将更为明显,同样做到了与别的大学不同。所以,高校在办学特色形成的过程中,需要不断追求个性,体现出与其他高校不同的个体差异特征,而不是去模仿、照搬某一所高校的个性,形成与其相同的特征。

大学办学中会不断出现许多特征。彰显办学特色并不是说大学越追求个性特征就意味着越具有办学特色,而是说办学特色必须是大学优良的办学特征。优良的办学特征是指大学办学符合人类社会发展的基本方向和准则,遵循大学办学的基本规律,能够促进人类社会向真善美的方向发展。只有优良的办学特征才能成为学校的办学特色。大学办学特色是在长期发展中经过不断总结、凝练和完善而形成的,不良的、糟粕的东西在办学历史上会遭到淘汰;大学办学特色能对大学办学活动起到方向引领作用,它关系到大学的发展方向。因此,在凝练大学办学特色时,需要科学论证、反复研讨、多次实践才能确立,所确立的特征必须是良好的。只有优良的办学特征才有可能把大学办学活动引向正确的方向并取得良好的办学效果。如果大学办学特色不是优良的,会把大学办学引向歧途,影响大学的发展方向、发展路径和发展内容,最终使大学的特有优势逐渐丧失,这将影响大学办学水平的可持续提升。

(二)长期形成

"所有高校的办学特色不是一蹴而就的,而需经过长期的培育和发展逐步形成"①,这充分说明大学办学特色是经过不断积淀、不断总结归纳而形成的,它需要经历长期的发展探索和实践过程。特色是大学在办学中长期形成的,不仅仅意味着这种特色的形成经历了较长的时间,也意味着这种特色在较长一个时期被大学的师生坚守,更意味着这种特

---

① 钟海青.地方高校办学特色的培育与发展[J].中国高等教育,2012(22):18.

第二章
中国特色是大学不可替代的鲜明特性

色在较长的时期里始终引领着学校办学活动。在大学办学活动中,在某一瞬间或在某个层面可能会出现这样或那样的特色或特点,但是这些特色或特点不一定是办学特色。这是因为,如果这些特色、特点没有经历较长时期的凝练和总结,或者没有经过较长时间的认同,更重要的是它们没有在较长时间内引导高校办学,就不能固化成办学特色。

美国斯坦福大学的创新创业特色就经历了长期的发展过程。斯坦福大学在建校之时就强调:使所学的东西都对学生的生活直接有用,帮助他们取得成功。这一办学理念就是其办学特色的基本定位,并得以长期坚守而形成。

第一任校长戴维·斯塔尔·乔丹(David Starr Jordan)明确提出:"斯坦福不会像旧的教派学院一样使学生与世隔绝,而要使他们为实际世界的生活做准备。"学校的一些管理文件,如《董事会章程》《评议会宪章》《行政管理指南》等,都积极鼓励创新。在创新理念的引领下,学校不但设置了专门的知识产权保护中心和知识产权服务中心,设立了产业联系办公室、技术学科办公室、技术创业中心、创业研究

图2-1 斯坦福大学校园一角

中心、社会创新中心等机构，支持学校的创新创业教育，而且许多项目的设置都具有开创性。如1925年开设的商学院，后来成为美国顶尖的商学院之一。1951年斯坦福大学副校长弗雷德里克·特曼（Frederick Terman）决定在校园创办工业园区，1967年首次开设创新创业教育课程，1970年首次成立技术授权办公室，2011年首次设立了专门的"创业宿舍"项目，等等。如果从1891年斯坦福大学正式招收全日制本科生算起，到1951年斯坦福大学创立工业园区，斯坦福大学创新创业教育特色的形成至少经历了六十年的发展积淀。到2018年，这种特色被斯坦福大学历任校长坚守了一百二十多年，并长期指引学校的发展方向。

美国加州理工学院（California Instiute of Technology）是1891年由地方商人和政治家阿默斯·G·史路普（Amos G. Throop）在帕萨迪纳（Pasadena）创建的一所职业学校，规模不如斯坦福大学那样庞大，建设百年来逐渐发展成为世界顶尖私立研究型大学，是世界公认的典型的精英学府。在加州理工学院的发展历史上，天文学家乔治·埃勒里·海耳（George Ellery Hale）发挥了重要作用。海耳在担任威尔逊山天文台（Mount Wilson Observatory）的首任台长时，成功吸引了卡耐基研究所（Carnegie Institution）的私人赞助，为加州理工学院建立设施良好的现代实验室，通过获得洛克菲勒基金会（Rockefeller Foundation）600万美元捐款，所建立的天文望远镜是世界上最大的望远镜，成为光谱分析、视差测量、星云观测和测光等天文学领域世界领先的设备。后来，著名实验物理学家密立根（Millikan）加入加州理工学院，担任物理系普通桥梁实验室的主任，密立根于1923年荣获诺贝尔物理学奖，与维克托·弗朗西斯·赫斯（Victor Francis Hess）一起提升了加州理工学院的物理研究水平。1925年，加州理工学院建立地质学系并聘请哈佛大学历史、政治和经济学学院主席威廉·贝内特·门罗（William Bennett Munro）创立人文和社会科学学院。1926年，航空术研究生院创立并吸引到了西奥多·冯·卡门（Theodor von Kármán）的加入，他后来为喷气推进实验室的创立做出了贡献，奠定了加州理工学院火箭科学研究中心的地位。1928年，美国最出色的生物学家托马斯·亨特·摩尔根（Thomas Hunt Morgan）创立了生命学院，生命研究特别是染色体研究走向世界前列。此外，爱因斯坦（Einstein）、霍金（Hawking）、波尔（Bohr）、盖尔曼（Gelman）和费曼（Feynman）等著名科学家都曾执教于此，在长期的学术耕作中大力提升了加州理工学院的知名度。总之，虽然加州理工学院在上述工程学科的基础上发展建立了数学、物理、化学等基础学科，以及历史、生命、经济学等学科，但是加州理工学院正是在科学家们一点一滴的长期积累和实践中才造就的，逐渐形成了学校"小而精"的办学特色。

（三）社会认可

大学在办学过程中会凝练出各种各样的特色，如一些大学提炼的学生实习实践特色、教师培养培训特色、行政人员管理特色、经费管理特色等。虽然这些特色的存在从某一方面体现了此大学与其他大学具有不同之处，但这些仅仅说明学校之间在某一方面存在差异，具有不同的特点，还不能说明这些特色已经成为大学的办学特色。要使大学具有的一些特色上升为办学特色，很重要的一条就是需要获得社会的认可。这是因为社会认可所具有的社会性和政治性，既是大学办学特色形成的重要基础，也是彰显大学办学特色的重要方式。

社会认可中的社会性属性，必然要求大学办学特色需要获得社会认可。办学特色是大学办学活动中最为显著的特征，是最能体现大学办学活动特性的部分，或者说是大学的社会服务功能所要求的。当大学的某一办学特色获得社会认可时，不但能充分说明该大学所具有的这一特色在大学内部脱颖而出，成为大学最主要的特色，而且还能充分说明该特色在众多大学中脱颖而出，获得社会的支持和认可，已经在社会上产生重要影响，赢得了重要的美誉度和知名度。如果没有获得社会认可，该大学的办学特色只能是"昙花一现"，并没有上升到能够体现全校办学活动最主要"底色"的高度。比如，前面列举的麻省理工学院的工学特色、哈佛大学的法学和商学特色、威斯康星大学为社会服务的特色、斯坦福大学注重科研创新与转化服务的特色等，都是得到社会广泛认可的。

就社会认可中的政治属性来说，那就更重要了。政治属性涉及大学办学活动的方方面面，大学办学活动是包含人才培养、思想意识形态、伦理道德观念、文化传承创新等活动在内的活动，关系到人才培养、政治方向、主流价值观的形成等。因此，大学办学特色的建设和发展必然受到国家政治属性的影响，甚至打上了政治的烙印。例如，西方资本主义政治体制下，大学办学活动具有显著的自治特点，大学管理实施董事会或委员会形式的管理方式。同为资本主义政治体制的英国、美国、法国、德国等，也因政治制度的差异，或意识形态的差异，各国高等教育也具有各自的明显特色。如英国大学教育注重基础学科、古典学术的研究，大学的独立性很强，政府直接干预度低或者直接管理少。而美国大学崇尚市场机制，关注科学研究的应用与转化，政府直接管理大学的事项更少。法国、德国高等教育受国家意志的影响同样也比较明显。在我国，在中国特色社会主义政治体制下，特别是公办大学，实行的是党委领导下的校长负责制。习近平总书记2016年在全国高校思想政治工作会议上强调指出："我们的高校是党领导下的高校，是中国特色社会主义高校。"办好我国高等教育，必须坚持中国共产党的领导。各高校党委要切实承担起管党治党、办学治校的责任，要能正确把握思想政治工作的方向，做出有效决策。大学的人才培养应该与党和国家的工作重点和发展方向紧密联系，为人民服务，为中国特色社会主义现代化建设服务。

一般来说，大学的办学特色被社会广泛认可，具体包括这样几方面的含义：意味着校内外人员知道此大学的特色是什么，提起此大学就能想到它的这种特色，提起这种特色时也能联想到此大学；意味着人们赞同此大学秉持的这种特色，不会因它拥有此特色而去批判它、排斥它；意味着校内人员以学校拥有这一特色而感到自豪和骄傲，在谈论学校的这一特色时具有强烈的成就感，在工作中能够自觉地去运用和实践这一特色，并积极发扬和发展这一特色；意味着社会需要这一办学特色所提供的人才、技术、智力等方面的支持时，会积极主动与该大学联系，获得该大学的支持。

二、中国大学特色

我国现代大学如果从京师大学堂建立算起，大约经历了一百多年的发展，虽然这比西方国家现代大学建立的历史晚得多，但是，许多大学经过不断学习西方国家建立现代大学的先进经验，并融合我国的社会经济文化特征，逐渐形成了具有中国特色的高校办学特征。特别是中华人民共和国成立之后，我国建立了社会主义制度，在中国共产党的领导下，高等教育经历了重大的重组和变革。以1978年改革开放为标志的这四十年，中国大学更加注重办学特色凝练，在指导思想、办学目标、办学方式、管理体制等具体内涵上都开展了全方位的改革，也发生了重大变化，大学办学中的中国特色更加鲜明。笔者总结，现阶段，扎根中国大地办大学，我国高校的办学特色主要包含三个方面的共同特色要素。

（一）党的领导和社会主义办学方向为首要政治要求

中国共产党是中国特色社会主义事业的领导核心，高校必须坚持党的全面领导。改革开放四十年来，党在高校中的领导作用始终存在，并且持续加强。1978年颁布的《全国重点高等学校暂行工作条例（试行草案）》（"新高教六十条"）指出：学校层面实行党委领导下的校长分工负责制，院系层面实行党总支委员会（或分党委）领导下的系主任分工负责制，学校的教学、科学研究、后勤工作中的重大问题，由党委员会讨论决定，由校长负责执行。为了避免党政管理责权不清的现象，1980年，中央组织部和教育部党组共同颁布《关于加强高等学校领导班子建设的意见》，强调党政干部要明确分工，提出："党政干部要明确分工"，"党委对学校工作的领导，主要应该是路线、方针、政策的领导"，"学校的所有行政工作，都应由校院长为首的行政人员去处理，要使他们有职有权有责"。1985年颁布的《中共中央关于教育体制改革的决定》强调了校长负责制，指出：学校逐步实行校长负责制，有条件的学校要设立由校长主持的、人数不多的、有威信的校务委员会，作为审议机构。1989年颁布的《中共中央关于加强党的建设的通知》明确提出，"高等院校实行党委领导下的校长负责制"，强调"无论实行何种领导体制，党委都是学校的政治核心"，党的领导作用又一次得以加强。1990年颁布的《中共中央关于加强高等学校党的建设的通知》中，进一步明确了高校党委的核心领导作用，指出：高校实行党委领导下的校长负责制，党委在学校中处于领导核心地位，统一领导学校工作。1998年出台的《中华人民共和国高等教育法》，则以法律的形式确定了"高等学校实行中国共产党高等学校基层委员会领导下的校长负责制"。2017年党的十九大报告明确强调，坚持党对一切工作的领导，党在高校中的领导作用进一步加强。

总之，改革开放四十年来，中国高校作为我国社会主义社会的重要组织，其办学活动在中国共产党的领导下进行，这是我国大学体现中国特色社会主义制度最本质的特征，也是中国模式、中国道路最鲜明的特色所在。中国共产党对大学办学活动的领导，体现在中国共产党建立了一套完整的领导体系，中央教育工作领导小组全面行使对大学的领导职能，中国共产党还通过党代会报告、中共中央决定等形式制定方针政策，对大学办学活动进行全面指导和管理。在政府层面，有专门负责教育管理工作的教育部和各省（市、区）教育厅设立党委组织。在大学内部，实行党委领导下的校长负责制，学校党委决策学校重大事项，统筹规划学校办学活动，

第二章
中国特色是大学不可替代的鲜明特性

统一领导学校工作。学院设立党委组织，党组织参与的党政联席会议成为学院的基本决策形式，在学院党建、思想政治教育、教师及学生思想建设、人事人才等方面发挥着重要作用。例如，中共中央办公厅印发《关于坚持和完善普通高等学校党委领导下的校长负责制的实施意见》中指出：党委要统一领导学校工作。高等学校党的委员会是学校的领导核心，履行党章等规定的各项职责，把握学校发展方向，决定学校重大问题，监督重大决议执行，支持校长依法独立负责地行使职权；党委实行集体领导与个人分工负责相结合，坚持民主集中制；校长主持学校行政工作，在学校党委领导下，贯彻党的教育方针，组织实施学校党委有关决议，行使高等教育法等规定的各项职权，全面负责教学、科研、行政管理工作。

中国共产党在领导我国大学办学活动的过程中，始终把坚持马克思主义理论作为高校办学的根本指南。如《中华人民共和国教育法》《中华人民共和国高等教育法》《中国教育现代化2035》以及习近平总书记在全国教育大会上的讲话等，都明确强调大学要以马克思列宁主义为指导思想。大学是意识形态传播和发展的重要阵地，我国大学在办学中必须坚持马列主义、毛泽东思想与中国特色社会主义理论体系，才能确保我国社会主义建设事业永不变色，才能确保入学坚持正确的政治方向，获得长期稳定的发展。近年来，党和国家通过一系列法律法规不断强化大学坚持党的领导和马克思主义办学方向。2014年12月召开第二十三次全国高等学校党的建设工作会议，习近平总书记做出重要指示强调：高校肩负着学习研究宣传马克思主义、培养中国特色社会主义事业建设者和接班人的重大任务。加强党对高校的领导，加强和改进高校党的建设，是办好中国特色社会主义大学的根本保证。这就要求大学不但要坚持马列主义思想，而且要积极研究和宣传马列主义。现阶段，马克思主义理论被国家设置为一级学科，全国公办大学基本上都组建了马克思主义学院，专门从事马列主义的教育、研究和宣传。可见，坚持马列主义意识形态指导地位是我国大学办学活动的鲜明特色。高校是人才培养的主要场所,是思想意识形态产生发展的重要基地,只有坚持社会主义办学方向,才能确保高校培养出一批又一批社会主义合格建设者和可靠接班人,保证社会主义事业永存。所以,中国的大学必须坚持社会主义办学方向。2014年5月4日习近平总书记在北京大学考察时强调,"办好中国的世界一流大学,必须有中国特色","世界上不会有第二个哈佛、牛津、斯坦福、麻省理工、剑桥,但会有第一个北大、清华、浙大、复旦、南大等中国著名学府。我们要认真吸收世界上先进的办学治学经验,更要遵循教育规律,扎根中国大地办大学"。2016年12月,习近平总书记在全国高校思想政治工作会议上讲话指出:"我国有独特的历史、独特的文化、独特的国情,决定了我国必须走自己的高等教育发展道路,扎实办好中国特色社会主义高校。"我国是实行人民民主专政的社会主义国家,人民是国家的主人,其本质是解放生产力、发展生产力、消灭剥削、消除两极分化,最终达到共同富裕。因此,中国大学坚持社会主义办学方向,其特色需要体现在这样几个方面:必须坚持以人民为中心办大学,大学教育服务全体社会公民而非某一特殊群体或阶层;必须坚持"四个服务",即为人民服务,为中国共产党治国理政服务,为巩固和发展中国特色社会主义制度服务,为改革开放和社会主义现代化建设服务;必须坚持"立德树人"这一根本任务,培养出德智体美劳全面发展的高水平人才和优秀公民,推动中国特色社会主义现代化事业取得更大的成就。

(二)以满足广大人民群众的需求为根本宗旨

为人民服务是我党的根本宗旨,这就要求党在领导中国高等教育的事业中,始终把人民是否满意当作检验工作的标准。大学在办学中不断满足广大人民群众的需求,是体现为人民服务宗旨的根本要求,也是实现为人民服务的重要归宿。一些大学在办学目标和愿景中明确提出要办人民满意的教育，如复旦大学提出："复旦大学全面贯彻党的教育方针，坚持社会主义办学方向，正朝着办好人民满意的大学、培养德智体美劳全面发展的社会主义建设者和接班人这一根本目标奋进。"[1]中国人民大学在办学目标中提出："全面推进人才培养体系改革、思想库建设、国际影响力提升、大学形象建设和美丽校园建设'五大战略'，为把学校早日建成'人民满意、世界一流'大学而努力奋斗。"[2]我国大学在办学中将"办人民满意的教育"作为重要目标，不断促使教育满足人民的需求。

（三）政府全方位支持大学办学

我国的社会主义制度，决定了政府能够在全国范围内进行人力、财力、物力、空间、信息、时间等资源的统筹调配，以支持我国高等教育的发展。例如，在20世纪90年代，为支持一部分大学早日建成世界一流大学，政府先后启动了"211工程""985工程"项目，通过资金支持、政策扶持、基础设施建设等措施，促使被列入"211工程""985工程"的大学办学水平迅速提升。又如，自20世纪90年代后期开始，我国的高校合并就是在政府的大力支持和推动下开展的。1994年、1995年、1996年、1998年分别在上海、南昌、北戴河、扬州召开了四次高教管理体制改革座谈会，党和国家领导人参加会议并发表重要讲话，提出了"共建、调整、合作、合并"的八字方针，明确了高校改革的思路。此后，我国分别进行了三次高等教育重大改革，分别是：1998年对原机械工业部等九个撤并部门所属院校的调整，1999年上半年对原兵器、航空、航天、船舶、核工业等五大军工总公司所属院校的调整，2000年上半年对铁道部等四十九个国务院部门（单位）所属院校进行了调整。通过合并、新建、升级、升格等方式，促使我国大学办学规模迅速扩大，在减少一些单科性或多科性大学（学院）的同时，高水平的综合性大学或多

---

[1] 许宁生.坚持立德树人 办人民满意教育［N］.光明日报，2019-03-15（07）.
[2] 中国人民大学简介［EB/OL］.［2019-10-15］.https：//www.ruc.edu.cn/intro.

科性大学快速增加，大学的综合性水平和办学实力大幅度提升，院校管理体制进一步理顺，基本完成了高校调整和合并目标。

浙江大学是这次高校合并中比较典型的范例。1996年，浙江农业大学名誉校长朱祖祥院士和浙江大学原副校长王启东教授在全国人大会议上提议将原来分开的四所大学（浙江大学、杭州大学、浙江农业大学、浙江医科大学）重新合并组成新浙江大学，得到了政府支持。1998年9月，新浙江大学行政机构合并完成，一年内学科调整也相继完成。对于新浙江大学合并的成功经验，浙江大学原党委书记张浚生总结认为，合并是需要前提条件和基础的，由于四校原本就是同一所大学，虽然在1952年拆分，但还有内在联系；其次，各校领导以及师生在思想上比较统一；最后，也少不了中央和有关部委的重视和合并经费的支持。[①]浙江大学合并之后，形成了规模庞大的大学，办学水平也迅速提升，现阶段已经成为中国的顶尖大学之一。又如，在"一流大学"建设过程中，2017年教育部将一流大学分成A、B层次，给予不同的财政支持，政府从经济社会、区域发展战略需求出发，将郑州大学、云南大学、新疆大学纳入"世界一流大学"建设高校行列（B层次）。由此可见，我国高校办学活动得到了国家全方位、多层次的支持，国家力量在高校办学中发挥了重要作用，这突出体现了我国大学办学活动与许多国外大学办学的差异。

总之，大学因人类社会的存在而存在，因人类社会的发展而发展，它与某一地域、某一社会群体密切相关。大学的办学特色必然与社会、政治、经济、文化等密切相关。我国大学办学活动受国家政治、经济、文化等方面的影响，形成了自身独特的办学特色。扎根中国大地办大学，必然适应我国政治、经济、文化的社会属性，有利于大学置身于肥沃的发展土壤，获得广阔的发展平台。

---

① 张浚生.四校合并成立新浙江大学[N].中国教育报，2009-09-21.

第二节　彰显路径

办学特色是大学办学活动中形成的独有特征,其特色的彰显需要大学在办学活动中不断探求和总结,通过长期积累和不断实践来形成,这是大学办学特色的彰显之道。

一、科学定位

我国是一个幅员辽阔、人口众多、自然地理环境复杂的发展中国家,高等学校分布在包括港澳台在内的34个省(区、市),由于历史、经济、环境等方面的原因,我国各地区高等教育的发展很不平衡,各高校办学实力也存在很大差距,而且可以预见,这种不平衡和差距还将长期存在。因此,大学办学需要立足于自身的办学实力和现实状况,关注国内外高等教育发展趋势,适应国家和社会需求,充分考虑高校办学的实力差异,采取"自身发展是基、历史发展是魂、基本趋势是导、现实需求是能"的策略,找准自己的定位,发掘有利于自己的发展空间。只有这样,大学才能寻找出符合自身的发展之路,迅速提升办学水平。

比如,华中科技大学的前身是华中工学院,以工科见长。在长期发展中,学校始终定位工科优势发展。在20世纪70年代末80年代初,学校先后设立了激光技术、计算机科学与技术、信息工程、微波技术等专业,2001年试办示范性软件学院,2015年学校成立湖北省首个航空航天学院,2017年,学校把机械工程、光学工程、材料科学与工程、动力工程及工程热物理、电气工程、计算机科学与技术等列为一流学科建设项目,2018年获批教育部首批国家级新工科研究与实践项目等。这些新建工科专业，进一步强化了工科学科实力。华中科技大学的工科特色在国内外形成显著影响，引领学校办学水平大幅度提升。现在的华中科技大学是中俄工科大学联盟、中欧工程教育平台的成员学校，是与清华大学一同被美国制造工程师协会（SME）授予"大学领先奖"的两所中国大学之一。

又如，中南大学是中南工业大学、湖南医科大学和长沙铁道学院三校于2000年4月合并组建而成。在合校后的办学过程中，学校积极发展冶金、轨道交通及医学等学科，其中冶金学科已经形成该领域最为齐全的学科体系；轨道交通拥有自主设计、全世界规模最大、国内唯一"列车空气动力性能及撞击模拟实验装置"，是"985平台"等高水平学科平台，并首批入选国家高等学校创新能力提升计划，交通运输（轨道交通）和交通设备与控制工程专业已经形成了国际知名、国内一流的学科专业水平。学校充分考虑原湖南医科大学的医学学科优势，重视医学专业发展，该专业在建设中拥有享有"南湘雅"美誉的湘雅医院、湘雅二医院、湘雅三医院、湘雅口腔医院、湘雅五医院五所直属附属医院，发展了湖南省肿瘤医院、海口市人民医院、株洲市中心医院三所非直属附属医院，建有24个临床教学基地。2005年，中南大学根据自身发展特色确定了"经世致用"的校训，体现的是中南大学作为一所以工科为主的综合性大学在办学过程中的务实与开拓创新精神，与学校冶金、轨道交通及医学等学科特色非常符合。在学校发展过程中，为了进一步适应社会发展对"工匠"人才的需求，2014年，学校在校训中加上"知行合一"的表述，是对"经世致用"的进一步补充和强调，特别突出了学校要强化应用能力的理念，进一步提升了学校的工科特色。正是坚持这种办学特色，促使中南大学近年来快速崛起，几项标志性数据可以作为例证：自2000年合并以来，学校共获国家科技三大奖（国家自然科学奖、国家技术发明奖、国家科学技术进步奖）86项，其中国家科技一等奖（特等奖）14项，名列全国高校第三位；在2018年度国家科学技术奖中，中南大学共有10项成果获奖，总获奖数在全国高校排名第四，作为第一完成单位的获奖数排名全国高校第三位。

二、理念引领

办学理念是大学在办学活动中经过不断凝练并得到全校师生认同的办学理想，是对大学精神和使命、大学目的和功能等的整体概括，是大学办学中为之艰苦奋斗努力实现的目标，对大学办学活动具有长期的引领作用。然而，科学的符合学校实际的办学理念不是简单的思想照搬，也不是简单的理想树立，它是扎根于大学的历史发展进程中，是在大学办学历史、文化沉淀中探索出来，经历科学提炼总结而形成的，承载着大学自身的办学特性，具有鲜明的个性化特征。大学遵循科学理念而办学的过程，将是自身办学特色不断彰显的过程。从大学发展的历史、文化沉淀出发，结合大学发展所处的环境特征，构建科学的办学理念，将会引领大学按照自我设定的目标从事办学活动，实现大学办学的特色化发展。

作为我国历史悠久的高等学府之一，北京大学的精神文化传统深深影响着北大师生，爱国、进步、民主、科学是北大的精神核心，在北大具有深厚的底蕴；勤奋、严谨、求实、创新的学风使得北大培养了一大批卓越人才；思想自由、兼容并包的学术精神促进了思想的解放和学术的繁荣；等等。又如，中国人民大学2007年在建校70周年庆祝大会上，总结了学校的光荣历史和优良传统，把人大精神概括为"立学为民、治学报国"，这一理念推动中国人民大学把学校办学与党和国家事业的发展密切联系，力求做到学以致用、学用结合，在人才培养、科学研究等方面紧密联系国家发展的重大战略及社会发展前沿。在教育部普通高等学校人文社会科学重点研究基地建设中，中国人民大学设立的"三个代表"重要思想研究中心、社会学理论与方法研究中心、欧洲问题研究中心、中国经济改革与发展研究院等,均是与国家、社会发展密切联系的研究机构,是"立学为民、治学报国"理念最鲜明的体现。

再如,上海交通大学"求实学,务实业"的办学理念引导上海交通大学师生工作学习重实干、重严谨、重实业,形成了踏实肯干、重视社会实业的良好氛围。在这个理念的引领下,学校重视与实业相关专业的建设和发展,机械工程、材料科学与工程、信息与通信工程、控制科学与工程、计算机科学与技术、土木工程、化学工程与技术、船舶与海洋工程、电子电气工程、商业与管理等传统应用型学科建设非常突出。近年来,学校也大力发展量子芯片、量子计算机、量子密码、量子生物等新型应用学科,充分体现了上海交通大学"求实学,务实业"的理念。西安交通大学以"精勤求学,敦笃励志,果毅力行,忠恕任事"的校训为指导,学校在办学中不畏西部艰苦的自然社会环境,发扬"西迁精

图2-2 西安交通大学西迁博物馆一角

神"，励志前行，坚持面向世界科技前沿、面向经济主战场、面向国家重大需求，不断增强科技创新能力，提升学校科技竞争力。学校师生勤恳求学，着力创新实干，自交通大学西迁成立西安交通大学以来，创造了百余项国内外科学研究领域的第一，在抢占科研制高点方面发挥了引领作用，其中包括创建了我国第一个工程热物理研究所，率先创办了汽轮机、汽车制造、制冷与低温和压缩机专业，研制出我国第一台大型通用电子计算机、首个自主知识产权的数字处理芯片，在国际上首次提出了双剪统一强度理论等。学校发挥"果毅力行，忠恕任事"的传统，坚持"扎根西部、服务国家、世界一流"，依托学科与人才培养优势，在西部大力实施创新产学研合作模式，与政府、大中型企业合作建立研发中心，注重解决行业关键性技术问题，充分发挥科技对西部区域经济和社会发展的支撑作用。

三、学科凝聚

学科是大学人才培养、科学研究及社会服务的重要载体，是强化学校办学特色的重要抓手，学科建设成效直接影响学校人才培养、科学研究及社会服务的方向和特色优势。因此，加强学科结构优化，凝聚学科特色是实现大学特色办学的重要路径之一。例如，2015年，国务院印发的《统筹推进世界一流大学和一流学科建设总体方案》在基本原则中强调："引导和支持高等学校优化学科结构，凝练学科发展方向，突出学科建设重点，创新学科组织模式，打造更多学科高峰，带动学校发挥优势、办出特色。"文件明确强调了学科建设对大学特色发展的重要作用。为了彰显大学办学特色，学校决策机制一般都会先进行顶层设计，系统规划学科建设内容及方向，在下设的学院执行层面都会强调学科建设要坚持不断地凝练学科方向，促使每个学科要有特色地建设。

例如，电子科技大学是一所完整覆盖整个电子类学科，以电子信息科学技术为核心,以工为主,理工渗透,理、工、管、文、医协调发展的多科性研究型全国重点大学,在20世纪50年代建校之初,学校定位为中国培养无线电工业干部(人才)的主要基地,重点为中国无线电工业部门培养专业技术人才。在发展过程中,学校注重学科特色的凝练发展,使学校的电子科学与技术、信息与通信工程学科成为在全国很有影响力的优势学科。电子科技大学先后建成电子实验教学中心、通信与信息系统实验教学中心、计算机实验教学中心等5个国家级实验教学示范中心。围绕发展特色学科,积极面向国际发展前沿,适应国家及社会重大发展战略与需求,以重大项目及重大成果为依托,形成了特色鲜明的办学方向,在2017年全国第四轮学科评估中,学校电子科学与技术、信息与通信工程两个学科为A+,A+学科数并列西部高校第一。

四、教学传承

教学活动是大学把理念、道德、价值观、知识、技术等传授给学生的过程,这就要求教师在教学过程中要潜移默化地传承大学办学理念,使学生在学习过程中深受大学传统文化、办学理念、办学目标、管理方式等方面的感染和影响,因此,教学活动成为教师和学生自觉不自觉地传承大学理念的途径。教学活动是由教师持续不断地培养一代又一代学生的活动,学校也要教育一代又一代学生继承大学的办学特色,可以说,教学活动是传承特色最为有效的实践路径之一,也是传承特色最为持久的方式之一。教师在大学教学活动中"扮演着主角",许多大学都强调教师要积极担负传承本校特色的职能。

创建于1909年的兰州大学,根植于自然资源和经济条件相对较差的西部百余年来,始终坚守"自强不息、独树一帜"的理念,扎根西部,坚守奋斗百余载,教学中重视学生基础能力的培养,注重培养学生自强不息的奋斗精神,弘扬"勤奋、求实、进取"的优良学风,"毕业生素

图2-3 兰州大学校训石

以基础扎实、知识面宽、勤奋实干而深受社会欢迎",也因此成为我国具有重要影响的西部高等教育名校。

另外,一些大学在实施基础学科拔尖人才培养计划、卓越工程师计划、卓越教师计划等人才培养过程中,也在积极传承本校特色。比如,北京大学元培学院开展通识教育就是一例。蔡元培先生曾指出,教育是国家兴旺之根本,是国家富强之根基,办学应该坚持"思想自由,兼容并包","教育者,养成人格之事业也"。元培学院开展通识教育,不仅培养了学生扎实的专业基础知识,同时也丰富了其文化修养,传承了办学特色。又如清华大学的清华学堂,就是要传承清华跻身中国顶尖学府之列,成为中国科学大本营和具有深厚历史底蕴的国学重镇,学校积极将各方面办学优势转化为提高人才培养质量的优势,汇聚一流师资力量,营造浓厚学术氛围,创造良好成才环境,选拔最优秀的学生进入清华学堂,让优秀学生担当"领跑者",进而推动整个学校的发展。

浙江大学竺可桢学院以培养造就基础宽厚,知识、技能、素质、精神俱佳，在专业及相关领域具有国际视野和持久竞争力的高素质拔尖创新人才和未来领导者为目标，学院践行竺可桢所倡导的教育目标，不仅仅是"造就多少专家如工程师、医生之类"，而在于秉承"培养公忠坚毅，能担当大任、主持风气、转移国运的领导人才"的理念，以"为杰出人才的成长奠定坚实的基础"为宗旨，实施全程培养的卓越人才计划，为其教育目标奠定了坚实的基础，通过教学活动传承"公忠坚毅"的理念。又如吉林大学唐敖庆班，旨在培养基础学科领域的后备人才，促进我国基础科学研究水平的提升。唐敖庆班实行导师制和国际化培养，注重加强通识教育、学科基础教育与学科交叉培养，以加强学生自主学习能力和创新能力，培养优秀的科学家，通过教学活动传承吉林大学历来重视学科基础教育的特色。以我国现代著名教育家、华东师范大学首任校长名字命名的华东师范大学孟宪承书院，以培养"适教、乐教、善教"的优秀教师和未来教育家为目标，致力于创新和完善师范生培养机制和体系，提升师范生培养质量。孟宪承先生非常重视教师的培养，认为教师的专业和思想水平在大学的发展过程中起着根本性的作用。孟宪承书院经过多年探索实践，逐步形成了课堂教育、实践教育、养成教育相融的特色养成教育体系。这些卓越班都是通过教学活动，传承学校的办学特色。

五、科研推进

科学研究是大学所具有的重要功能，是人才培养的重要支撑，是引领高校建设和特色发展的重要力量。高校在科学研究中，不断提升研究水平，促进科学研究与社会经济发展密切结合，努力把科学研究成果在本地方、本区域转化，使得高校的科学研究结合地方化、区域化特色，为经济建设和社会发展服务。由于大学科学研究工作会鼓励教师探索新知识、引导学生参加科研实践，从而通过科研活动推进大学办学形成自身的特色。因此，高校科学研究的特色化将是促进高校走向特色化办学的重要方式，也是彰显大学办学特色的途径之一。

西北工业大学在发展过程中，非常注重航空、航海、航天学科领域科研工作，形成了显著的"三航"特色。在发展"三航"特色的过程中，学校将学术研究与西部区域发展需求、国家战略需求和世界科技前沿密切结合，通过不断解决"三航"科研领域的课题而形成了明显特色。全国第一架小型无人机、第一台地效飞行器、第一型50公斤级水下无人智能航行器和第一台航空机载计算机均诞生在西北工业大学。2016年，科技部实施了国家重点研发计划重点专项，在16个国家科技重大专项中，西北工业大学重点参与了大飞机、载人航天与探月等10个重大专项的论证及科研攻关，深度参与了两机专项论证、神舟系列飞船研制，是"为中国首次载人航天飞行做出贡献单位"的两所高校之一。学校教师通过参加研究核心技术、研发重大战略产品、解决关键共性技术和重大工程问题，通过科研活动，推动学校办学特色的彰显。近十年来，学校获得国家科学技术奖20余项，省部级科技一等奖近50项。又如同济大学，历史悠久、声誉卓著，特别是建筑学科在全国有重要影响，学校以生态城市、绿色建筑、遗产保护和数字设计为学科新的发展重点，在原有建筑学科基础上进一步形成新的强势学科，通过学科交叉平台建设形成新的优势学科群，在智慧城市、历史建筑保护技术、建筑技术、数字设计建造等方面产出了许多杰出成果。成立生态化城市设计国际联合实验室、建成环境技术中心等，建构了国内建筑学方面最齐全的学科建制，形成了学科群整体发展优势。同济大学强化建筑学办学特色，形成创新机制，科研成果丰硕，这也是通过科研活动彰显学校办学特色的又一实践范例。

六、服务增色

大学的社会服务具有复杂性、多样性、个体化等特征，它涉及社会需求、政策规定、经费支持、个人与集体利益等方方面面。大学的社会服务首先应该是基于社会需求的，在对社会现实了解的基础上，对存在的现实问题进行专门性、有针对性的解决，使大学的社会服务功能充分发挥出来。不论理工科擅长，还是人文社科擅长的综合性大学，也不论是医学类、政法类、经济类、艺术类、体育类等多科性大学，当大学教师和学生深入社会实践，通过研究社会现象、解决社会问题等形式来为社会提供服务时，不能走同质化的发展方向，而是要结合具体的社会现实来发挥服务功能，这样大学就会在社会现实中留下自己的烙印，体现自身的特色。所以，大学增强社会服务能力，构建具有自身特色的社会服务方式，能够有效促进特色办学。

改革开放四十年的经验表明，大学实现特色办学，首先要把社会服务与我国经济社会发展的目标相结合，注重解决人民群众关心的热点、难点和焦点问题。其次，要推进产学研用结合，科技成果转化，实现对地方社会经济创新驱动发展的促进作用。再次，高校要充分利用科学研究的优势和科技成果方面的积累，积极向社会公众开展科学普及工作，提高公众科学素质和人文素质。大学从事着知识的创新和发展，许多大学对中国传统文化有着系统的、深入的研究，大学在社会服务中还要积极承担推进文化传播、弘扬优秀传统文化、发展先进文化的重任。最后，大学还要充分发挥自己的专业优势，积极参与政府决策咨询，充分发挥智囊团、思想库作用。例如，中国农业大学围绕我国"三农"问题和国家农业产业重大需求，以服务"三农"为己任，在技术推广、成果转化、对口支援、扶贫和面向社会的人才培养培训等方面开展了大量工作，积极向政府提供政策咨询建议。为进一步提升社会服务能力，学校成立了新农村发展研究院，制定并实施以一个宗旨、五大工程、八大行动为主要内容的"158"工程，具体就是以"立足北京、服务全国，构建有中国特色的以大学为依托的公益性农技推广的新模式"为宗旨，开展"基地工程、体系工程、站院工程、推广工程、育人工程"五大工程以及"教授进村入户行动、'红色1+1'行动、农村信息网盟服务行动、大学生村官行动、农村能人培训行动、新农村建设政策创新行动、科技兴村富民行动、文化传承与创新行动"等八大行动。

总之，形成办学特色是大学办学过程中不断追求和坚守的目标，也是大学需要付出努力不断充实才能实现的，更要在办学定位校准、办学理念实施以及学科建设、科学研究、教育教学、社会服务等实践活动中得到彰显。

第三节　实践范例

在国内外大学发展实践中，一些大学呈现出了鲜明的办学特色，系统分析这些大学的办学经验，了解特色办学的实施过程，借鉴国内外知名大学特色办学的有益经验，是实现大学办学特色深入发展的有效路径，这是大学办学特色发展的借鉴之道。

一、彰显理工特色的范例

美国麻省理工学院素以顶尖的工程学和计算机科学而著名，理工特色非常显著，在全世界具有重要影响。

（一）麻省理工学院基本概况

麻省理工学院初建于1861年，1865年迎来第一批学生。在1930年之前，它还只是一所多科技术学院。从1930年起，麻省理工学院建立了工学院、理学院和建筑学院三个学院，在1950—1952年间，又相继创建了人文、社会科学院和斯隆管理学院。今天的麻省理工学院拥有世界一流的工科，包括航空与宇航技术、化学工程、机械工程、计算机和材料科学等主干学科,同时拥有数学、物理、化学、生物、天文学、人脑学等一流理科学科。尤其值得一提的是,这所理工特色显著的大学还具有国际知名的人文社会学科,例如文学、哲学、政治学、经济学、人类学、语言学、音乐等。

在《美国新闻周刊》(News Week)每年发布的世界大学排名中,麻省理工学院一直名列前茅;美国科学研究委员会进行的教师资源和学术水平排名,在全美大学的40多个研究领域中,麻省理工学院在30多个领域名列前三名。这不仅说明麻省理工学院具有雄厚的办学实力,是当今美国乃至世界上顶尖级的一流大学,具有世界一流的工科,而且也说明其学科发展均衡,有利于理工文交叉科学的发展和创新成果的形成。

图2-4 麻省理工学院校园一角

（二）麻省理工学院的办学经验

1. **在科学突破与科技创新方面发挥领导作用**。自建校以来，麻省理工学院取得了大量的科学发现和技术突破，这些重要的科学成果能够解决美国和美国社会重大发展问题，并为学科的整体发展提供新的思想观念和方法，对本国乃至世界的经济、科技、社会、军事等各个领域的发展产生了重大影响。近一个世纪以来，麻省理工学院一直以培养和造就第一流的科学领导人才为办学指导思想。目前，学院最为活跃的研究领域有神经科学、大脑和思维科学、环境与可持续发展、新媒体和企业家精神、信息技术、生物技术和细胞组工程等，在这些研究领域领导着世界新潮流。

2. **重视理论与实际、科技与经济、知识与商品相结合**。麻省理工学院是美国最早推行大学与政府以及私营企业进行合作研究的大学，学校鼓励把教师和实验室的技术创新成果通过追求利润的技术公司商品化。麻省理工学院教师和学生的追求已不仅仅是知识本身，而是把科学和技术商品化，最终实现它的经济价值。在美国新经济时代，麻省理工学院成为许多新技术公司的裂变源和新企业家的摇篮。学院强化科学与技术的商品化发展战略，积极与通用电气公司（GE）、通用汽车公司（GM）、英特尔公司（Intel）、霍尼韦尔国际（Honeywell）、微软公司（Microsoft）、西门子（Siemens）等跨国企业建立战略合作关系，充分发挥其优势，为社会发展创造经济价值。

3. **力促学科的交叉、创新、超前和综合化发展**。交叉、创新、超前和逐步综合化的学科发展特征是麻省理工学院的又一显著特色。学院重视跨院系合作研究，第二次世界大战后，麻省理工学院结合科学技术发展刚刚出现整体化趋势的实际，在雷达、辐射实验室的基础上，建立了电子实验室等若干个跨系、跨学科的实验室和研究中心。这一重大措施促进学院站在科学技术发展的前沿，大大提高了学术水平和教学质量，2018年已成立超过100个跨学科的实验室和研究中心，进行综合性课题研究，在校内形成了不同学科相互渗透的学术氛围，使新的研究方向不断涌现，经常提出创新性的学术理论。同时，学院很注意开展跨校合作研究，1970年与哈佛医学院（Harvard Medical School）合办了保健科学研究所，共同进行多种教学与科研方面的活动。麻省理工的成功经验还在于通过理工结合、文理渗透的途径，提出交叉边缘科学的前沿课题，不断拓展研究领域。同时在理工学科与管理、人文社会学科的结合点寻找发展空间。

4. 重视人文教育，达到人文与理工的有效结合。虽然麻省理工学院是世界顶尖级理工科为主的大学，但是学校也非常重视人文艺术和社会科学教育，所有本科生在学习期间必须学习人文、艺术和社会科学方面的课程，可以在人文社会科学学院开设的360多门课程中选修课程。课程包括外国语言和文学、艺术史与建筑史、哲学、电影与传播媒介、音乐、视觉艺术等。此外，学校还积极打造文、理、工等多学科相互交融的学术氛围，让学生在这种氛围中成长，不断拓宽知识面，达到人文与理工的有效结合。目前，麻省理工学院不仅是美国最负盛名的理工科大学，而且具有国际知名的人文社会学科。这样一所大学对人文教育的普及与深入，对美国的高等教育有着广泛的影响。麻省理工学院的办学经验对我国高等学校转变教育观念，加强人文素质教育，也有借鉴价值。

5. "顶天立地"的人才培养思想。麻省理工学院培养人才注重高层次和适用性，笔者将这种人才培养模式比喻为"顶天立地"的人才培养思想。它有两层含义：一是指本科生教育是学位教育的最低层次，理解为"地"；博士生教育是学位教育的最高层次，理解为"天"。学校人才培养的重点走向了两个极端，即，学校教育的重点是本科生和博士研究生的培养，而对中间层硕士研究生的重视程度相对较低。二是本科生的培养目标是帮助学生发展知识和培养能力，面对现代社会的挑战，以培养能够适应社会的应用型人才——"立地"，让本科生能够解决现代社会的复杂问题。而博士生的培养目标是发现新原理、新技术、新知识的创新型人才——"顶天"，激励博士生攀登科学研究高峰，做出全世界最高水平的科学突破和技术创新。

6. "面向未来向前看"的本科生培养原则。在本科生教育和教学方面，也有几个突出的特点值得我们借鉴，主要体现在以下三点。

（1）实行严格的教学制度和培养优良的学风，教育以提高素质为本。根据认真观察和阅读有关教学文件，笔者注意到麻省理工学院本科生的培养方案，一是传授知识，二是培养能力（能力指实验能力、创新能力、解决问题能力等），更重要的是提高素质，为学生走上社会之后的终身学习和发展奠定比较坚实的基础。麻省理工学院注重的素质主要包括科学素质（严谨求学、实事求是、精益求精）、文化素质和心理素质。学院不仅仅理解素质培养的重要性，而是始终明确如何在大学四年把素质教育真正贯穿于本科生教育过程中，使学生的素质能够得到真正提高。为此，麻省理工学院的本科生教育注重实效，即在教学内容、课程设置和教学质量上注重知识传授，在教学过程中注重科学素质和心理素质的培养，倡导科学精神、道德素质与人文精神的结合。

（2）注重学生早期的科学研究训练。麻省理工学院还十分重视组织本科生参加科学研究，认为应当给大学生从事独立的、有激励性的科学研究的机会。学校专门设立"托管基金"，用于支持大学生课外科学研究。除了课内的科研锻炼机会外，大约有半数的学生可在不同学期获得基金资助，参加科研活动。学生还可以直接参与教师正在开展的科研项目。此外，学校有大学生科研训练的计划项目，目的是让大学生在系、跨学科实验室或中心参加教师正在进行的许多领域的研究工作，以培养他们的动手能力、科学精神和严谨求学的精神。还有由少量学生和教师组成的小组（十几个人一组），通过边学边干，共同探索感兴趣的新方法和新领域，重点是技术及其在社会中的作用。

（3）在培养模式上注重基础知识、人文知识与广博知识的教育。麻省理工学院虽然至今不改名为大学（University），以自己的理工科特色而自豪，但并不等于说它只是实行专业教育，恰恰相反，它与哈佛大学一样，非常重视本科生通才教育。

二、彰显教师教育特色的范例

我国是非常重视教师教育的国家，首先体现在学校设置上有培养教师的师范院校，全国师范院校就有200余所，教师教育是师范类大学的特色及优势；其次体现在综合性大学也培养教师。近年来一些师范大学积极向综合性大学发展，教师教育特色有所削弱，特别是一些综合性大学参与教师教育之后，师范类高校的教师教育活动面临综合性大学的挑战，一些学校教师教育特色优势便不再显著。面对日益激烈的高校竞争，一些师范院校积极采取措施，加强教师教育特色建设，强化自身的办学优势。这些师范院校在强化教师教育特色方面，采取了多方面策略。

（一）构建教育科学研究群

教育科学是从事教师教育的基础性、支撑性学科，指引、指导着教师教育活动。因此，许多师范类高校在强化教师教育特色的过程中，特别注重教育科学研究群的建设。例如，北京师范大学整合教育学、心理学相关教学及研究机构，分别组建了教育学部和心理学部，通过人、财、物等资源的整合与集中，增强教育科学研究力量。北京师范大学于2009年整合教育管理学院、课程与教学研究院、教师教育研究所、教育经济研究所、学前教育研究所（系）、特殊教育研究所（系）、职业与成人教育研究所、高等教育研究所、教育统计与测量研究所、教育心理与学校咨询研究所等14个实体性学术机构，组建教育学部和17个综合交叉平台，构成了强大的教育科学教育学研究群。另外，由认知神经科学与学习国家重点实验室、教育部人文社会科学重点研究基地发展心理研究所、应用实验心理北京市重点实验室、神经影像大数据与人脑连接组学北京市重点实验室、脑科学与认知科学教育部网上合作中心、国家脑科学与认知科学创新引智基地、国家级实验教学示范中心、国家级虚拟仿真实验教学中心等共同构成了心理学部，形成了强大的教育科学心理学研究群。此外，华东师范大学、西南大学也都整合了相关教育科学研究机构，分别组建教育学部、心理学部等。

（二）加大教师教育研究机构建设

教师教育研究是支撑教师教育活动的方法论学科，指导着教师教育活动的实施方略。加大教师教育研究机构建设，将引导教师教育活动向纵深发展，促使教师教育活动更具特色。例如，北京师范大学设有全国唯一从事教师教育研究的国家重点研究单位——教育部人文社科基地教师教育研究中心。除此之外，在从事学科教育的学院专门设有学科教学论研究机构，如语文教育研究所、中文国际教育研究所、历史教学论教研室、数学与数学教育研究所、物理课程与教学论系、生物学教育系、化学教育系、中国艺术教育研究所、体育教育研究所、公共外语教学研究部等。这些学科教学论研究机构基本都是实体性研究机构，有大量的专业人员专门从事研究工作，并聘请兼职教师充实研究队伍，有效指导本学科的教师教育工作。华东师范大学也在2015年整合教师教育，组建教师教育学院，对教师教育专业的教师和学生进行专门培养，以进一步增强学校的教师教育特色。湖南师范大学建立了教育部人文社会科学重点研究基地、湖南师范大学道德文化研究中心、全国大学生文化素质教育基地、教育部基础教育课程研究湖南师范大学中心、湖南省高校产学研合作示范基地等研究机构，大力推动学校的教师教育活动，彰显了教师教育特色。

为了提升教师教育质量，一些师范大学还积极建立人才培养基地。如北京师范大学建设了中国语言文学、历史学两个国家文科基础学科人才培养和科学研究基地，建立了数学、物理学、生物学、心理学、地理学五个国家理科基础科学研究和教学人才培养基地，还建立了两个国家卓越法律人才教育培养基地，包括应用型、复合型法律职业人才教育培养基地和涉外法律人才教育培养基地，对于法律人才的培养有了更加广泛的基础，这些平台加强了学科发展与学科教师的培养。北京师范大学还建立教师教育学院，统筹全校公费师范生、选修教师教育课程模块学生的培养工作，以及毕业公费师范生在职攻读教育硕士培养工作。学校又整合原继续教育学院、网络教育学院、教师培训学院和高等职业技术学院，形成新的继续教育与教师培训学院，以强化教师继续教育与培训。南京师范大学建立两个国家级人才培养模式创新实验区，以及国家体育与艺术师资培养培训基地、教育部高校辅导员培训和研修基地，还实施了"地方高师本硕贯通教师教育模式探索""鹤琴之旅——研究型幼儿园教师培养"两个教育部卓越教师培养计划改革项目，涉及教师培养的方方面面，为教师教育质量提升提供了强大支持。

（三）加强教师教育师资队伍建设

优秀的教师队伍，是推动教师教育走向深化、办出特色的重要推动力量。教师教育队伍建设有其特殊性，即培养职业教育、基础教育和幼儿教育的教师都有其职业特性。北京师范大学在强化教师教育特色的过程中非常重视教师队伍建设，学校教育学部现有教学科研人员216人，其中教授占37%，副教授占35%，91%的教学科研人员拥有博士学位，拥有海外留学经历的人员占到90%以上，还有一批学者从海内外知名大学获得博士学位。教育学部以"大家、名师"为引领，以"优质课程"为依托，加强对学生学术素养、创新精神和实践能力的全面培养。华南师范大学针对新时代教师教育发展的新要求，提出了增强教师教育特色建设的新举措，制定了《华南师范大学"新师范"建设行动计划（2018—2022年）》，提出要"打造具有国际视野和核心竞争力的教师教育师资团队"，"打造教师教育师资专业成长平台"，"围绕教师教育人才培养、学科建设和科研创新体系构建，依托学科、科研基地以及重大科研项目，培养和造就若干具有国际视野的学科领军人才和学科带头人，一批中青年学术带头人与学术骨干，一批教学名师和教学骨干；借助地缘优势推进与港澳高校及研究机构的科研合作，打造多个前沿研究领先、学术创新活跃的科研团队"。

（四）建设强大学术期刊阵地

学术期刊是传播学术思想、展现教学科研发展新动向的重要载体。建设强大的学术期刊阵地，不仅能够有效地把本校的教师教育思想向社会迅速传播，而且能够通过期刊的传播作用迅速扩大社会影响力。北京师范大学主办有一大批在国内外具有重要影响力的期刊，这些学术期刊构成了强大的教师教育宣传阵地，如《比较教育研究》《教育学报》《教师教育研究》《中国教师》《心理发展与教育》《化学教育》"Asian Journal of Social Psychology" "Journal of Pacific Rim Psychology"等。华东师范大学也构建了强大的学术期刊阵容，如《全球教育展望》《华东师范大学学报（教育科学版）》《化学教学》《历史教学问题》《中文自修》《地理教学》《数学教学》《物理教学》《生物学教学》《中小学英语教学与研究》《大众心理学》《基础教育》《心理科学》《思想政治课研究》等，近年来更是加大了对学术期刊办刊经费的投入和办刊机制的改革力度,如《华东师范大学学报(教育科学版)》于2017年由季刊改为双月刊,2016年又创办了英文学术期刊"ECNU Review"。陕西师范大学创办了《陕西师范大学学报(哲学社会科学版)》《陕西师范大学学报(自然科学版)》《当代教师教育》《中国历史地理论丛》《中国艺术教育》等学术刊物,其中《陕西师范大学学报(哲学社会科学版)》首批入选教育部高校哲学社会科学名刊工程,是国家重点支持建设的11种高校社科学报之一。

三、彰显地域特色的范例

在中国广袤的大地上,不同地域具有不同的自然环境和人文环境,会孕育出不同的自然资源和人文资源,正所谓"一方水土养一方人"。这些资源对大学发展有非常重要的"滋养"作用。因此,一些大学结合地域特色,充分利用当地的自然资源和人文资源发展自己,潜移默化地熏陶着校园文化,使学校成为具有显著地域特色的大学。主要做法有以下几个方面。

(一)主动挖掘地域资源,不断把地域特色转化为学校办学特色

不同的地域,由于自然环境和人文环境差异而呈现出不同的特色,如何充分挖掘当地的地域资源并不断把地域特色转化为学校办学特色,则高度依赖大学的积极主动性。一些大学在发展中积极主动发掘地域资源,并依靠发展这些地域资源,形成大学自身的办学特色,迅速提升了学校的办学水平和社会影响力。

云南大学地处我国西南边陲,而云南省高原地形多样,少数民族众多,与缅甸、老挝和越南等国接壤,云南大学积极利用云南省多民族、生态多样性、边疆地域等地域特色,努力发展自身特色,竭力提升办学水平。云南大学校长提出:"云南大学有'三张牌':民族多

样性与文化多样性、生物多样性、地处边疆与紧邻南亚东南亚,将云南独特的资源优势和区位优势转化为学科优势,继而转化为人才培养优势,重点建设起民族学、生态学与生物学、边疆治理与地缘政治学三大学科高地,以学科建设引领一流大学的建设。"这一论述充分体现了云南大学注重发挥地域优势及办学特色的特点。近年来,云南大学形成了民族学、生物学、特色资源开发与环境保护,以及边疆问题和东南亚、南亚国际问题研究的优势特色。在民族学研究中,围绕云南省民族地区经济社会发展目标和特色学科建设需要,整合全省民族问题研究资源,解决重大理论问题和现实问题;在生态学研究中,经典植物学、动物学和微生物学研究领域具有鲜明的地域特色和研究优势;在边疆及东南亚问题研究中,以中国西南和东南亚特别是大湄公河次区域国家为重点研究区域,以少数民族或族群为重点研究对象,设置的主要研究方向有中国西南民族及其与东南亚的族群关系、经济人类学与中国少数民族经济问题、民族政治学与边疆治理问题、少数民族传统知识与非物质文化遗产、中国西南少数民族史与边疆史、民族学与人类学理论方法以及影视人类学、艺术人类学、生态人类学、民族文化产业等。

黑龙江大学地处中国东北边陲,在办学中积极挖掘地处我国东北临近俄罗斯、朝鲜等国的地域优势,打造自身办学特色,强化俄语学科专业的优势地位和引领作用。在人才培养、科学研究、对外交流合作和社会服务等方面,积极与俄罗斯相关机构合作,形成了显著的俄语教育特色。

(二)积极搭建特色科研平台,促进特色建设更加显著

构建教学科研平台是充分展现和深挖地域特色资源的重要载体,对教学科研有明显的引导和促进作用。黑龙江大学为了强化有关俄罗斯及东北亚内容方向的办学特色,积极搭建与此相关的教育科研平

台，先后组建了教育部人文社会科学百所重点研究基地俄罗斯语言文学与文化研究中心、中俄人文合作和上海合作组织教育合作俄语翻译中心、教育部中俄催化技术国际合作联合实验室，与俄罗斯新西伯利亚国立大学（Novosibirsk State University）共办中俄联合研究生学院，与俄罗斯莫斯科国立大学（Moscow State University）共建高翻学院，与俄罗斯圣彼得堡国立大学（Saint Petersburg State University）共建俄语测试中心，与吉林大学、辽宁大学、延边大学共建汉语国际推广东北基地等交流合作平台等，推进学校特色建设不断深入。

再以云南大学为例，学校为了通过搭建特色科研平台，促进办学特色的彰显，已建成云南生物资源保护与利用国家重点实验室、西南边疆少数民族研究中心、云南大学国家文化产业研究中心、中非联合智库、云南省光电信息材料国际联合实验室、云南大学高原湖泊国际联合实验室、"一带一路"战略研究院、澜沧江湄公河次区域研究中心等八个区域国别研究基地，构建了国内最为完整的"一带一路"沿线国家区域国别研究体系。2016年，云南大学新闻学院又与中国国际广播电台共同成立了南亚东南亚国际传播学院，在国际传播、跨文化传播研究领域成果领先。这些教育科研平台的建设有力地支撑了学校"立足边疆、辐射两亚"的办学特色，并随着平台的发展壮大，推动学校办学特色更加深入扎实地展现区域特征和资源条件。

（三）主动服务于国家区域发展战略，寻求新发展机遇

为深入推进改革开放，国家制定了一系列国家与区域发展战略。然而，国家与区域发展战略是在一定时期的特定发展方略，凝聚了国家与区域发展的需求，也孕育了资源提供的机遇。积极主动服务国家与区域发展战略，有利于获得更大的发展机遇。

云南大学在办学中按照"立足云南、服务国家、辐射两亚、走向世界"的办学思路，紧密结合国家"西部大开发"重大发展战略部署，

着力推进"云南大学服务云南行动计划",积极实现与昆明市的"名城名校"融合。南京农业大学积极服务国家长江三角洲区域一体化发展战略、扶贫开发战略,在构建大学与区域发展的机制方面,经过长期的探索和实践,从最初走村串户的科技大篷车,到后来与江苏省连云港市共建"百名教授兴百村小康工程",再到集科学研究、人才培养、企业生产与技术推广于一体的江苏新天地生物肥料工程中心有限公司的组建,探索建立起了一套高效的"产学研"合作利益协同与合作共赢机制,将科学研究、人才培养与服务区域经济社会发展有机统一起来,促进了大学与区域经济的共生发展。[①]又如华南师范大学服务国家粤港澳大湾区发展战略,成立了城市与区域发展中心,它是华南师范大学直属科研机构,主要致力于我国特别是华南地区城市与区域发展中社会、经济和环境相关问题的研究,并为地方政府、企事业单位提供相关的专业咨询和服务。在土地利用规划、"三旧"改造等方面做了大量的工作并在国内特别是华南地区具有相当的影响。成立以来共承担国家、省和地方项目60多个,其中"三旧"改造项目有20多个。

总之,大学只有形成显著的办学特色,才能获得社会的高度认可,才能不断增强竞争能力。大学办学特色是大学独有的特性,需要大学自身不断探索、积累与总结。尽管大学的办学特色千差万别,但是大学办学特色的彰显还是有一些路径可以遵循的。

---

① 左惟. 顶天立地 实现大学与区域的共生发展[N]. 中国教育报,2014-05-12.

第三章 坚持本科中心是大学立校之本

本科教育是大学传授高深知识的起始阶段，是大学的基础性中心工作，是重要的办学活动之一，对大学生人格塑造、知识积累以及学术素养和创新能力的培养具有奠基性作用。

人才培养模式是学校为学生构建的知识、能力、素质结构及其实现的方式，它主要包括培养目标、教学理念、培养方案、课程体系、教学设计、培养途径、师资队伍等要素。改革开放四十年来不断深化本科人才培养模式改革的经验，是当前我国高校本科教育的宝贵财富。

本科人才培养是高校的重要职能，如何培养优秀的本科人才始终是高校永恒的改革任务。通过高考选拔优秀学子，是本科人才培养改革的入口和始端。不断推动高考制度改革，不拘一格选人才，是高质量本科人才培养的前提和保障，也是我国本科人才培养之道的重要一环。

改革开放以来，我国高等教育改革发展取得了巨大成就。特别是1999年高校扩招以来，我国高等教育规模迅速扩大，为国家培养了一大批优秀人才。但是，人才培养质量与社会的期待和国家的需求相比，还有一定的差距，已经成为制约我国经济社会发展和提升国际竞争力的突出问题。努力探索并形成具有中国特色、领跑世界的拔尖创新人才培养模式，造就一大批具有国际水平的战略科技人才、科技领军人才、青年科技人才和高水平创新团队，培养数以亿计的中国特色社会主义事业合格建设者和可靠接班人，为中华民族的伟大复兴提供人才保障，是新时代本科人才培养的神圣使命。

> 本科教育是大学进行高深知识传授的起始阶段，是大学人才培养的基石，对学生人格塑造、知识积累、学术素养养成等具有明显的基础性作用，对学生职业发展和成长成才产生非常重要的影响。本科教育是大学最根本的活动，这是高校的本科教育发展之道。

第一节　本科为本

改革开放四十年来，我国大学职能随着社会、经济、科技和文化的进步与变革不断发展，但本科教育或人才培养始终是高校从未改变的本质职能，如何培养优秀的本科人才，始终是高校的根本任务，这是高校本科教育的发展之道。

一、本科教育贯穿于高校发展全过程

大学从诞生之日起，就是以教育人为其主要职能的。现代意义上的大学诞生于中世纪的欧洲。12世纪的欧洲，随着城市的兴起，促进了商业和贸易的发展，社会对专门知识产生了强烈的需求，从事专门知识传授的机构——行会学校和城市大学应运而生，其目的主要是培养各类专业人才，以满足社会的人才需求。

到19世纪初，虽然德国的威廉·冯·洪堡在创办柏林大学的过程中，强调科学研究在大学中的重要性，但是从根本上来讲，科研活动能够培养学生的科学思维能力，从而将学生培养成为全面和谐发展的人才。

图3-1　早期博洛尼亚大学一角（绘画作品）

随着时代的发展和社会的变迁，19世纪后期到20世纪初，现代美国大学的崛起，尤其是"赠地学院"的出现和"威斯康星精神"的形成，推动大学发展与社会需求更加紧密地联系在一起。更为重要的是，"大学的服务绝不是一般意义的服务，它是基于最高水平的知识与人才对社会的服务。服务的过程是为整个社会输送'新型资本'，并使之转化为最先进的生产力的过程。"①

总之，现代大学经过近千年的发展，本科教育始终贯穿于大学发展演变的全过程，而且大学的本科教育职能已经拓展进入科学研究、社会服务、文化传承创新等多个方面。但无论如何演变，高等学校的育人职能这一属性从未改变，其他职能都要服务于育人，即人才培养这一职能。

---

① 康健. 从历史的演变看大学的第三职能[J]. 高等教育研究，1995（2）：84.

二、本科教育居于高校办学核心地位

改革开放四十年来,在我国出现了高等学校要承担人才培养、科学研究、社会服务、文化传承创新等职能的多种观点的讨论,并对高校的办学实践产生了一定程度的影响,但是改革开放四十年办学经验的总结,已经形成了共识,即本科教育始终居于高校的核心地位。主要原因表现在三个方面:

1. **本科教育的核心地位是由法律法规所决定的**。《中华人民共和国高等教育法》规定,"大学、独立设置的学院主要实施本科及本科以上教育"。本科教育在人才培养、科学研究、社会服务、文化传承创新等功能中居于核心地位,没有本科教育的学校,就不能称其为大学。科学研究是做好人才培养工作的前提条件,人才培养是服务社会、传承和创新文化的直接表现。科学研究首先源于教与学过程中的求知、探索、解惑、授业之需要,这是科学研究的原动力,科学研究的副产品是服务经济社会,经济社会也会对学校加以足够的回报,学校从而能更好地开展人才培养、科学研究,最终完成文化传承创新。科学研究、服务社会、文化传承创新应该围绕人才培养而开展,人才培养要通过科学研究、服务社会、文化传承创新来实现。可见,从现实来看,本科教育的地位及其作用,也决定了本科教育是大学的立校之本。

2. **本科教育的核心地位是由其基础地位决定的**。高校的人才培养主要包括本科教育和研究生教育两个层次,本科教育人数在普通高等教育中规模最大。以2017年数据为例,根据教育部发布的《2017年全国教育事业发展统计公报》,2017年全国高等教育在校生中,有本科生1648.63万人,专科生1104.95万人,研究生263.96万人,本科生占高等教育在校生总数约55%,研究生约占16%。在2017年毕业生中,本科毕业生也占据主体地位,其中本科毕业生384.18万人,专科毕业生351.64万人,研究生毕业生57.80万人。本科人才培养最重要的就是要建立成熟的本科教学体系,"本科教育要稳定规模,以培养应用型、复合型人才为重点。要培养适量的基础性、学术型人才,但更重要的是要加大力度培养多规格、多样化的应用型、复合型人才"①,研究生教育要以培养高层次创新型人才为重点,合理配置研究生教育资源,激发研究生导师和学生的主观能动性,更加有效地培养研究生的创新能力。

3. 本科教育的核心地位是由高等教育的永恒主题决定的。从我国高等教育的改革和发展历程来看,本科人才培养是贯穿始终的主题,也始终是高校的根本任务。早在1999年制定和施行的《中华人民共和国高等教育法》就明确规定:"高等学校应当以培养人才为中心,开展教学、科学研究和社会服务。"虽然经2015年和2018年两次修订,《高等教育法》的这一条都没有变,始终从法律上确定了本科教育是大学的本质属性,它是大学的立校之本。尽管在办学实践过程中,一些高校对大学职能的理解出现了一些偏离,最常见的是高校将其他职能与人才培养相提并论或并列,例如在20世纪80年代,受到经济改革政策的影响,在很多高校,本科教育或教学不再是学校的中心工作和首要任务,而是让位给了科学研究甚至是产业服务;又比如,一些高校没有将本科教育放在核心地位,而是更重视学科建设却忽视本科教育,将应该属于学科建设主要内容的本科教育没有包括在学科建设中,过分强调研究生教育,只重视培养少数拔尖人才而忽视全体学生的成才发展。为了解决高校上述偏差,在国家宏观层面,通过实施专项计划进一步强化本科教育的核心地位,切实提高本科教育质量。例如,自2009年起,国家启动实施了"基础学科拔尖学生培养试验计划""高等学校本科教学质量与教学改革工程""卓越人才培养计

---

① 杜玉波.高等教育要更加适应经济社会发展需要[N].中国教育报,2014-07-24.

划"等。党的十八大以后，中国高等教育步入新的历史发展阶段，国家教育管理部门和各高校对本科教育更加重视，2015年国家做出"建设世界一流大学和一流学科"的重要战略决策，通过切实的举措和有效的保障，大力提升高校人才培养质量，进一步强化本科教育在高校职能中的核心地位。2018年6月，教育部召开新时代全国高等学校本科教育工作会议，进一步强调了本科教育在我国高等教育中的重要地位，这在高等教育史上具有里程碑式的意义。会议期间，近150所高校达成了《一流本科教育宣言》，喊出了"高教大计，本科为本；本科不牢，地动山摇；人才培养为本，本科教育是根"的"口号"。

总之，坚持本科教育为立校之本，已成为高校管理者办学治校的共识和改革发展的基本遵循。

第二节　为国选才

为国选才，最重要、最受社会认可的就是高考。改革开放伊始，我国以恢复高考制度为突破口，先后采取措施恢复高校教育教学秩序，奠定了高等教育为国选才的扎实基础。几十年来，经过不断推动高考录取制度改革，形成了一套比较完善的为国选才机制。

一、高考改革的嬗变

高考是高等教育的入口和起点，是连接基础教育与高等教育的桥梁，承担着为国选才的重要使命。高考涉及千家万户，关乎每个孩子的前途，关系到高校人才培养的质量和水平。改革开放四十年来，高考选拔出数以千万计的优秀学子进入大学继续深造，从根本上为我国经济社会发展取得巨大成就提供了智力支持和人才保障。"高考是当代中国每年一次的举国大考，是一种盛大的社会活动和重大的民生议题。"①高考制度不仅关系到国家创新人才培养、学生发展，也是维护社会公平、高等教育资源分配的重要手段，关系到国家改革发展稳定的大局。可以说，高考是我国各类考试中参加人数最多、影响最大，也是最重要的考试。

以恢复高考为标志，我国高考制度经历了重要的发展变化历程。1977年，邓小平同志在全国科学和教育工作座谈会上指出："我们要实现现代化，关键是科学技术要能上去。发展科学技术，不抓教育不行。"之后不久，国家决定恢复"文革"中被中断的高等学校招生考试制度。1977年10月，国务院批转教育部《关于1977年高等学校招生工作的意见》，这一《意见》标志着高考制度正式恢复，同时也拉开了我国高等学校招生制度改革乃至整个高等教育改革的序幕，可以说引起了我国高考制度一次"脱胎换骨"的嬗变。

1977年的高考政策规定，由各省、市、自治区组织拟题，县（区）统一组织考试。

考试分文科和理科两类，文科考试科目为政治、语文、数学、历史、地理，理科考试科目为政治、语文、数学、物理、化学。考生由学校录取，省、市、自治区批准，录取学生时优先保证重点院校。1978年，国务院批转教育部《关于1978年高等学校和中等专业学校招生工作的意见》，确定实行全国统一命题，县（区）统一组织考试，由各省、市、自治区组织评卷。考试科目中，文理科均增加了外语，但外语成绩只作为参考，不计入总分，直到1983年开始将外语成绩计入总分。1985年5月颁布的《中共中央关于教育体制改革的决定》明确提出，"改革高等学校的招生计划和毕业生分配制度，扩大高等学校

---

① 刘海峰．高考改革的回顾与展望[J]．教育研究，2007(11)：19.

第三章
坚持本科中心是大学立校之本

图3-2　1977年12月，在北京五中考点参加高考的学生

办学自主权"，"改变高等学校全部按国家计划统一招生，毕业生全部由国家包下来分配的办法"，实行国家计划招生、用人单位委托招生、在国家计划外招收少数自费生三种招生方式。这也标志着高考进入改革调整阶段，国家开始探索高考改革的路径。在招生制度上，出现了免费的国家计划招生和收费的国家调节招生"双轨制"并存的现象。客观上讲，高考招生的"双轨制"在一定程度上适应了国民经济转轨时期对于高等教育发展的需要，它不仅挖掘了高校办学潜力，对满足改革开放初期国家对多方面人才的大量需求起到了积极作用，还缓解了高校办学经费不足的困难，减轻了财政负担。然而，随着"双轨制"的实施，委培生和自费生在招生计划中所占的比例逐年提高，招生规模不断扩大，进而产生了低分考生自费上大学，高分考生由于招生计划的限制或学费的因素却被拒之门外的不公平现象。为了解决这一问题，进一步推动高考制度改革势在必行，这一时期的高考制度改革主要从高中会考制度和"招生并轨"两方面进行。1985年，上海

市在全国率先试行高中毕业会考制度，并将高考与会考结合起来。1987年，国家教育委员会颁布《关于扩大普通高等学校录取新生工作权限的规定》，正式确立了"学校负责，招办监督"的录取政策，高校成为招生录取的权责主体。1990年，国家教育委员会颁布《关于在普通高中实行毕业会考制度的意见》，到1993年，全国各地均实行高中毕业会考制度。但是，在招生录取机制上，高校自主录取权的扩大实际是有限的。

1994年，国家开始试点"招生并轨"和学生上学缴费改革。全国有38所高校实行新生缴费入学，1995年扩大到100余所，1996年进一步扩大到500所，1997年学生上学缴费在全国正式推广，要求所有高校新生都要实行缴费入学，同时推动高等学校和中等专业学校公费生和自费生并轨，全面落实学生缴费上大学制度。

1999年6月，中共中央、国务院在北京召开改革开放以来第三次全国教育工作会议，做出《关于深化教育改革 全面推进素质教育的决定》，提出"扩大高中阶段教育和高等教育的规模，拓宽人才成长的道路，减缓升学压力"。从1999年开始，高等学校招生规模持续大幅增长，达42.9%，录取率也快速增长。这是中国高等教育四十年发展史中最大的一次招生规模扩张，对之后教育模式产生了重大影响。与此同时，1999年教育部发布了《关于进一步深化普通高等学校招生考试制度改革的意见》，以三个"有助于"推进高考改革，即以"有助于高等学校选拔人才、有助于中学实施素质教育、有助于高等学校扩大办学自主权"为指导思想，开始推进新一轮高考改革。在高考科目设置上，用三年左右时间推行"3+X"科目设置方案，"3"指语文、数学、外语，为每个考生必考科目，英语逐步增加听力测试，数学将来不再分文理科；"X"指由高等学校根据本校层次、特点的要求，从物理、化学、生物、政治、历史、地理六个科目或综合科目中自行确定一门或几门考试科目。1999年广东省即试行"3+X"科目设置方案，此后两年，试点省份不断增多，2002年"3+X"方案在全国推行。2004年，教育部开始推行"统一考试、分省命题"的管理体制，下放分省命题权，推动素质教育实施，保障考试的安全。

2014年，作为深化教育领域综合改革的重要内容，国务院颁布《关于深化考试招生制度改革的实施意见》，确定上海市、浙江省开始试点新高考综合改革，这标志着高考改革进入新的深化改革阶段，一系列配套的改革措施也相继启动。可以认为，这是高考制度又一次重大的改革和嬗变。之后几年，改革试点逐渐扩大。2017年北京市、天津市、山东省和海南省等四个试点省市启动高考改革试点。可以预测之后的几年，将会有更多的省、市、区相继出台高考改革方案，"3+3"模式、"3+1+2"模式是其中的主要模式，从这两种模式我们可以看出未来高考改革的趋势：一是取消文理分科。例如，"3+3"模式即高考科目由统一高考的语文、数学、外语三个科目成绩和高中学业水平考试三个科目成绩组成，计入总成绩的高中学业水平考试科目，由考生根据报考高校要求和自身特长，在思想政治、历史、地理、物理、化学、生物等科目中自主选择；"3+1+2"模式即"3"为全国统考科目语文、数学、外语，所有学生必考，"1"为首选科目，考生须在高中学业水平考试的物理、历史科目中选择一科，"2"为再选科目，考生可在化学、生物、思想政治、地理四个科目中选择两科。二是趋向于使用全国统一命题试卷，这也意味着2004年推行的"统一考试、分省命题"管理体制将逐步被全国统一命题代替。三是录取方式坚持"两依据一参考"，即录取以高考统考和高中学业水平考试成绩为依据，参考综合素质评价。同时逐步取消录取批次政策，许多省份陆续出台新政策合并本科第二和第三批次，取消三本学院已成为主流措施。希望通过各种改革措施的实施，探索出更加适合我国国情的人才选拔方式，为高等学校更好地培养人才吸纳优质生源。

二、高考改革的漩涡

自1977年高考制度恢复以来，高考逐步走向规范化，并已建立起了相对完善的全国高考制度。四十年来，虽然在考试科目、内容、次数、招生录取、命题等诸多方面都经历了多次变革和完善，但高考改革中，"考测能力与公平客观的矛盾、灵活多样与简便易行的矛盾、扩大自主与公平选才的矛盾、考出特色与经济高效的矛盾、统一考试与考察品行的矛盾、统一考试与选拔专才的矛盾、考试公平与区域公平的矛盾、保持难度与减轻负担的矛盾"等[①]，一直是改革推进中始终没有完全解决好的问题，也是导致高考改革陷入"漩涡"的因素。

例如，在大学招生中，高考分数一直是根本录取标准，评价标准的"单一性"与学生个性特长的"多样性"之间的矛盾一直没有很好解决。不同类型和不同办学水平的高校招生仅通过全国统一考试的"一把尺子统天下"，显然存在极大的不科学性，这个弊端也广受高校、家长和考生的质疑。它的不科学性主要表现在两方面：一方面，由于一个人的智力和素质有多方面的考核内容，考试成绩只是其中一个重要的方面，通过这种制度选拔"高分数的考生"，智力很优秀，但往往不一定是"高素质的学生"；另一方面，由于高考"指挥棒"效应，迫使中学强化应试教育，追求高考升学率，影响了学生全面发展。

在录取分类方面，国家教育行政管理部门按照分数的高低划分不同的档次，所以招生录取就采用了一本、二本、三本政策，由于本科录取

---

① 刘海峰.理性认识高考制度 稳步推进高考改革[J].中国高等教育，2013（7）：14.

图3-3　2009年江西省普通高校招生填报志愿宣传咨询会

批次不同，导致社会对靠后批次的学校和学生存在严重歧视现象，不利于毕业学生进入社会就业的公平竞争。

　　因此，国家进行高考制度改革，首先就是要实现一本、二本、三本逐步合并，或取消三本，缩小本科批次的差别。随着高考改革的深入，将会有越来越多的省区市在招生考试录取中本科与专科分别对待，可以预见，今后所谓的一本、二本等批次划分将会退出历史舞台，合并本科录取批次已是大势所趋。当然，高考录取合并一本二本在一定程度上会给高校带来一些新的挑战，原来只有一本层面才可以报考的院校，接收到了很多二本分数线考生的志愿和投档，在对学生进行综合选择录取的过程中增加了很多困难。同时,还会出现许多新问题,主要表现在:首先,高中阶段选课走班这种制度可能导致学校教师资源严重不足;其次,考试次数过多无形中会增加学生和教师的压力,分散考试、多次考试、选课走班会造成中学教学秩序的相应变革;最后,从几个试点省市的实践发现,学生自主选课,导致选择历史、地理、生物等课程的人数大幅增多,而诸如物理、化学这些偏难的课程选择人数锐减,可能导致报考各类专业的学生以及高校人才培养的比例失调。

可见,在高等教育大众化进程中,面对庞大的考生群体,如何使选才标准多样化以适应创新人才培养需要,如何选拔具有个性特长的"奇才",真正招收优秀人才,这都是必须通过突破性改革才能解决的大问题。

三、高考改革的突破

"招生是高校办学的起点与重要条件,它制约着人才培养,并随着办学目标的调整而变革其选才标准与招生方式"[①]。高等教育进入大众化时期,呼唤高考录取制度改革有新的突破。为更好地选拔高素质的优质生源,培养拔尖创新人才,我国开始在传统高考制度基础上进行人才选拔制度突破性改革探索,其中自主招生制度成为我国突破统一高考录取改革的有益尝试。

(一)高考自主招生制度的实施问题

进入新世纪前后,以"211工程""985工程"建设高校为代表的高水平大学,为了培养拔尖创新人才,提升人才培养质量,纷纷要求扩大办学自主权,积极探索新的招生方式,选拔优质生源。2001年,江苏省的东南大学、南京理工大学和南京航空航天大学三所高校主动申请,率先获得教育部批准开展自主招生改革试点。在此基础上,2003年,教育

---

① 张亚群. 高校自主招生改革:动因、问题与对策[J]. 北京大学教育评论, 2010(2):31.

部办公厅发布了《关于做好高等学校自主选拔录取改革试点工作的通知》。经教育部批准,北京大学、清华大学等22所高校开展了自主选拔录取改革试点工作,根据创新人才培养需要,通过实行"以文化课考试为主,多元化综合素质评价相结合"的方式,在应届高中毕业生中选拔优秀的拔尖人才。此后,自主选拔录取改革试点高校数量逐年增加,2017年已有90余所高校开展自主选拔录取改革试点工作,自主招生已经成为我国大学录取学生的重要方式。

图3-4 西安交通大学2017年高考自主招生面试现场

自主招生虽然录取总量很少,但它是深化高等教育招生录取制度改革的重要举措,是高等学校招生改革迈出的关键一步,对改革高校招生选拔方式具有很强的探索性和示范性。究其成效而言,正如张亚群教授所指出的,"自试点以来,自主招生在转变选才观念,增加招考选择性,提升生源综合素质,促进人才培养模式改革,推动基础教育素质教育的实施等方面产生了积极的影响"[①]。

---

① 张亚群. 高校自主招生改革:动因、问题与对策[J]. 北京大学教育评论,2010(2):35-36.

当然，高校自主招生制度在创新我国高考招生制度的同时，也暴露了一些问题，归纳起来主要表现在三个方面。

1. **自主招生并不是高校真正意义上的自主**。我国《高等教育法》第三十二条明确规定："高等学校根据社会需求、办学条件和国家核定的办学规模，制订招生方案，自主调节系科招生比例。"但从实际执行来看，即便是自主招生试点高校，自主招生录取人数也由教育行政管理部门严格控制；自主招生的学生在通过高校自主考试获得资格的条件下，还必须通过高考统一考试，才能获得录取资格。对于高校来说，都希望通过自主招生选拔具有学科特长和创新潜质的优秀学生，各高校根据各专业的要求和标准来筛选考生，但是，经过"一把尺子量天下"的高考，具有学科特长的学生又很难被高校自主选拔录取。

2. **自主招生带来教育不公平**。从有资格开展自主招生高校的报考条件、考试内容、选拔方式和评价标准来看，具有明显的导向，这些导向更有利于大城市，大城市条件优厚中学的学生容易脱颖而出，而地处偏远、条件薄弱的农村学校考生不容易考取。这就是自主招生的不公平所在，因此受到社会、家长和考生的质疑。

3. **自主招生受学生评价和选拔手段的制约**。大学培养目标要求所选拔的考生具备较全面的素质，包括清晰、有效的思考及写作能力；具备广博的知识与基础；对于所获得及应用的知识，具有恰当的批判和理解能力；勤于思考道德与伦理问题、具有明智的判断能力，做出正确的道德选择；具有良好的心理素质，具有持之以恒的毅力、大胆实践的精神；等等。虽然各高校的自主招生普遍采用面试加笔试的评价方式，但是面试的评价指标体系和组织方式尚不成熟，而且综合素质仅仅通过自主招生笔试是很难判断评价的，必须经过综合测试和评价。

（二）高考自主招生制度的改进策略

针对存在的问题和制约影响，高考自主招生制度迫切需要探索改革,笔者认为具体策略可从三个方面考虑。

1. 以促进中学素质教育发展为目标,重塑自主招生选拔制度。招生选拔是大学的人才选拔,选拔录取不应以高考成绩为唯一硬性标准,而是根据各高校对人才评判的标准和人才培养的需要进行招生,打破以往一次高考定终身的弊端,为学校选拔优秀拔尖人才提供一条新的途径,为促进中学加强素质教育发挥"信号灯"作用。无论是大学对学生资格测试的命题指导,还是面试的考评标准和最后的录取标准,都应体现素质教育的要求。自主招生制度应将这些指导思想与要求传导给中学和社会,引导中小学教育和家庭教育向素质教育发展,围绕学生全面开展素质教育,尽量避免以考试成绩和高考升学率为追求目标。要想使高校拥有更大的招生自主权,通过招生制度改革进一步促进中学素质教育,就应更多地以学生中学阶段的成绩为依据评价学生学业优劣,这样对中学素质教育的促进作用才能越来越大,对高校自主招生改革产生更加积极的影响。

2. 自主选拔录取改革的关键是建立中学"标准化考试"。高校要实现真正意义上的自主招生,关键是要解决高考的"门槛"问题。因此,自主招生的实质性改革,就是要免高考。但实施的前提是要建立比较客观的中学"标准化考试"。因为,目前全国各个中学的考试不足以作为高校选拔人才的标准。自主选拔录取必须建立科学合理的中学"标准化考试",只有在全国范围内建立了公平、公正的中学考试体系,才有可能把学生中学学业成绩与迈入大学资格相结合。为此,各省(区、市)应完善会考制度,逐渐将会考制度完善成为"标准化考试",面向社会开放。任何年级的学生都可以参加,往届生也可以参加,成绩按学生在全体考生中的相对排位确定。为了减少学生一考定终身的"压力",各省(区、市)可分期多次举行地区标准考试[①]。大学在参考各省(区、

---

① 程光旭.大学招生自主选拔录取与人才培养的思考[J].中国高等教育,2007(2):15-17.

市）成绩时，根据在校高中生学习情况，专门制订区分各省中学基础教育实力的权重系数，力求考虑到各省、各中学差别等方面的因素，形成最终对中学学业考试的一个科学合理评价。为了评价综合素质，同时又不漏掉所谓的"偏才"、特殊"人才"，"面试测试"题型设计必须科学、合理，逐渐走向专业化水平。这就要求加强对人才选拔标准和方法的研究，尽快建立高校人才选拔的面试标准体系，其基本指标可涵盖：专博结合的科技素养，良好的文化素养，潜在的创新能力，求学上进的意识，大胆的探索精神。

3. 自主招生选拔录取改革的核心是提供多样化的人才选拔途径。人的智力、兴趣、经验及能力是存在差异的，高校应该采取综合评价，多渠道、多方式自主选拔优秀人才。高校把招生选拔到的"好苗子"培养成高素质人才，需要形成与之相应的教育观念、培养方式和独特的办学理念，也需要建立与之相应的环境和条件。因此，尊重学生人格，注重个人权利及其主体性，逐步建立高等学校人才选拔多元化的新制度，培养个性突出、全面发展的高素质人才，是未来社会经济发展对高等教育提出的新要求，也应该是高水平大学追求的目标，更是广大人民的新期待。

在当今高等教育普及化背景下，高校招生考试制度改革的策略应该是加大自主招生选拔制度建设。尽管目前自主招生选拔制度存在各种问题，但是随着我国社会诚信体系建设的不断成熟，高中学业水平测试、学生综合素质评价的科学性、可信度将越来越高，高校的办学自主权将真正得到有效落实，我们有理由相信，届时自主招生选拔将成为高校招生选拔考生的主要方式之一。

改革开放四十年来，"为国选才"在高等教育改革发展中始终居于核心地位，不断推动"为国选才"机制改革，积极实现"为国选才"，这是我国高等教育的重要使命。尽管"为国选才"的形式在不断创新，但是高考录取制度始终是我国高等教育"为国选才"的根本形式，这是我国高等教育的"为国选才"之道。

第三节 人才培养改革

"人才培养模式是学校为学生构建的知识、能力、素质结构及其实现方式，它主要包括培养目标、教学理念、培养方案、课程体系、教学设计、培养途径、师资队伍等要素。"[①]深化本科人才培养模式改革，既是高校自身发展的需要，也是高等教育发展的需要，更是建设创新型国家的需要。

一、人才培养改革历程

以恢复高考制度为起点，四十年来本科人才培养模式也在不断变化与改进，从宏观角度来看，可将人才培养模式改革归纳为三个阶段。

（一）以点突破为主阶段（1978—1992年）

这一阶段高考制度恢复不久，进入大学的学生与"文革"时期完全不同。这一阶段的人才培养主要是针对新学生特点，在人才培养的一个方面或几个方面进行改革，如专业目录、教学计划、课程体系和教学内容、教学方法等，缺乏对人才培养模式改革的整体设计。例如，恢复高考以后，面对培养目标不明确，有的专业面过窄、有的专业面过宽、有的专业陈旧落后、专业设置重复等问题，1978年8月，教育部、国家计委联合印发《关于进行高等学校专业调查和调整工作的通知》，对本科专业目录进行了调整，要求全国各高等学校提出专业调整方案，对于专业设置陈旧落后、专业面相对狭窄以及有的专业设置重复等问题，造成了

---

① 程光旭.努力实现人才培养模式改革的新突破[J].中国高等教育，2009（1）：25.

人才培养目标不明确，基础理论知识薄弱，务必进行专业调整。

与此同时，部分重点大学冲破传统的教学制度束缚，自主进行人才培养模式改革的探索与实践。如武汉大学率先试行学分制，扩大选修课范围，允许学生选修不同专业课程；华东师范大学、兰州大学注重文理渗透，推行文理科各专业互选课程。①由此可见，高校是人才培养改革的内生动力来源之一。1985年5月颁布的《中共中央关于教育体制改革的决定》指出："改革教学内容、教学方法、教学制度，提高教学质量，是一项十分重要而迫切的任务。要针对现存的弊端，积极进行教学改革的各种试验，例如改变专业过于狭窄的状况，精简和更新教学内容，增加实践环节，减少必修课，增加选修课，实行学分制和双学位制，增加自学时间和课外学习活动，有指导地开展勤工助学活动等等。"同时也明确高校"有权调整专业的服务方向，制订教学计划和教学大纲，编写和选用教材"。从改革教学内容和方法上的突破，为以后高校广泛深入开展本科人才培养模式改革提供了重要的指导方针。

在这一特殊的历史时期，培养出1977、1978、1979三个年级的大学生，体现了艰难困苦，玉汝于成。一个时代有一个时代的产物，一个时代有一个时代的人物，1977级、1978级大学生就是这个时代大学生人物的符号。

（二）系统设计和整体推进阶段（1993—1999年）

"进入20世纪90年代后，随着我国经济社会发展的全面转型，高等教育发展以及人才培养的不适应性更加突出。"②围绕经济建设这一中心，我国高等教育进行了各项改革，取得了巨大成就，为社会经济的快

---

① 冯卫斌.1978年以来我国高等教育教学改革述略[J].清华大学教育研究，2001（4）：141-142.
② 马廷奇.政策选择与制度创新：改革开放以来高校本科教学改革的回顾与思考[J].高等工程教育研究，2009（1）：76.

速健康发展做出了突出贡献。但是由于知识经济时代、信息社会的到来，高等教育愈来愈凸显出其重要的位置，大学毕业生成为知识经济时代和信息社会先进科技和先进文化的前沿代表和生力军，成为社会经济发展的重要动力，因此对于人才的需求和培养就要与时俱进。系统设计、整体推进人才培养模式改革已经成为我国政府和各高校的普遍共识，也成为推动高校人才培养改革的强大驱动力。

1993年颁布的《中国教育改革和发展纲要》指出，各级学校教育"要按照现代科学技术文化发展的新成果和社会主义现代化建设的实际需要，更新教学内容，调整课程结构"。1994年国家教委颁布的《高等教育面向21世纪教学内容和课程体系改革计划》，涉及人文科学、经济、法学、理学、工学、农学、医学等七大学科门类的改革，内容包括未来社会的人才素质，各专业或专业群的培养目标及人才规格，主要专业或专业群的课程体系结构，基础课程、核心课程的教学内容体系及教材、教学手段、教学方法等方面的创新，按照"统一规划、分科立项、分批实施、分级管理"的方式，整体推进人才培养模式改革。在20世纪末，世界信息化、知识经济快速发展，代表了一种新型的社会发展形势与形态，当时人们普遍认为21世纪将成为信息化、知识经济的时代，一个国家、民族能否抓住信息化、知识经济的发展机遇，是决定其能否在21世纪赢得竞争优势的主要因素。为了适应科学技术的快速发展，适应我国社会主义现代化进程以及经济体制和经济增长方式两个根本性转变，并且面对即将到来的信息化社会和知识经济的社会，要求我们必须改革教学方法和教学手段，高等教育要进一步转变教育思想和教育理念。[①]为此，1998年3月，教育部在武汉召开了第一次全国普通高等学校教学工作会议，会后印发的《关于深化教学改革 培养适应21世纪需要的高质量人才的意见》，首次对人才培养模式的内涵做出表述，指

---

① 钟秉林.积极推进教学方法和教学手段的改革[J].教学与教材研究，1999(3)：8.

出"人才培养模式是学校为学生构建的知识、能力、素质结构,以及实现这种结构的方式,它从根本上规定了人才特征并集中地体现了教育思想和教育观念",要求高校"按照培养基础扎实、知识面宽、能力强、素质高的高级专门人才的总体要求,逐步构建起注重素质教育,融传授知识、培养能力与提高素质为一体,富有时代特征的多样化的人才培养模式"。

(三)深化改革和提升质量阶段(2000年至今)

1999年,我国高等教育实施扩招政策后,人才培养质量问题一直是社会各界关注的热点,也是政府高等教育政策关注的焦点。为了应对扩招带来的质量问题,我国政府基于经济社会发展的新形势,积极谋划高等教育改革。2000年,教育部开始实施"新世纪高等教育教学改革工程",该工程以培养适应新世纪我国现代化建设需要的具有创新精神、实践能力和创业精神的高素质人才为宗旨,对高等教育人才培养模式、教学内容、课程体系、教学方法等,进行综合的改革研究与实践,推动教学改革向纵深发展。与此同时,为适应我国提高自主创新能力、加快建设创新型国家的要求,或是在教育行政管理部门的引导下,或是由学校自主,国内一批研究型大学开展了拔尖创新人才培养的探索与实践。例如,北京大学2001年成立"元培学院"、南京大学2006年成立"匡亚明学院"、复旦大学2006年成立"复旦学院"等,一批"拔尖创新人才培养实验班"在研究型大学不断涌现。

2007年,为切实把高等教育重点放在提高质量上,教育部、财政部决定实施"高等学校本科教学质量与教学改革工程",明确提出"择优选择500个左右人才培养模式创新实验区,推进高等学校在教学内容、课程体系、实践环节等方面进行人才培养模式的综合改革,以倡导启发式教学和研究性学习为核心,探索教学理念、培养模式和管理机制的全方位创新"。2010年6月,教育部启动了"卓越工程师教育培养计划""卓越农林人才教育培养计划""卓越法律人才教育培养计划""卓越医生教育培养计划""卓越新闻传播人才教育培养计划""卓越教师教育培养计划"。2011年9月,又启动了"拔尖创新人才培养计划"。"六卓越一拔尖"构成了国家层面的拔尖创新人才培养体系。作为推进人才培养模式改革、提高人才培养质量的主要政策,"本科教学工程"一直延续至今,对于保障高等教育快速发展时期的人才培养质量起到了积极的促进作用。党的十八大以来,中央层面高度重视人才培养工作,为实现"中国梦",提出培育时代新人的新要求,为国育才,为党育人,高等教育改革掀起了新高潮,达到了新境界。

总之,四十年来,我国本科人才培养模式经历了重要的发展变化,并且进行了多次具有里程碑意义的改革,呈现出鲜明的阶段性特征。人才培养模式改革从由点到面、由局部到整体的方向推进,实现了本科人才培养模式向科学化、系统化的发展。

二、人才培养改革实践

本科人才培养是高校的核心工作,也是高校需要持久发力、不断改革的重要内容。目前,我国对高校人才培养进行了大力改革,具体实践包括三个方面。

(一)人才培养改革实践路径

本科人才培养模式改革既是一项宏观性改革活动,也是一项微观性改革活动,其实践路径包括宏观和微观两个层面。

1. **宏观层面改革**。人才培养模式改革实践是一个系统工程,也是一个漫长的过程,改革可从三个层面进行设计。

第一层面是根据学校的教育理念和人才培养目标,设计全校性的人才培养模式改革方案,使学校人才培养目标和专业结构总体上主动适应国家社会经济发展的需要。它需要以社会需要为参照基准,优化学校的专业总体结构,并对每一个专业重新定位培养目标、设计人才规格、制定培养方案。这涉及全局工作,学校要统一部署,在深入调查研究论证的基础上,结合学校的特色和办学定位,组织实施,并保证达到预期成效。

第二层面是基于创新人才培养的环境与机制体制改革。学校各专业应当以社会对本专业人才的类型、规格要求为参照基准,调整专业的培养方案与培养途径,从全校的行政管理方式、管理内容、组织结构、监督考核方式、文化氛围建设等方面着手改革,使人才的知识、能力、素质等的培养机制更好地适应社会需要,符合时代发展与高等教育发展趋势。

第三层面是针对培养途径的改革。学校各专业应当以学生专业核心能力建设为参照基准,对该专业的培养方案与培养途径进行调整,注重研究专业核心课程建设,使之更加科学高效地培养出高水平的人才。

2. 微观层面改革。在宏观设计下,还需要从四个微观层面进行具体改革。

一是淡化专业,推行学分制,实施因材施教、个性化培养。几百年来世界高等教育的实践表明,创新人才的脱颖而出往往有赖于学生个性的充分发挥,有赖于高水平大学的特色教育。大学教育就是要强调个性教育,促进学生的个性发展,实现个性倾向性和个性心理特征的密切结合,使学生成长为具有独立性、自主性、能动性、超越性的个体。同时培养学生强烈的创造动机、顽强的创造意志和健康的创造情感。促进个性发展的人才培养模式,就是要因材施教,通过推进学分制、降低必修课比例、加大选修课比例、减少课堂讲授时数等改革,增加学生自主学习的时间和实践空间,拓宽学生知识面,增强学生学习兴趣,这是促进学生个性发展的重要条件。

二是改革实践教学环节,培养学生的实践动手能力。从创新能力形成的原理来看，实践是学生创新能力形成的重要途径，又是创新能力发展的动力，还是检验创新活动成果的重要标准。因此，各高校应当将实践教学作为实现人才培养目标的重要环节，也作为培养大学生系统思维、动手能力和创新能力的关键手段。实践教学主要包含课程实验、课程设计、课外实践、社会实践、生产实习、毕业设计、科研训练等。但是，目前高校的实践训练日益被边缘化、形式化，导致学生解决实际问题的动手能力不强，与用人单位对大学毕业生适应能力和创新能力的要求差距较大。因此，必须改革实践教学内容和机制，推进教育教学与社会实践的紧密结合，完善实践教学体系，调动学生的主动性、积极性和创造性。

三是加强国际交流，适应多元文化。开放和多样性是现代大学必备的基本特征。经济全球化使得我国的人力资源越来越多地融入国际环境，为了更好地了解外国政府、异域文化、外国侨民、国际危机，直面国际竞争的挑战，大学还要培养大学生适应多元文化的素养。要把国际合作、校际交流与合作作为学校重要的发展战略和发展路径。

四是突出创新能力，建立新的评价方法。学生只有通过不断创新，才能成为优秀人才，学生的创新能力评价应该包括创新思维、心理素质和知识能力三个维度，这三个能力又要从学生学习能力、实践能力和触类旁通能力等方面进行培养。通过制订教学过程各环节的质量标准，根据标准实施规范化科学管理。在此基础上，大学还要建立用人单位、教师、学生共同参与的校外质量评价机制，形成社会和用人单位对课程体系与教学内容、课堂教学、实践教学的评价制度。

（二）人才培养改革问题探析

改革开放四十年来，高等教育规模快速发展，质量也有了显著提高，为高等教育自身发展壮大，为我国经济社会的可持续发展做出了巨大贡献。但是，也存在一些问题，主要体现在四个方面。

1. 高等教育质量还不能适应经济社会发展的需要。高等学校的办学活动首先需要适应社会发展，为社会发展服务。但是从高校内部看，现今的高等教育体系对经济社会的变化和科学技术的进步响应迟滞，造成经济社会发展急需的技能型、应用型、复合型人才供不应求；有关政府部门、科研院所、行业企业参与人才培养的积极性、主动性和创造性还不够高；由于教育观念的落后，目前在大学人才培养活动中仍存在传统的知识传授重于能力培养的现象。

2. 不少高校的专业设置和结构不合理，人才培养与市场需求脱节。学校专业设置中，如高校院系的课程设置、教学计划、课程内容和教学方法不合理，培养内容往往侧重本专业学生的技能，忽略从其他学科中获取知识营养，学生的逻辑思维能力、书面和口头表达能力训练严重不足等。因此，高校在专业设置上要更加注重以社会需求为导向，在课程设置上更加注重科学知识、思想品德、人文素养和实践能力的融合，多听取和采纳学生和教师的意见，做好充分的社会调研，紧跟社会需求导向。

3. 学生的创新精神和实践能力不强，解决实际问题的能力不足。首先体现在教学方法上，教师多是知识的灌输者，经常采用的是单向给学生灌输知识的教学方法。教师要在学生的学习过程中成为组织者、指导者、帮助者、评价者，应该更加注重发挥学生的主体作用，改变传统的注入式教学方法为启发式、讨论式、探究式等方法，激发学生通过独立思考，对所学知识融会贯通，只有这样才能使学生养成良好的学习习惯，从中获得成功的喜悦，满足心理上的需求，体现自我价值，从而进一步激发学生内在的学习动力，增强创新意识。其次，课堂氛围枯燥，缺乏活力，抹杀学生的创造性及好奇心。良好的课堂氛围在教学过程中是十分重要的，教师要善于调控课堂教学活动，活跃课堂气氛，让学生在轻松愉悦的心境中学习，还要善于鼓励学生提出质疑，激发学生创造性思维。最后，教育教学方法落后，研究与教学相脱节。广大教师要提高运用现代教育方法和教育技术的能力，努力改变传统的演示型方法，借鉴新兴技术丰富课堂教学，比如多媒体信息技术的使用，可以让学生更加直观地感受所学知识。教师还要善于将自身科学研究与教学有机融合，使学生掌握科学的研究方法，科学的研究方法是实现创新能力最有效的手段。

4. **教师队伍整体素质不高，创新教育动力不够强**。由于学校政策和制度环境的制约，比如学校教学考核、教学激励机制和保障措施等还不能完全调动教师的积极性，使得教师缺乏创新教育工作动力。我国高校师资教学研究的整体水平和素质还不够高，导致教师教学改革的专业性不强，教学改革的成果也不突出。

（三）人才培养改革推进策略

在高等教育大众化和建设创新型国家的时代背景下，本科人才培养模式可从五个方面进行创新。

1. **更新教育思想观念**。以培养学生的创新精神和实践能力为核心，以创新人才培养模式改革为重要突破口，以优化课程体系为首要任务，切实解决教学中存在的思想观念落后的突出问题，引导高等学校教育教学改革的方向。学校要制定有利于创新人才培养的政策，营造重视本科教学、培养创新人才的氛围，促使科技创新和人才培养更加紧密地结合，使学生的实践能力和创新精神显著增强。

2. **建设一支具有创新意识和创新能力的教师队伍**。教学改革的主力军是教师，推进教学改革的关键是要激励一线教师的积极性。一方面教学和科研是相互统一、兼容而相互促进的，科研可以创新教学内容，因此，应鼓励教师进行科学研究，并组织学生参与科研活动，把学生带到科学研究的环境氛围，培养学生的创新能力；另一方面要对教师进行教学方面的系统培训，使教师了解教育理论的新成果，提高教学研究能力并运用到教学中。

3. **通过不断创新的方式推动人才培养模式改革**。教育部、财政部《关于实施高等学校本科教学质量与教学改革工作的意见》指出，人才培养模式改革要"充分考虑提高教学质量的系统性和复杂性，确定具有基础性、全局性、引导性的项目作为改革的突破口，以调动广大高校的积极性和主动性，引导高等学校教育教学改革的方向"。各类高校要根据自身特色确定改革项目，提高广大师生的积极参与度。由于各学校人才培养目标有所不同，存在的具体问题不同，课程体系、教学内容、教学方法和考试评价制度的改革推进策略也不相同，改革本身也是不断创新的过程，往往无成熟的经验可循，可以先在几个专业范围试点，在试点过程中总结经验，检验具体课程和培养环节的效果，不断进行修正和完善，以期达到总体最佳效果，再进行更大专业范围的推广。

4. **加强宣传导向，鼓励教师投身教学改革创新**。改变思想观念是教师积极主动作为的基础，因此，加强宣传引导，鼓励教师积极主动地开展教学改革创新，是推进人才培养模式改革的重要路径。在宣传引导中，要通过报告会、讨论会、教学名师工作坊、教学沙龙等形式，把需要改革的关键问题和难点问题提炼出来议深议透，找出破解对策和措施。把最有激情和活力的教师放在改革试点第一线，将改革思路和目标交代清楚，鼓励教师创造性地开展工作。在政策导向上，要鼓励广大教师人人参与教学改革，人人羡慕人才培养工作。

5. **充分发挥院（系）基层组织在教学改革中的积极作用**。学校要通过改革教学发展思路和顶层设计教改框架，制定相关制度和政策，强化教学工作，建立健全教学激励机制，做好教学的组织协调与教学管理服务工作，以此推动学院、系研究机构等基层组织在教学改革中发挥积极作用，切实让系、研究中心成为教学改革的主体力量。

三、应答"钱学森之问"

钱学森(1911—2009),世界著名科学家,中国科学院及中国工程院院士,中国"两弹一星"功勋奖章获得者。钱学森先生是科技界的一面旗帜,被誉为"中国航天之父""中国导弹之父"和"火箭之王"。

图3-5 在病床上坚持工作的钱学森

2005年7月29日,时任国务院总理温家宝在看望人民科学家钱学森先生时,就制定《国家"十一五"科学技术发展规划》征求钱学森的意见。钱学森先生连声说好,但觉得还缺一项教育。钱老感慨说:"我要补充一个教育问题,培养具有创新能力的人才问题……现在中国没有完全发展起来,一个重要原因是没有一所大学能够按照培养科学技术发明创造人才的模式去办学,没有自己独特的创新的东西,老是'冒'不出杰出人才。这是很大的问题。"[①]这是钱学森先生生前的疑问,也被教育界称之为"钱学森之问"。已过鲐背之年的钱老道出了中国高等教育当

---

① 李斌.温家宝在京看望季羡林和钱学森并亲切交谈[EB/OL].(2005-07-31)[2020-09-25].http://www.gov.cn/1dhd/2005-07/31/content_18454.htm

下的现实，也道出了我国高等教育人才培养的危机。

"钱学森之问"是关于中国教育事业发展的一道命题，需要教育界和社会各界共同破解。钱学森先生关于人才培养的发问，至少包括了两层含义。一是大学只有按照培养拔尖创新人才的方式进行办学，才能"冒"出更多的拔尖创新人才。在影响我国高等教育培养拔尖创新人才的因素中，教育思想和培养模式落后是最为关键的因素。虽然各高校围绕培养创新人才，做了很多努力和探索，但更多的是修修补补式的改革，缺乏面上的系统、宏观的顶层设计，教育思想和人才培养模式基本还是以旧的模式为主导，没有实现根本性的突破。二是各个大学必须形成富有自身特色的人才培养模式，注重人才创造能力的培养。

"功以才成，业由才广"，世界范围的综合国力竞争，归根结底是人才特别是创新型人才的竞争。创新型国家及中华民族伟大复兴"中国梦"能否实现，关键是能否培养和造就一批拔尖创新人才。为了探索杰出人才培养模式，我国一些大学加快了实践探索的步伐。2007年西安交通大学在全国率先创办了"钱学森实验班"，遵循著名科学家、交大校友钱学森学长"大成智慧学"的教育理念，注重学生初步的系统集成能力、实践能力和创新能力的培养，使学生具备可持续发展的自我学习能力和良好的综合素质，成为在各行业起引领作用的优秀杰出创新人才。2009年清华大学设立"钱学森力学班"，本着创新型人才培养理念，现已成为清华大学有特色的开放型、国际化、多学科融合的培养示范平台。总之，为了应答"钱学森之问"，许多高校相继开设了创新人才培养实验班，着力培养拔尖创新人才，破解人才缺乏的难题。

四、创新人才培养探索

改革开放四十年来，我国在拔尖创新人才培养方面进行了许多探索，在此，笔者对其主要形式做以简要总结。

（一）创建少年班

1977年我国恢复高考制度，在国内外产生了极大的影响，国内外高校都希望从中国数量巨大的青年学生中选拔优秀的大学生，并且改革开放初期社会也急需大量大学毕业生。1978年3月，在著名美籍华裔物理学家、诺贝尔物理学奖获得者李政道教授的倡导和热心支持下，在邓小平、方毅等党和国家领导人的亲自过问和推动下，中国科学技术大学创建了少年班，其目的是探索中国优秀人才培养的规律，培养在科学技术等领域出类拔萃的优秀人才。当年，少年班通过高考破格录取了20名11—16岁成绩优异的青少年。这是我国改革开放以来最早的本科拔尖创新人才培养试验，也是针对早慧少年的一种特殊人才培养模式实践。1985年，除中国科学技术大学外，国家教委决定在北京大学等12所重点大学开办少年班。少年班创办伊始，各大学都表现出极大的热情和办好少年班的决心，然而经过几年的实践后，一些大学少年班停招，只有中国科学技术大学和西安交通大学一直坚持。

图3-6　2019年西安交通大学少年班选拔面试

中国科技大学在总结和吸收少年班办学成功经验的基础上，又针对高考成绩优异的学生，开办了"教学改革试点班"。在多年探索的基础上，2008年在少年班创办三十周年之际，中国科技大学将原少年班管委会升格为少年班学院。

总结少年班的成功经验，首先是因为其具有与时俱进、不断创新的先进教育理念，即赋予学生充分自主权，因材施教。其次，探索建立了科学的选拔方法。比如西安交通大学少年班，除通过笔试考核专业知识外，还组织各方面专家对考生进行面试，注重综合评价。最后，少年班培养模式更加注重因材施教，既适合学生个性化的专业发展，也顺应了教育发展的趋势。当然，在少年班实践过程中，也有学者认为少年班是揠苗助长，不利于青少年成长，而且在发展过程中也出现了如学生的心理健康问题、人际交往能力以及生活自理能力等都普遍或多或少受到影响的问题。我们认为，少年班的出现具有一定的历史原因，但是，它也是我国教育史上一项具有重要意义的教育实践，作为人才培养模式多样化的探索，还是值得肯定的。

（二）创建"基地班"

20世纪90年代，我国高等学校的理科教育面临困境和危机。报考理科专业的优秀学生不断减少，理科毕业生也面临就业难等问题。为了应对理科教育的困境，加强和保护基础科学人才的培养，1990年7月，国家教委在兰州召开全国高等理科教育工作座谈会，明确提出培养"少而精、高层次"的基础性科学研究与教学人才。1992年，国家教委颁布《关于建设国家理科基础科学研究和教学人才培养基地的意见》，国家选择一批代表我国较先进水平的、在国内具有重要影响和起骨干带头作用的数学和自然科学一级学科专业点，采取有力政策和措施，加强建设和深化改革，强化基础教学和训练，以培养少而精理科基础人才为主的基地。此后，先后分五批建立了106个"国家理科基础科学研究和教学人才培养基地"(简称"基地班")。

"基地班"建设吸引了一批优秀学生报考理科专业,也为研究生教育培养了一批优秀生源,促进了学风的根本好转,从而提高了人才培养的质量,强化了理科学科的基础,促进了高校理科专业建设的良好发展。设立基地的高校在相关的学科专业领域具有先进水平和重要影响,为国家培养了一批高素质、高层次的科研和教学人才,也为相关学科输送了高质量研究生生源。其成功经验主要表现在:其一,国家在资金、师资、教学设施设备等方面进行强有力的投入;其二,对学生进行扎实的理科基础知识培养,着力提升其综合素养;其三,激发了各培养高校对基础学科建设的重视和特别关注。"基地班"建设后续还扩展到文科、软件、集成电路等学科。但"基地班"这一做法也存在政策持续支持力度下降、社会公平性受质疑、社会公众认可度逐渐下降、许多高校重视程度下降等问题。

(三)实施"卓越人才培养计划"

2010年6月,教育部启动"卓越工程师教育培养计划",意在能够引导工程教育的改革方向,让工程教育回归工程,促进我国由工程教育大国迈向工程教育强国。首批有61所高校实施卓越工程师教育培养计划,重构课程体系和教学内容,目的是培养造就一大批创新能力强、适应经济社会发展需要的高质量各类型工程技术人才,为国家走新型工业化发展道路、建设创新型国家和人才强国战略服务。

教育部、农业部、国家林业局共同实施的"卓越农林人才教育培养计划",坚持科学发展,坚持为"三农"服务的改革方向,着力提升高等农林教育为农输送人才和服务能力,深化农林教育教学改革,为生态文明、农业现代化和社会主义新农村建设提供人才支撑。2012年启动的"卓越法律人才教育培养计划"是由中共中央政法委员会、教育部联合实施的国家战略计划,旨在全面落实依法治国基本方略,深化中国法学高等教育教学改革，以提高中国法学法律人才培养质量，解决学生实践能力总体不强，应用型、复合型法律职业人才培养不足的问题。与此同时，为了加快推进临床医学教育综合改革，教育部和卫生部共同组织实施"卓越医生教育培养计划"，根据我国国情，遵循医学人才成长规律，借鉴国际有益经验，改革人才培养模式，培养适应我国医药卫生事业发展的高水平医学人才，提升我国医疗卫生服务能力、服务水平和国际竞争力。

2013年6月，教育部和中宣部实施的"卓越新闻传播人才教育培养计划"正式启动，目的是培养造就一大批适应媒体深度融合和行业创新发展，能够讲好中国故事、传播中国声音的优秀新闻传播后备人才。随后在2014年12月，教育部启动了"卓越教师教育培养计划"，推动教师教育综合改革，解决教育实践质量不高，教师教育师资队伍薄弱，培养出来的师范生与中小学的实际需求存在差距等问题，目的是努力培养一大批有理想信念、有道德情操、有扎实学识、有仁爱之心的好教师。

各类"卓越人才培养计划"的相继实施，构成了我国国家层面的拔尖创新人才培养体系，突显了高等教育要面向社会需求培养人才的指导思想。这些卓越人才培养计划也被称为"六卓越计划"，体现了本科教育在人才培养工作中的基础地位，也体现了全社会、各部门和相关行业形成合力，协同育人的改革思路。

（四）实施"基础学科拔尖学生培养试验计划"

2011年9月，中组部、中宣部、教育部、科技部、财政部、人力资源和社会保障部、中科院、中国工程院八个部门联合印发了《关于印发〈青年英才开发计划实施方案〉的通知》，《基础学科拔尖学生培养试验计划实施办法》作为通知附件正式印发施行。"基础学科拔尖学生培养试验计划"旨在"吸引最优秀的学生投身基础科学研究，探索多种模式培养拔尖人才，形成创新人才培养的良好氛围，努力使受计划支持的学生成长为相关基础科学领域的领军人物，并逐步跻身国际一流科学家队伍"。在全国10余所高校和若干科研院所每年选拔1000名本科生和200名研究生进入该计划；国家按每位学生40万元提供培养经费，作为聘请导师、参与课题研究、参加国际交流培训的经费。首批试点基础学科拔尖学生培养试验计划的高校有北京大学、清华大学、北京师范大学、南开大学、复旦大学、南京大学、中国科学技术大学、浙江大学、厦门大学、武汉大学、四川大学、西安交通大学等。基础学科拔尖学生培养试验计划的实施以"基础学科拔尖学生培养试验区"为载体，通过教授、专家参加培养计划的制订，配备一流的教师，选拔优秀学生，创新培养模式，营造学术氛围，改革教学管理，加强条件保障，开展国际合作等多项举措，从体制机制和教育教学两方面开展有深度、有力度的拔尖创新人才培养改革。这是我国第一次冠以"拔尖创新人才培养"的国家层面的试验项目。

（五）拔尖创新人才培养模式改革趋势

大学的根本任务是人才培养，大学特别是一流大学，肩负着培养和造就拔尖创新人才的历史使命。2015年10月，国务院印发《统筹推进世界一流大学和一流学科建设总体方案》，对我国加快建成一批世界一流大学和一流学科提出了明确的目标和要求，其中把"培养拔尖创新人才"作为五大建设任务之一，体现了国家对一流大学培养拔尖创新人才的重视和期望，凸显了人才培养质量在"双一流"建设中的重要地位和作用。

2017年党的十九大的召开标志着中国进入新时代，提出要加快建设创新型国家，实现中华民族伟大复兴是中华民族最伟大的梦想，建设教育强国是中华民族伟大复兴的基础性工程，必须把教育放在优先位置，"培养造就一大批具有国际水平的战略科技人才、科技领军人才、青年科技人才和高水平创新团队"。可见，新时代对拔尖创新人才培养提出了更高要求。

当今的人类社会在知识和科学技术领域取得了巨大的进步，科学技术特别是战略性高技术已经成为经济社会发展的决定性力量，创新是引领发展的第一动力。在经济社会发展和科学技术进步的进程中，起决定性作用的是人的创造力，是掌握科学技术和具有创新能力的拔尖创新人才。当今世界各国的经济竞争和综合国力竞争，正在演化为人才和国民素质的竞争，拔尖创新人才则是新一轮国际竞争的焦点。谁能够培养并拥有更多高素质的拔尖创新人才，谁就能在竞争中取得主动，赢得未来。所以，拔尖创新人才是国家发展的战略资源，要提高自主创新能力、加快建设创新型国家，必然要求我国要加强拔尖创新人才的培养。拔尖人才培养模式的改革趋势，就是更加强调创新能力的培养，更加注重因材施教的教学组织方式，更加激励教师人才培养积极性，更加完善学生创新能力评价体系。未来我国高校要努力探索形成具有中国特色、领跑世界的拔尖创新人才培养模式，在支撑服务国家经济社会发展的基础上，更多地发挥引领作用，为民族复兴提供动力源泉。

总之，改革开放以来，我国高等教育改革发展取得了巨大的历史性成就，为国家经济建设和社会发展培养了一大批优秀人才。但拔尖创新人才培养成效与发达国家相比还有很大的差距，缺乏国际一流的科学家和工程技术领军人才的现状，已经成为制约国家经济社会发展和国际竞争的重要因素。因此，培养造就一大批具有国际水平的战略科技人才、科技领军人才、青年科技人才和高水平创新团队，不仅是新时代高等教育发展的重要使命，而且也为高等教育的改革发展提供了广阔的舞台。

第四节　质量保障机制建设

自1999年高等教育扩招以来，我国高等学校的规模迅速扩大。在此背景下，高校的人才培养质量受到社会的高度关切，提升质量的挑战越来越大。质量保障机制是提升本科教育质量、促进质量提升持续发展的根本路径，建立健全质量保障机制是本科教学质量的提升之道。

一、国家层面

从国家层面来讲，高等教育教学质量保障机制主要包括两方面，一是开展持续有效的教学评估，二是针对高校办学实施专门性认证。

（一）教学评估的开展

在我国，教学评估作为保障和提高教育质量的手段，始于20世纪80年代中期。1985年发布的《中共中央关于教育体制改革的决定》就提出："教育管理部门还要组织教育界、知识界和用人部门定期对高等学校的办学水平进行评估。"《决定》明确了在扩大高等学校办学自主权的新形势下，政府要对高等学校的办学水平和教育质量进行评估，加强对高等教育的宏观指导和管理，同时也对教育教学评估做了总体上的原则规定。1985年11月，国家教委颁布《关于开展高等工程教育评估研究和试点工作的通知》，同时颁布了《高等工业学校办学水平评估指标体系（草案）》和《高等工业学校办学水平评估工作实施办法（草案）》，希望通过开展研究和试点工作，逐步建立适合我国国情的高等工程教育评估制度。之后几年，35所高等工科院校参与高校办学水平评估、专业评估、课程评估试点。

1990年，国家教委颁布《普通高等学校教育评估暂行规定》，明确规定了高等教育评估的性质、目的、任务、指导思想等内容，指出"普通高等学校教育评估是国家对高等学校实行监督的重要形式"。这是我国第一次出台关于高等教育评估的政策规定。1994年国家教委对改革开放后设立的本科院校进行了教学工作合格评估。此后，1995年颁布的《中华人民共和国教育法》和1998年颁布的《中华人民共和国高等教育法》，为本科教学评估的开展提供了法律依据。1996年对进入"211工程"建设高校的本科教学开展了优秀评估，1999年教育部又对办学历史较长的本科院校教学工作进行了随机性水平评估。[①]

2002年，在总结经验的基础上，教育部将合格评估、优秀评估和随机性水平评估三种方案合并，制订了《普通高等学校本科教学工作水平评估方案（试行）》，将评估结论分为优秀、良好、合格和不合格四种。2004年3月，国务院转发教育部《2003—2007年教育振兴行动计划》，其中明确提出实行"五年一轮"的全国高等学校教学质量评估制度。为了使这一制度长效化，2004年8月，教育部高等教育教学评估中心正式成立。建立五年一轮的评估制度标志着中国高等教育的教学评估工作开始走向规范化、科学化、制度化和专业化。从2003年到2008年间，共有589所普通高等学校接受了教育部组织的本科教学质量评估。此轮教学评估贯彻"以评促改、以评促建、以评促管、评建结合、重在建设"的原则，极大地促进了高校本科人才质量的提高。

2011年，教育部《关于普通高等学校本科教学评估工作的意见》发布实施，对新一轮高校本科教学评估做出了全面规定和系统设计，建立健全了以学校自我评估为基础，以院校评估、专业认证及评估、国际评估和教学基本状态数据常态监测为主要内容（"五位一体"教学评估制度），以政府、学校、专门机构和社会多元评价相结合，与中国特色现代高等教育体系相适应的教学评估制度。

（二）专业认证的实施

专业认证，是由专门职业协会或认证机构会同该专业领域的教育工作者一起进行，为相关人才进入专门职业界从业的预备教育提供质量保证。

1985年，我国就开展了专业认证的探索和实践。当时，国家教委选择机械制造工艺及设备专业、计算机及应用专业和供热通风与空调工程

[①] 刘振天. 我国新一轮高校本科教学评估总体设计与制度创新[J]. 高等教育研究，2012（3）：24.

专业进行认证试点准备。在试点工作中，对评估标准、评估办法等方面的探索为后续工程教育专业认证的开展打下了基础。

从1992年开始，国家教委委托当时的建设部主持开展建筑学、城市规划等6个土建类专业的认证试点工作。认证试点工作先在清华大学、同济大学、天津大学和东南大学等4所高校展开，这是我国按照国际惯例进行职业性专业认证并与国际接轨的首例认证。1993年至1998年间，21所高校的土木工程专业通过了认证，之后建设部又启动了城市规划、工程管理、建筑环境与设备工程、给水排水工程等专业的认证工作。

工程教育在我国高校中所占专业较多，早在2006年就开始探索构建具有国际同等等效、与工程师制度相衔接的工程教育专业认证体系。2007年3月，教育部印发《关于成立全国工程教育专业认证专家委员会的通知》，之后完成了对8所高校的认证试点。清华大学等8所参加专业认证试点工作的高校获得了"通过认证，有效期三年"的结论。截至2013年，我国已在机械、计算机、化工制药、水利、环境、安全、电气信息、交通、矿业、食品、材料、仪器、测绘、地质、土木等15个专业领域开展认证工作，共有137所高校的443个专业通过了认证。认证专业所在高校基本都建立了校院两级教学管理和质量监控体系，形成了比较完备的管理制度，并着手建立用人单位、毕业生和行业企业广泛参与的社会评价机制。2013年6月，我国顺利加入工程教育学位互认协议——《华盛顿协议》（Washington Accord），我国的工程教育质量保障体系获得了国际认可。

二、高校层面

质量是高校办学的生命线，建立自我完善、自我约束、可持续改进的教学质量保障机制是提高教育教学质量的重要保证。目前，国内外高校已经建立了许多质量保障体系，例如基于全面质量管理的保障体系、基于过程的质量保障体系、基于结果的质量保障体系等。但是，这些质量保障体系在处理严格管理与创新机制、知识传授与能力评价、学习成绩与创新精神等关系方面存在不足，需要改革完善。

（一）质量保障机制的要素构成

教学质量的构成要素众多，主要包括输入、过程、产出三个环节的要素。输入包括社会需求、专业设置与培养方案、教学基础设施条件、教学经费投入以及生源质量等教学情景因素和学生个体因素等。过程指的是教育质量的形成过程，是一个教育价值的实现和增值过程，这种过程的不断循环构成了教学的连续运行。从教学设计、教学活动、教学管理等环节构建质量改进的质量环，环环相扣、相互制约、相互依存。产出是指学生的培养结果，其衡量标准是各专业毕业生的质量与培养目标的符合度。输入、过程、产出三个环节形成一个闭环，相互制约，质量保障体系须使影响各个环节质量的全部因素处于有效受控状态，并有通畅信息反馈。具体如图3-7所示。

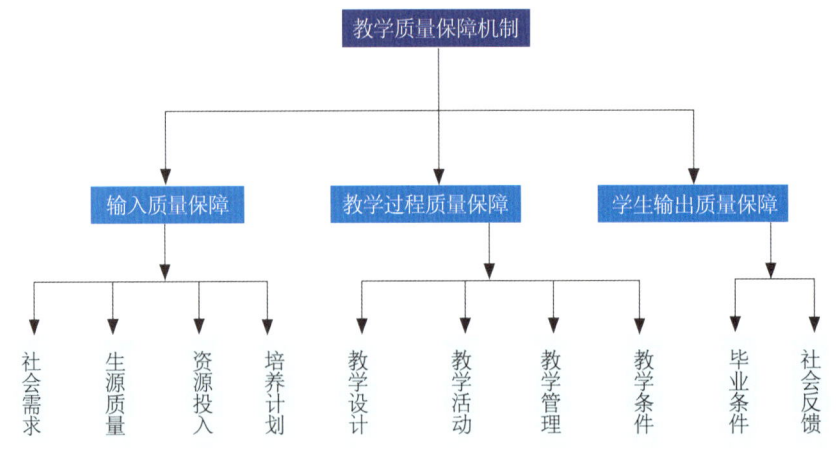

图3-7 教学质量保障机制构成要素示意图

基于输入、过程、产出模式的可持续质量保障体系应包括三个子系统，每个子系统又有其各自功能、内容及监控点。

输入质量保障子系统的功能是：根据国家社会和经济发展对人才

的需求，以创新人才质量观为先导，优化专业设置、制订培养方案；并优先保证教学经费投入、教师投入；录取高质量的优秀学生。监控点主要包括教学经费、教学条件（实验基础建设、教室、多媒体设备、师资等）、各类课程的遴选机制以及人才选拔机制等。

教学过程质量保障子系统的功能是：根据本科教学过程质量标准和质量监控机制，规范教学管理，稳定教学秩序，保证各种渠道信息畅通，并持续改进。监控点包括理、工、文教育相结合，专业教育与素质教育相结合，教学与科研相结合，教学内容、方法、手段，教学秩序、教务管理等。

输出质量保障子系统的功能是：采用多样化的质量标准评价学生综合素质，内容应涵盖毕业要求（学习成绩、实践与创新能力等）和社会反馈（就业与创业教育、用人单位信息反馈等）。

（二）质量保障机制建设的原则坚守

建立原则是确保质量保障机制建设质量的重要保障，更是指导质量保障机制建设的重要蓝图。建立健全本科人才培养质量保障机制，需要坚守以下原则：

1. 坚守以学生为中心的原则。大学的崇高使命就是缔造一流人才。学生是教学的对象，教学质量是否达到标准需要以学生的学习结果来检验，同时也要倾听和收集学生对掌握知识、提高能力等方面的需求，满足并力争超越学生的期望。

2. 坚守全面质量管理的原则。保障教学质量要从教学过程各环节入手，以教学过程管理为核心实施全面质量管理。根据教学过程的各个环节要求，确定教学质量观测点，进行系统管理和监控。

3. 坚守持续改进的原则。教学质量的持续改进是学校永恒的主题。应根据质量管理的需求，针对不断出现的新情况、新问题，在多渠道收集和分析信息的基础上，做出有效决策，持续改进教学质量。

4. 坚守多样化质量标准的原则。要根据各学科教学与人才培养目标的契合度，制订多样化质量标准，并熔铸自身特色风范。

（三）质量保障机制构建的实施措施

质量保障机制构建需要采取具体的措施加以推进，主要包括三方面内容。

1. 以学生的学习与发展为关注焦点，为学生提供更多选择和机会。高校应根据"因材施教"的指导思想，通过建立灵活的选专业与选课制度，给学生提供在更大范围内选择学习内容的条件与机会。学生在学完基础课程后，可以在全校范围内重新选择专业，以达到知识、能力与素质协调发展的目的，实现培养复合型人才的目标。

2. 以过程管理为核心，建立教学运行过程的监控体系。教学管理机制的建立涉及校、院、系三级和自上而下循环反复、多渠道的质量监控机制。学校层面负责教学改革的总体设计，制定制度和政策来规范教学工作；学院则在培养方案实施、教学模式、教学方法和考试方法改革等方面发挥主要作用；在课程内容改革上，系（专业）是主要的力量。可将教学过程分解为教学设计、教学活动、教务管理和教学条件建设四个主要方面，每一方面再构建若干重要环节，并在每一环节上设置监控点，对监控点进行监控及信息反馈、分析与处理，由此构建教学过程质量监控体系。

3. 以持续改进为永恒主题，构建多渠道的信息收集与分析决策机制。目前第四代"交互—发展性"教学评价理论受到高等学校的广泛关注，这一理论认为教学评价者与被评价者通过教学事实认识、体验和教学价值观的判断活动，进行相互交流、相互理解、相互启发、相互学习、共同创造的学习过程、交往过程和双向建构过程。高校可以按照"交互—发展"的要求，建立多渠道收集信息和"四维评价"（教学督导、领导听课、学生评教、同行评教）信息分析决策机制，针对教学环节，设计课堂教学、实践教学、毕业设计（论文）、教学管理等质量评价指标。根据课程类型，分别设计多媒体授课评价表和普通授课评价表。根据不同的评价主体，分别设计学生、教学督导专家、学校管理者评价表。由此，以多渠道的信息收集与分析决策为基础，以持续改进的管理方针和评价指标为引导，构建全方位、立体化、全员参与的教学过程质量保障体系。

三、实践范例

西安交通大学从2004年开始，经过十余年的探索与实践，建立了基于输入、过程、产出模式的教学质量保障机制，形成了教学质量监控和评价机制，有效地促进输入、过程和产出质量稳步提升，具有完善的体系和丰富的经验。

（一）输入质量保障体系

西安交通大学在输入质量保障体系建设中，主要从专业建设和课程体系建设两方面来进行，具体包括以下内容。

1. **优化专业结构，完善专业布局**。学校结合国家经济发展，依托现有优势学科基础，以及交叉学科发展趋势，新办或设置了一批新兴交叉学科，比如飞行器设计与工程、工程与结构分析、制药工程、材料物理等专业。同时学校高度重视人文社会科学专业的建设，先后设置了哲学、法学、社会学和艺术设计等专业。既满足社会人才需求，又有利于学校专业布局和学科建设的需求。

2. **优化课程体系，建设精品课程**。学校坚持"基础厚"的办学特色，优化课程体系，制订了通识教育与专业教育相结合的培养方案，形成了研究型大学通识类课程、学科类课程、实践训练类课程相衔接的本科课程体系。投入数百万元专项经费建设精品课程，搭建课程资源共享平台，以精品课程建设带动教学水平提高。

（二）过程质量保障体系

西安交通大学在建设教学过程质量保障体系时，注重制订和修订教学管理规章制度（办法），规范了培养方案调整、课程调整、课程考核、教学事故认定及处理、教师请假等程序，维护了教学的严肃性，稳定了教学秩序。学校坚持开展授课竞赛，每两年举行一次教师授课竞赛，每次历时一年，内容包括普通授课、双语教学与多媒体授课等，并将授课竞赛作为年轻教师必须参加的培训环节，以促进教师对教学的投入，提升教学整体水平。学校注重运用现代教育技术，对课件制作、课堂互动等多媒体教学活动提出了具体要求和规范，同时开展课件制作的技术辅导、多媒体讲座和示范课程，确保第一课堂教学质量。学校建立多方面的评价制度，为了激励教师提高课堂教学质量，由学生、专家和管理人员对教学质量进行评价，对不同教学质量的教师采用差异课时酬金，激励教师努力提高教学水平。完善和优化教学管理信息系统，增设网上实验教学平台、论文指导平台，可以完成实验课程管理、实验内容编辑、实验仪器查询、毕业论文（设计）指导等功能，改进学生评教手段和网上评教系统，提高了信息收集与分析决策效率。

（三）产出质量保障体系

西安交通大学还注重产出质量保障体系的建设。学校注重把学生课程考试成绩与教师教学效果相挂钩，与教师工作绩效评价相挂钩，极大地激发了教师关注学生学习效果的积极性。学校还把学生考试成绩与学生奖学金评定、保研评奖相挂钩，激发了学生学习的积极性。总之，通过强化产出教学质量保障机制建设，学生课程考试不及格率逐步降低，国家英语四级通过率逐年提高，毕业设计（论文）整体水平明显提高，大学生学科竞赛和科技活动不断创造佳绩。

第五节 创新创业教育实践

随着我国市场经济体制改革、高等教育管理体制改革的不断深化发展，我国高校毕业生就业制度改革也在不断深化与完善。在大众创新、万众创业的现代社会中，高校强化创新创业教育已经成为本科教育的重要内容，增强本科学生创新创业意识，培养学生创新创业能力，是高校适应社会发展的本科人才教育之道。

一、就业制度的改革历程

改革开放四十年来，我国社会经济体制、政治体制等各方面改革稳步推进，高校毕业生就业制度也经历了重要的变迁，概括起来，这种变迁大体经历了三个阶段。

（一）"统包统分"主导阶段（1977—1984年）

1977年恢复高考以后，仍然沿袭了中华人民共和国成立以后确立的统筹招生和毕业统筹分配制度。1981年，恢复高考后的第一批大学生即将毕业之际，国务院批转国家计委、教育部、国家人事局《关于改进1981年普通高等学校毕业生分配工作的报告》，确定对毕业生的分配在国家统一计划下，按照"抽成调剂，分级安排"的办法，教育部直属院校毕业生由国家统一分配，中央其他部委主管院校毕业生在本系统、本行业内分配，地方院校毕业生原则上由地方自行分配。1983年，国务院批转国家计委、教育部、劳动人事部《关于1983年全国毕业研究生和高等学校毕业生分配问题报告》，决定实行高校与用人单位直接见面的办法，即"供需见面"。"供需见面"的推行，为后期"双向选择"就业方式的实施提供了先行探索实践。但在这一阶段，高校毕业生绝大多数以国家统一分配的形式就业。

（二）"社会选择就业"探索阶段（1985—1992年）

1984年，党的十二届三中全会做出关于经济体制改革的决定。"随着经济体制的改革，科技体制和教育体制的改革越来越成为迫切需要解决的战略性任务"，在整个经济体制改革的大背景下，我国高校毕业生就业制度也发生了重大变化，特别是1985年出台的《中共中央关于教育体制改革的决定》，明确提出"改变高等学校全部按国家计划统一招生，毕业生全部由国家包下来分配的办法"，高校招生开始实行"国家计划招生、用人单位委托招生、在国家计划外招收少数自费生"三种办法，就业方式也有了相应的变化。国家计划招生的毕业生，实行在国家计划指导下，由本人选报志愿、学校推荐、用人单位择优录用的制度；用人单位委托招生的毕业生按照合同规定到委托单位就业；在国家计划外招收的少数自费生毕业后可以由学校推荐就业，也可以自谋职业。这标志着我国高校毕业生就业制度改革拉开了序幕，高校、毕业生、用人单位自主权的扩大，为进一步深化毕业生就业制度改革，逐步建立"双向选择、自主择业"制度奠定了基础。

（三）"双向选择、自主择业"建立阶段（1993年至今）

1993年，《中国教育改革和发展纲要》颁布施行。《纲要》提出"改革学生上大学由国家包下来的做法，逐步实行收费制度"，"改革高校毕业生'统包统分'和'包当干部'的就业制度，实行少数毕业生由国家安排就业，多数由学生'自主择业'的就业制度"，自此，"自主择业"的就业制度在我国开始出现。随着社会主义市场经济体制的建立和劳动人事制度改革的深化，以及高校扩招带来的毕业生大幅增长的状况，2002年，国务院办公厅转发教育部等四部委《关于进一步深化普通高等学校毕业生就业制度改革有关问题的意见》，明确提出"建立市场导向、政府调控、学校推荐、学生与用人单位双向选择的就业机制"。从此,作为高等教育体制改革的关键内容,高校的招生、就业制度发生了深刻变革,"缴费上学、自主择业"的全新观念开始深入人心,打破了长期以来计划经济体制下"统包统分"的模式。

在我国全面推行"双向选择、自主择业"制度,强化了毕业生择业的自主性,扩大了毕业生的就业空间。近年来,高校不断扩招,毕业生人数也不断增加,就业越来越难的现实逐渐显现出来,如何为毕业生创造更多的就业资源成为众多高校面临的新问题。特别是在国家经济发展进入新常态,从要素驱动、投资驱动转向创新驱动发展的过程中,如何充分发挥大学生创新创业潜力,成为高校及国家面临的新挑战。

二、创新创业教育的政策指引

随着我国高等教育大众化的推进和产业转型升级的发展,呼唤高校积极推进大学生创新创业教育。一方面,高等教育的大众化进程,大规模增加了高等教育学生数量,高校毕业生就业面临着前所未有的挑战。另一方面,产业转型发展需要创新驱动。随着我国经济的快速发展,资源环境的约束日益增强,依靠要素、投资的规模驱动力逐步减弱,高投入、高消耗、粗放式传统发展方式难以为继,需要从要素驱动、投资驱动转向创新驱动,靠创新驱动打造发展新引擎。长期以来,粗放型的发展模式使我国的资源、能源等面临着严重威胁,对可持续发展造成了制约,要突破这些制约就必须提高自主创新能力,利用先进的科学技术等增强经济的可持续性。1998年教育部颁布的《面向21世纪教育振兴行动计划》提出"创业教育"的理念,标志着我国将创业教育纳入国家发展战略之中。2007年,党的十七大报告提出实施扩大就业的发展战略,促进以创业带动就业,充分体现了中国特色社会主义本质属性的内在要求。就业是民生之本,支持自主创业,促进以创业带动就业,不仅仅是应对就业难题,减轻毕业生就业压力的应急之策,而且是培育和催生经济社会发展新动力的必然选择，是建设创新型国家的重要手段。

学校开始重视创业教育。教育部发布的全国教育事业发展统计公报显示，2008年高等学校本专科毕业生达到511.95万人。2008年，教育部通过"本科教学质量工程"项目，又立项建设了30个创业教育类人才培养模式创新实验区，目的是鼓励高校开展创业教育多元探索。在教育行政管理部门的引导下，高校通过不同的方式，依托各自的资源和优势，积极探索开展创业教育，为全面推进创业教育起到了重要的引领示范作用。

2009年，第十一届全国人大二次会次《政府工作报告》提出"提高自主创新能力，建设创新型国家""促进以创业带动就业"的发展战略。从市场经济发展来看，自主创新是社会主义市场经济的本质要求。随着经济全球化的迅速发展，自主创新能力日益成为核心竞争的重要因素。面对激烈的国际竞争，务必要提高我国的自主创新能力，积极开发对经济实力有重大牵引作用的核心技术知识产权等。为了落实建设创新型国家战略，同年，时任国务院总理温家宝在《政府工作报告》中指出："要着力推进自主创新，加快科技成果向现实生产力转化，为加快经济发展方式转变和经济结构调整提供强有力的科技支撑。"许多高校积极响应党和国家号召，大力推动创新创业教育，充分激发学生的创业热情和创新意识。2010年，教育部印发《关于大力推进高等学校创新创业教育和大学生自主创业工作的意见》，明确指出："创新创业教育是适应经济社会和国家发展战略需要而产生的一种教学理念与模式。……创新创业教育要面向全体学生，融入人才培养全过程。"《意见》要求从创新创业教育、创业基地建设、创业扶持政策、创业指导服务四个方面整体推进创新创业教育和创业就业工作，标志着创新创业教育进入了教育行政管理部门指导下的全面推进阶段，创新创业教育在全国高校全面有序开展。

在2014年9月召开的夏季达沃斯论坛上，中国政府总理李克强提出"大众创业、万众创新"新概念，表示要在中国960万平方公里土地上

图3-8　2018年10月，全国"大众创新、万众创业活动周"在成都举办

掀起"大众创业""草根创业"的新浪潮，形成"万众创新""人人创新"的新势态。此后，李克强总理在首届世界互联网大会、国务院常务会议等场合频频阐释这一词语的重要意义。2015年，国务院办公厅印发《关于深化高等学校创新创业教育改革的实施意见》，从国家层面对深化创新创业教育改革做出系统设计和全面部署，具体包括人才培养质量标准、人才培养机制、创新创业教育课程体系、教学方法和考核方式、创新创业实践、教学和学籍管理制度、教师创新创业教育教学能力建设、学生创业指导服务、创新创业资金支持和政策保障体系等九个方面的改革举措。《意见》全面系统部署了创新创业教育活动的实施，推动高校创新创业教育走向系统、深入，高校创新创业教育走向了规范、系统、全面的发展阶段。这一时期的创新创业教育不仅仅是专业教育的补充，不仅仅在第二课堂开展，不仅仅面向少数有创业意愿的学生，而成为一种全新的教学理念与模式，面向全体学生，贯穿于人才培养全过程。

推进创新创业教育，成为高校提升就业能力的重要举措。越来越多的高校通过营造良好的创新创业环境,将创新创业教育融入人才培养的全过程,让更多有梦想、有意愿、有能力的科技人员、高校毕业生加入到创新创业活动中来,实现创新支持创业、创业带动就业的良性互动发展。

三、创新创业教育的政策实践

随着我国大力推进劳动力就业的市场化改革,以及社会对创新驱动发展的需求,在国家一系列政策的支持下,高校创新创业教育得到强力推进。

1. 以学生创业计划竞赛为载体,开展创新创业教育。早在1999年,由共青团中央、中国科协、全国学联主办的首届"挑战杯"中国大学生创业计划竞赛在清华大学成功举行。在此之后,作为学生科技活动的新载体,创业计划竞赛影响力不断扩大,在培养学生创新创业意识和能力方面发挥了积极的作用。2012年,教育部开始实施"国家级大学生创新创业训练计划",通过创新训练项目、创业训练项目和创业实践项目,增强高校学生的创新能力和在创新基础上的创业能力。2015年,教育部又举办"中国'互联网+'大学生创新创业大赛",进一步激发高校学生创新创业热情。"'挑战杯'大学生创业计划竞赛""大学生创新创业训练计划""'互联网+'大学生创新创业大赛"等通过第二课堂开展创新创业教育,成为创新创业教育的重要抓手,也是高校最为普遍的创新创业教育形式之一。

2. 以就业创业指导课程为依托,开展创新创业教育。我国政府"提高自主创新能力,建设创新型国家"和"促进以创业带动就业"发展目标的确立,特别是《关于做好2016届全国普通高等学校毕业生就业创业工作的通知》的出台,使得高校的创新创业活动有了国家政策的依据,就业教育也逐步向就业咨询指导转变,形成了大学生职业生涯规划的就业教育理念。一些高校将"大学生就业与创业指导"等课程列入学生学习的公共必修课,以指导课程为依托开展创新创业教育,通过合理规划、掌握与目标岗位相匹配的理论基础和技能水平，成为准毕业班学生就业的基础。例如，中国人民大学开设"企业家精神""风险投资"等创新创业课程，强调重视培养学生的创业意识；四川工商学院开发了"大学生职业生涯发展规划""创业基础""大学生就业与创业指导"等本科课程，为毕业生就业创业提供系统的指导，具有鲜明的时代性、针对性和可操作性。

3. **设立人才培养模式创新实验区，开展创新创业教育。**建立创新实验区，开展创新创业教育，已经成为许多大学积极推进人才培养的重要举措。如清华大学的创业教育创新实验区、北京航空航天大学的创业管理培训学院、大连理工大学的立体化创业教育人才培养模式创新实验区等，这些实验区通过推进人才培养模式的综合改革，探索创新创业教育的教学理念、培养模式和管理机制，总结出了有利于创新创业人才成长的培养体系和成功经验。

4. **以创业孵化实践基地为平台，开展创新创业教育。**为大力推进大学生自主创业工作，国内高校纷纷成立大学生创业实习或孵化基地，开展创业指导和培训，接纳大学生实习实训，为大学生创业提供创业项目孵化的软硬件支撑和服务，促进大学生创业就业。例如，华中科技大学把大学生创业社区、工程训练中心作为重要平台，引入校友资源和相关产业企业，在二级学院设立了众多"创客空间"，这些创客空间极大地提升了学生的就业创业能力；中南大学建立了大学生创新创业教育实践基地，集创业培训、项目孵化、信息服务和成果展示等功能于一体，将大学生创业教育纳入学校人才培养方案，开设创业通识、技能、实训类课程共86门，建立创业依托基地、实践基地、模拟基地900多个，扎实有效地服务学生创新创业教育。

5. **修订人才培养方案，全面实施创新创业教育。**2015年5月，国务院办公厅印发《关于深化高等学校创新创业教育改革的实施意见》，教育部于同年9月发出通知,要求各地各高校研究制订深化创新创业教育改革的实施方案。2018年教育部发布的《普通高等学校本科专业类教学质量国家标准》,涵盖了普通高校本科专业目录中全部92个本科专业类,每一个专业都有明确的创新创业教育的目标和要求,同时要求各高校要依据该标准,修订人才培养方案。

6. **建立高校创新创业学院,开展创新创业教育**。近几年,在国家的号召下,众多高校纷纷建立创新创业学院,不仅是研究型大学,众多的应用型高校也纷纷开展创新创业学院的建设。创新创业学院有独立设置、有挂靠职能部门或者学院、有虚拟设置等类型。创新创业学院成立后,将创新精神、创业能力的培养贯穿于人才培养的全过程,根据学生的专业、个人发展定位和需求开展创业人才分类培养,全面系统开展创新创业教育、创业培训和创业实践,以期培育具有企业家精神与创业能力的创新创业领军人才和优秀创新创业团队,为国家建设社会主义现代化强国提供坚强有力的科教支撑引领。

总之,在国家政策强有力的支持下,各高校从修订培养方案、完善课程体系、推进教学方法改革、强化创新创业实践、健全科学合理的制度体系等方面,持续深化创新创业教育,推动创新创业教育由创新创业教育与专业教育"两张皮"向两者有机融合的方向转变,由注重知识传授向注重创新精神、创业能力培养转变,由单纯面向有创新创业意愿的学生向全体学生转变。

第四章

创新研究生教育是大学兴校之基

研究生教育是我国高层次人才培养的重要组成部分,是高校培养高层次创新型人才和提升科研能力的重要方面,能够为实施创新驱动发展战略和建设高等教育强国提供高水平的人才支持,在高校及国家层面,都具有极其重要的战略地位。改革开放以来,随着我国社会经济的转型升级发展,国家发展战略目标的适时调整,及对高层次人才需求的变化,研究生教育亟须改革。扩大研究生招生规模,提升研究生创新能力,是当前我国研究生教育的发展之道。

从我国研究生教育的历史进程来看,中华人民共和国建立初期,研究生教育规模非常小,"文革"十年又使研究生教育被迫中断。经过改革开放以来的快速发展,我国研究生教育取得了举世瞩目的成就,规模迅速扩大,质量不断提高,国际影响力显著增强,培养了一大批高层次人才,为我国经济社会发展提供了有力的智力支撑。

研究生的核心素养,是研究生教育的重要内容,是提升研究生培养质量的根本指向。研究生的核心素养主要包括创新、知识、能力、思想品德四个方面,研究生教育需要从这些核心素养的提升方面加以推进。未来社会是不确定的,也是更加复杂的,更是具有创新性的,这就决定了面向未来的研究生教育也必然是综合的、复杂的和注重创新的,需要从教育环境、培养模式、质量管理等方面,采取综合措施提升研究生培养质量。这是研究生教育质量的提升之道。

第四章

创新研究生教育是大学兴校之基

> 研究生教育是高校进行人才培养的另一种形式,是为本科毕业生或取得同等学力人员提供继续深造机会的一种正规学历教育,包括硕士研究生教育和博士研究生教育两个层次。研究生教育在研究型大学占有十分重要的地位,是学校从事科学研究的重要力量,能够为实施创新驱动发展战略和建设高等教育强国提供高水平的人才支持。因此,研究生教育改革发展研究,具有极其重要的战略意义和实践价值。在研究生教育中,扩大研究生教育规模,提升研究生创新能力,是我国当前的研究生教育之道。

第一节 嬗变发展

中华人民共和国建立初期,研究生教育规模非常小,1950—1965年间,我国仅培养了22 700多名研究生(平均每年1500多人),这于国家百废待兴、迫切需要建设人才而言,明显存在巨大缺口。随后的"文革"十年动乱又使得研究生教育被中断,更造成我国高级人才严重缺乏。改革开放以后,我国研究生教育逐步恢复,并发展壮大,取得了前所未有的成就,很大程度上填补了我国对于高级人才的需求缺口,为经济建设和社会发展提供了人才保证和智力支撑。

一、嬗变历程

我国研究生教育发展较早,从鸦片战争伊始,清政府逐渐认识到人才培养的重要性,从学习日本模式开始,颁布了一些教育法令与章程,组建了一批新式教育学堂,还大量派遣留学生出国学习,促进人才培养，这些举措为研究生教育奠定了薄弱的基础。民国政府也陆续颁布了一些涉及研究生教育的法律与条令。例如，《大学令》（1912年）、《大学章程》（1913年）、《大学研究院暂行组织规程》（1934年）、《学位授予法》（1935年）、《学位分级细则》（1935年）、《大学研究所暂行组织规程》（1946年）。中华人民共和国成立后，政府也十分注重研究生教育，如先后颁布了《中华人民共和国教育部直属高等学校暂行工作条例（草案）》（1961年）、《高等学校培养研究生工作暂行条例（草案）》（1963年）等。但是，我国研究生教育真正实现快速发展是在改革开放之后，在一系列国家政策的大力推动下，研究生教育实现了持续快速发展。

从国家宏观政策发展来看，改革开放以来，我国研究生教育的发展历程，大致可分为恢复建设时期、快速发展时期、"双一流"建设时期三个阶段（如表4-1所示）。

表4-1 改革开放以来我国研究生教育发展历程表

时期	年份	发展历程
恢复建设时期 （1978—1994）	1978	研究生教育恢复招生，当年录取研究生10 708人
	1980	颁布《中华人民共和国学位条例》，这是我国第一部教育领域法律
	1981	国务院批准我国首批博士、硕士学位授予单位名单，其中博士学位授予单位151个，硕士学位授予单位358个，批准了首批博士研究生导师1155人
	1983	首批博士和硕士学位授予大会在人民大会堂召开，我国自主培养的首批18名博士研究生取得博士学位
	1984	《学位与研究生教育》创刊，22所高校试办研究生院
	1986	第二批10所高校试办研究生院
	1990	设立我国首个专业学位——工商管理硕士
	1993	全国在学研究生规模突破10万人
	1994	中国学位与研究生教育学会成立。高等学校与科研院所学位与研究生教育评估所成立，是教育部学位与研究生教育发展中心的前身

续表

时期	年份	发展历程
快速发展时期（1995—2014）	1995	正式启动"211工程"建设，最终确定112所高校为"211工程"建设高校
	1999	正式启动"985工程"建设，确定9所"985工程"建设高校；开始评选"全国优秀博士学位论文"
	2006	全国在学研究生规模突破100万人
	2011	颁布《关于实施高等学校创新能力提升计划的意见》
	2012	教育部出台《关于全面提高高等教育质量的若干意见》，进一步明确提出"树立以提高质量为核心的教育发展观，把提高质量作为教育改革发展最核心最紧迫的任务"的教育思想
	2014	全国研究生教育质量工作会议召开；全面实行研究生教育收费制度，公费研究生退出历史舞台
"双一流"建设时期（2015年至今）	2015	出台"双一流"建设方案
	2017	公布"双一流"建设名单，确定一流大学建设高校42所（其中A类36所，B类6所），一流学科建设高校95所

（一）恢复建设时期（1978—1994年）

1978年我国恢复了研究生教育招生，当年共录取研究生10 708人。随后几十年，我国研究生教育整体呈现出稳定增长态势，如图4-1所示。

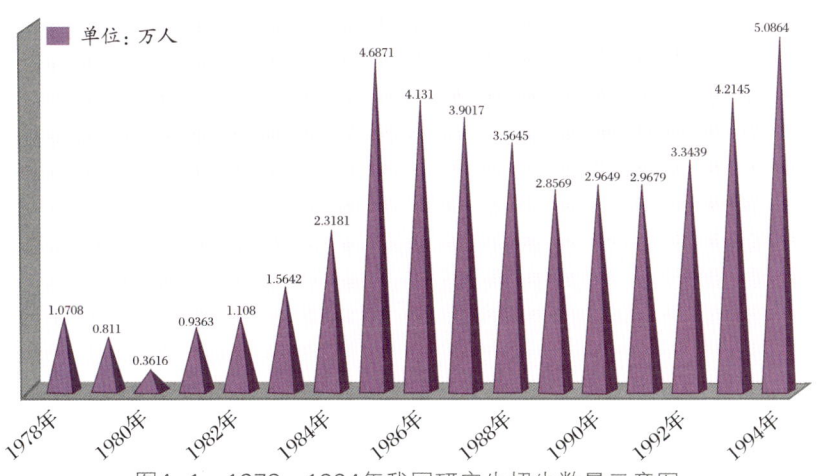

图4-1 1978—1994年我国研究生招生数量示意图

可见，从1978年到1994年这十七年间，研究生招生人数没有明显的大幅度增加，说明我国研究生教育还处在建设时期。从具体发展状况来讲，1980年第五届全国人大常委会第十三次会议通过了第一个学位条例《中华人民共和国学位条例》（修正），规定我国实行学士、硕士、博士三级学位制度，研究生教育有了法律依据和保障，从此我国确立了学位制度。1981年后，国务院学位委员会又制定了一系列关于研究生教育的规章制度，进一步明确了学位授予的负责单位，学位授予的原则程序，学位的课程、学分要求，论文的答辩流程、规范等，研究生教育走向正规化、法制化的轨道。1984年和1986年，国家分别批准22所和10所大学试办研究生院，并按照国家招生计划和用人单位委托培养招生计划招收研究生，而且还在全国重点大学推行少数应届本科生免试攻读硕士研究生的试点。这一阶段围绕落实国家相关政策，完善已有制度等工作，部分高校有序开展研究生教育，在招生制度改革、学位授权、重点学科建设制度等方面进行了初步的探索。

1990年以来，全国经济不断复苏，社会各行各业进入稳定快速发展时期，社会分工越来越专业化，工种越来越多样化，高层次专业人才需求日益增加，特别是高级技工人才越来越成为社会的稀缺人才。为了适应社会需求的新变化，我国研究生教育又开始重视应用型人才培养。从1990年开始，增加专业学位研究生类型，这一年，国务院学位办正式批准设立了第一个专业学位——工商管理硕士学位（MBA）。为了保证培养质量，政府在这一阶段逐渐建立研究生教育质量保障体系，对研究生教育进行教育评估和质量评估。

（二）快速发展时期（1995—2014年）

为了进一步适应社会对高层次人才的需求，国家层面决定扩大研究生教育规模，提升研究生教育质量，我国开始了新一轮研究生教育改革。1995年，国家正式批准33所高校建立研究生院，目的是建设培养博士和硕士的重点基地，开启了我国研究生教育快速发展的新征程。特别是在1999年6月全国教育工作会议上，决定扩大高等教育规模。同年，国家科技教育领导小组决定，高等学校包括本专科和研究生层次在内都要大幅度扩招，从此，研究生教育走向快速发展时期，在1999—2008年十年间，研究生年均招生增长率达20.79%（如图4-2所示）。

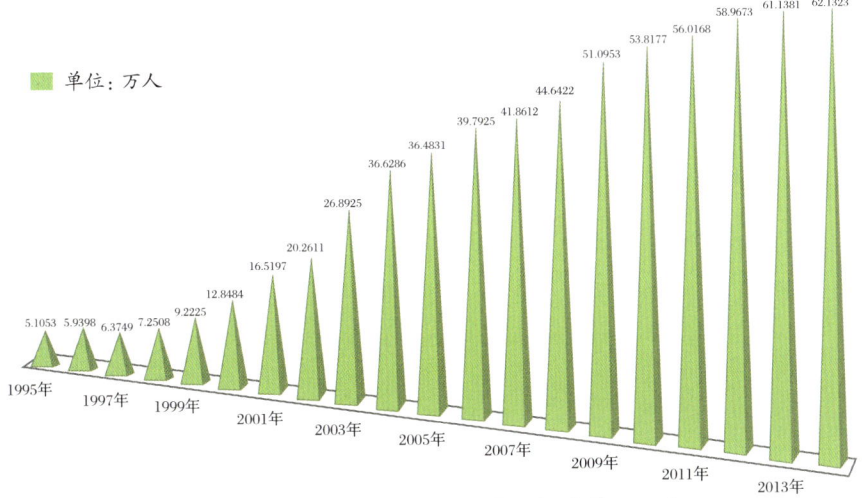

图4-2　1995—2014年我国研究生招生数量示意图

这个时期，随着"211工程"和"985工程"项目的实施，进入"211工程"和"985工程"建设的高校也成为我国研究生培养的主要基地。比如，全国只有不到10%的高校被列为"211工程"建设高校，但这些学校的硕士研究生和博士研究生培养规模分别占全国的69%和84%，全国96%的国家重点实验室以及85%的国家重点学科都在"211工程"建设高校里，由此可见，"211工程"在我国研究生教育中具有举足轻重的地位。2012年教育部出台《关于全面提高高等教育质量的若干意见》，进一步明确提出"全面提高高等教育质量"的指导思想，提升研究生教育质量受到前所未有的重视。2013年启动的研究生教育综合改革，确立了"服务需求、提高质量"这一鲜明主线，标志着我国研究生教育进入内涵发展的新时期。立足内涵发展，立足服务需求，使得人才培养结构得到了优化，这就是研究生教育在新时代的新坐标、新方位。2014年，全国研究生教育质量工作会议召开，进一步强调提升研究生教育质量的重要性，并指出：为了激发研究生学习动力，提升研究生教育质量，要全面实行研究生教育奖（助）学金制度，奖助金评定实行动态管理模式。

伴随着我国研究生教育规模迅速扩大，研究生教育类型也在增多，研究生管理制度更加健全。在研究生教育管理体制方面，国家和高校在招生考试、培养模式、学位授予权等方面都做了一些改革和调整，逐渐形成了"两个系统、三个层次"研究生教育制度。"两个系统"是指研究生教育管理系统和学位管理系统，"三个层次"是指培养单位（大学和科研机构）、省（部）、中央。在培养模式上，国家和高校不断完善导师制度，注重研究生的能力培养，因材施教，同时对不同学科类别的研究生进行分类指导与管理，对教学课程体系和方式进行完善与改革，国际化教育与合作也越来越受到重视。

综上，研究生教育是我国教育的最高层次学历教育，它为科技发展、创新驱动提供了源源不断的人力资源，也是推动和引领国家现代化发展的重要支柱。为此，国家对研究生教育给予了前所未有的重视，扩大研究生培养规模、增加研究生类型和提升研究生教育质量成为这一阶段研究生教育的主旋律。

（三）"双一流"建设时期（2015年至今）

为了提升我国教育发展水平，增强国家核心竞争力，奠定长远发展基础，2015年10月，国务院印发《统筹推进世界一流大学和一流学科建设总体方案》，对我国建设世界一流大学和一流学科做出重要部署。该方案强调，"坚持立德树人，突出人才培养的核心地位，着力培养具有历史使命感和社会责任心，富有创新精神和实践能力的各类创新型、应用型、复合型优秀人才。加强创新创业教育，大力推进个性化培养，全面提升学生的综合素质、国际视野、科学精神和创业意识、创造能力",这表明"双一流"建设在建设一流师资队伍、提升科学研究水平的基础上,重点是要培养拔尖创新人才,培养具有责任感和历史使命感,敢于创新、勇于实践的复合型高层次优秀人才。2017年1月,教育部、财政部、国家发展和改革委员会印发了《统筹推进世界一流大学和一流学科建设实施办法(暂行)》,标志着"双一流"建设开始进入具体实施阶段。在"双一流"建设战略的指引下,各高校在研究生培养方面都提出了相应的发展措施和规划。2017年12月底,北京大学、清华大学、复旦大学、上海交通大学、北京师范大学、中国农业大学、中国人民大学、南开大学等高校"双一流"方案陆续公布,开启了"中国特色""世界一流"大学发展的新征程。例如,《北京大学一流大学建设高校建设方案》提出,"以立德树人为根本,全面提高人才培养能力""推行学术型、专业型研究生分类培养模式,全面实行博士生招生'申请—考核'制,培养拔尖创新人才"。《清华大学一流大学建设高校建设方案》提出,"建立适应培养目标的研究生选拔录取机制""提升博士生的学术创新能力和国际胜任力""提升专业学位研究生的职业胜任力""完善高水平科技支撑拔尖创新人才培养机制"。《北京师范大学一流大学建设高校建设方案》在建设内容中提出,"培养面向未来的卓越教师和拔尖人才",特别强调要实施"一流学科研究生招生计划保障工程"。总之,"双一流"建设是继"211工程"和"985工程"之后,中共中央提出的又一国家重大战略决策,对于提高我国教育综合实力、增强国际竞争力、实现"两个一百年"奋斗目标、实现中华民族伟大复兴具有十分重要的促进和支撑作用。

总之,改革开放四十年来,我国研究生教育制度、培养体系逐步完善,研究生培养环境进一步优化,研究生培养质量得到了全面提升。

二、发展成就

经过四十多年的建设和发展,我国研究生培养取得了举世瞩目的成就,为国家培养了大批高层次人才,为中国社会发展提供了有力的人才支持和智力支持。研究生教育的成就是全方位、多层面的,国家宏观层面的主要成就体现在三个方面。

(一)建立了适合我国国情的研究生教育质量保障机制

随着研究生教育规模的扩大,提升教育质量成为研究生教育的新目标和新任务。国家根据"坚持标准、严格要求、保证质量、公正合理"的原则,不断对学科进行评估和调整,对学位授予单位及其授权学科专业点进行审核。另外,采取有效措施,以全面保障研究生的培养质量,主要措施包括:一是加强法规建设,强化管理制度,强化研究生教育管理体系建设。二是建立盲评机制,确保研究生的诚信素质和培养质量。2014年以来,学位授权点合格评估和论文抽检已经成为教育管理部门质量监督的重要抓手。为保证学位与研究生教育质量,2014年,国务院学位委员会、教育部印发《学位授权点合格评估办法》,并通过评估撤销了50个不合格的学位授权点,要求95个学位授权点限期整改。同年,教育部又颁布《博士硕士学位论文抽检办法》,在学位论文抽检中,共发现问题论文954篇,累计约谈85校次,激发了高校提高质量的内生动力。三是引导支持第三方机构和社会组织积极开展质量评价。2016年,教育部委托教育部学位与研究生教育发展中心组织开展了第四轮学科评估工作,公布了学科水平评估结果,共有513个单位的7449个学科自愿参评,在社会上产生了广泛影响。MBA、工程、法律等教育指导委员会也在积极推进本领域认证,如清华大学、上海交通大学、西安交通大学、兰州理工大学等高校已经参加了多个领域的国际认证。第三方的质量评价与政府的"双一流"

建设相互呼应，多元评价局面已初步形成。四是启动博士研究生教育综合改革工程，大力提升博士教育治理。2017年，教育部组织遴选14所高校开展博士研究生培养模式改革，力求在思政教育、招生评价、课程改革、科研育人、国际合作等方面有所突破。五是专业学位研究生教育改革取得实效，将工程类别的40个领域划分为8个专业学位类别，特别是增加了工程博士专业类别，提出要着力培养工程博士具备解决复杂工程技术问题、进行工程技术创新等能力。另外，在硕士专业优化调整，多个专业学位案例库、培养基地和师资队伍建设等方面取得重大进展。

图4-3　MBA校外培训火热

（二）构建了完善的研究生教育法治体系

改革开放以来，我国逐渐建立起了比较完整的研究生教育法规体系。1980年，第五届全国人大常委会第十三次会议通过了《中华人民共和国学位条例》，我国从此正式建立起了自己的学位制度。1981年，国家进一步细化学位授予制度，国务院学位委员会制定颁布了《关于审定学位授予单位的原则和办法》。

在我国学位管理体系中，国务院学位委员会是最高的领导机构，主要负责全国学位的有关工作，包括统筹规划、政策指导、组织协调、监督检查等。国务院学位委员会学科评议组是由国务院学位委员会建立，由高水平学者、专家组成的学术管理组织，主要负责审核新增学位授予单位、授权点以及授予学位的专业目录，同时检查和评估学位授予和研究生教育的质量。国务院学位委员会办公室设在教育部，与教育部研究生工作办公室、教育部学位办公室合署办公，主要工作包括：拟订全国学位与研究生教育工作的改革与发展规划，指导与管理研究生培养工作，指导学科建设与管理工作，承担"世界一流大学和一流学科建设"等项目的实施和协调工作，承办国务院学位委员会的日常工作。国务院学位委员会还成立了全国性教育指导委员会，主要工作是制订关于专业学位研究生教育的培养方案、师资培训、教材与案例建设、质量评估等，在专业学位研究生教育中发挥了重要作用。此后，国务院相继针对博士学位、硕士学位培养、管理、论文评审等方面做了相关规定，形成了一套较为完善的研究生教育法规体系。[1]

（三）取得了显著的国际交流与合作成效

研究生教育的国际交流与合作是高等教育国际化的主要途径之一。改革开放以来，我国大力推动研究生教育的国际交流与合作，坚持"走出去"和"引进来"相结合。1989年，国务院学位委员会第八次会议审议通过了《关于授予国外有关人士名誉博士学位的暂行规定》，以促进中国教育、科技、文化等方面的国际或地区交流与合作。随后，国务院学位委员会第十次会议审议通过了《关于普通高等学校授予来华留学生我国学位试行办法》，开始实施对外学位授予。1995年，国务院学位委员会提议加强

---

[1] 赵沁平. 社会发展的需要与改革开放的成就：中国学位与研究生教育50年发展回顾 [J]. 学位与研究生教育，1999（5）：4.

我国薄弱且社会急需学科的审核，并批准授予国外以及我国香港地区学位的合作办学项目，充分发挥合作办学效益，提高办学水平，适应社会对高层次专门人才的需要。1996年国家留学基金管理委员会（China Scholarship Council，简称CSC）成立，专职从事资助、管理出国留学和来华留学事务，极大地促进了国际交流和合作。据统计，从1978年到2018年年底，各类出国留学人员累计达585.71万人次。2017年，我国与47个国家和地区签署了学历学位互认协议，吸引了近49万外国学生来华留学，研究生在学规模达7.6万人，目前，我国成为亚洲最大的留学目的国。另外，若干高校已经走出国门，到海外创办分校或研究生院，培养研究生。

总之，我国研究生教育经过改革开放四十年的建设和发展，取得显著成就，研究生教育规模迅速扩大，研究生培养质量迅速提升，研究生教育的国际影响力大幅跃升。

第二节　理论指引

研究生高层次人才是国家经济社会发展的智力支撑。随着我国社会经济的发展及国家发展战略目标的调整，研究生教育也需要发生相应的变化。面对社会发展新形势，研究生教育如何发展变化，在哪些方面变革变化，还需要不断探索，需要科学理论的有效指引，这是大学研究生教育的另一发展之道。

一、研究生教育的目标

研究生教育的目标是实施研究生教育活动的指南，对研究生培养活动具有鲜明的引领作用和指示作用，直接引导整个培养过程的评价。1980年出台的《中华人民共和国学位条例》提出，硕士研究生需要达到两项目标：在本门学科上掌握坚实的基础理论和系统的专门知识，具有从事科学研究工作或独立担负专门技术工作的能力；博士研究生需要达到三项目标：在本门学科上掌握坚实宽广的基础理论和系统深入的专门知识，具有独立从事科学研究工作的能力，在科学或专门技术上做出创造性的成果。从《条例》规定看，虽然对硕士研究生和博士研究生培养目标要求不尽相同，主要体现在学习掌握知识和科学研究能力两个方面，但是以德树人的政治要求相同，都是高级专门人才。为了进一步促进我国科学专门人才的成长，促进各门学科学术水平的提高和教育、科学事业的发展，《中华人民共和国学位条例》在实施了24年后于2004年又进行了修订。

基于我国新时代的社会特征，本研究认为研究生培养目标是：以培养坚定共产主义和中国特色社会主义理想信念，热爱祖国，拥护中国共产党的领导，拥护社会主义制度，遵纪守法，品德良好，为社会主义建设服务为思想道德要求；以培养具有学科坚实基础理论和系统专业知识，具有理论联系实际、实操能力以及创新精神和从事与专业相适应的科研教学、管理服务和技术工作的高级专门人才为知识能力要求。

二、研究生教育的规律

正如《大学》中所言："物有本末，事有终始。知所先后，则近道矣。"教育是有规律可循的，不同层次的教育都有其自身的发展规律。研究生教育也要遵循自身的发展规律。归结起来，主要表现在四个方面。

（一）因材施教

因材施教就是要以学生为重，根据学生的实际情况以及学校的现实，重视学生德智体美全面发展，为社会培养有用的人才。研究生的来源大多是受过四年大学本科教育的个体，他们可能来自不同的大学，在个人兴趣、知识结构、生活经验、价值理念等方面存在较大差异。特别是研究生教育阶段的学科划分更细，各学科有其自身特点，用统一的标准和模式培养学生，会抹杀学生的特长和差异，影响培养质量。因此，研究生教育需要结合研究生个人的兴趣和特点因材施教，这是提升研究生教育质量的根本。因材施教强调对学生学术思想、研究意识和创新意识的培养，要求导师及任课教师运用启发式、讨论式的教学方式，引导学生学会自学，学会研究；导师采取个别

图4-4　因材施教的鬼谷子

指导与集体指导相结合的方式，针对每个学生的知识背景、性格特征、个性潜质和心理素养，通过课程学习总结、学术报告等形式多角度、全面化培养；学校的研究生评价考核目标要多样化、多元化，能够对学生进行多方面评价，引导学生按照自己的特长和兴趣发展。

（二）创新发展

研究生作为社会的高层次人才，其价值体现在"研究"二字上，研究的灵魂是创新。因此，应该更加注重创新发展，着重培养研究生的学术创新能力和实践创新能力，把创新能力的培养作为实现研究生培养质量的重要途径和必由之路。在培养过程中，要特别注重培养研究生的创新意识，激发创新潜力，开拓学术视野，充分重视培养研究生提出问题、分析问题以及解决问题的能力，提高研究生的科研成果转化应用水平，提升研究生的创新能力。

（三）科教融合

科教融合就是将科学研究与教育教学有机统一起来。研究生教育既是国家高层次人才培养的重要方式，也是建设创新型国家的核心要素。

坚持科教融合的原则，能够把研究生培养与国家发展密切联系起来，同时也是培养研究生创新能力的一种有效途径，对促进研究生教育和实现国家创新发展具有双重意义。科研创造知识，教学传播知识，虽然科研与教学的侧重点不同，但只有科教融合，才能回归人才培养的本质，提高培养质量。

（四）以德为先

研究生教育作为一种高层次人才培养活动，肩负着为国家和社会输送高级人才的重任，深刻影响着社会及国家的发展。研究生掌握的知识越多，能力越强，越需要具有高尚的道德情操和法律素养，这不仅要靠导师言传身教，也要靠校园优良文化氛围的熏陶。研究生只有树立了科学的价值观和高尚的道德情操，才能把自己的才能充分发挥出来，才能积极主动融入服务于国家、社会和民族的奋斗大潮中，实现自身的价值。价值观不正确、道德情操低下的人，不可能自觉地把自身的才能用在消除社会危害和发展人类社会方面。因此，高校要积极引导和教育研究生树立正确的世界观、人生观、价值观，坚定共产主义理想和中国特色社会主义共同理想的信念，增强研究生的社会责任感和家国情怀，拓宽研究生的国际视野，努力将研究生培养成为世界文明进步的积极助推者、示范者。

总之，研究生教育是一种通过实施教育教学行为培养人的活动，应当遵循教育规律，合理确定教育目标，严格规范教育教学秩序，科学安排教育内容，尊重学生的身心发展和认知水平，确保学生身心健康发展。

三、研究生教育的内容

通过对研究生培养目标及教育规律的分析可知，注重学生人文关怀、掌握扎实专业知识、强化科学研究创新、明确价值理想等，是研究生教育的主要内容。

（一）培养研究生良好的道德素养

道德素养是行为的根本指南，直接影响和规范着一个人对社会的行为方式。研究生道德教育目标的制订是道德教育工作的出发点和归宿，对于研究生道德教育任务的制订、教育制度的建立、教育内容的选择、教育过程的组织等都具有指导作用。研究生是高层次人才，掌握着高深知识，如果道德出了问题，拥有的知识越多，造成的危害越大。特别是随着研究生培养规模的扩大，各类学术不端行为时有发生，这恰恰说明科学道德和学风建设的重要性。科学道德也是道德素养的范畴，科学素养强调的是知识层面，道德素养则强调的是精神层面。研究生道德教育就其一般性要求来说，需要加强对研究生社会政治道德的教育，将其培养成为一个遵纪守法的具有社会公德和社会道德理想的好公民。研究生道德教育就其特殊性要求来说，需要培养研究生良好的学术道德，加强学术诚信教育。总之，高校研究生道德教育应当在更高层面上帮助研究生树立积极向上的价值观、世界观、人生观，让研究生遵守各项法规制度，严于律己，思想端正，学习努力，具有良好的社会责任感和家国情怀，具有为人类文明进步而奋斗的奉献精神。

（二）培养研究生坚实的专业基础

研究生教育强调高层次创新型人才的培养，而研究生创新能力的基础则靠坚实的专业知识做支撑。只有具备坚实的专业基础，良好的专业素养，熟练掌握基础知识，能融会贯通并运用知识，才能催生持续不断的知识创新和旺盛不衰的发展后劲。在研究生教育中，其专业知识教育可以参考KSAOs[①]的教育理念来实施。其中K（Knowledge）就是知识教育，首先要求学生尽可能全面地掌握自己专业领域的基础知识；S（Skill）就是技能技巧教育，是指学生应具备相应的知识应用

---

① MANSFIELD R S.Building competency models: Approaches for HR professionals[J]. Human Resource Management, 1996(35): 7-18.

能力和专业实施技巧；A（Ability）就是能力教育，是指学生在专业知识之外还应具备相应的其他素质能力，如法律知识、沟通技巧等；O（Other Characteristics）就是其他特征教育，是指学生应当具备相应的个人特长或者真正与其他人具有差异化的能力，以形成自己独有的竞争力。

（三）培养研究生较强的创新能力

研究生教育以培养具有一定科研素养和能够解决问题的人才为目标，应当把培养开拓精神、创新意识作为其主要追求，加强课程建设，增强学术学位研究生课程内容的前沿性，重视对研究生进行系统科研训练和参加科研项目研究，以高水平科学研究支撑高质量研究生培养，这是实现研究生创新能力培养的重要方式。研究生创新能力培养还应整合教育资源，通过多学科有机结合，同时提升课堂案例教学效果和开展课外科技社团活动，建设高水平科技创新基地，帮助学生树立创新意识，发展创新思维，培养创新精神和创新能力。

（四）培养研究生积极的科学精神

科学精神是体现在科学工作者身上的一种精神状态，这种状态就是探索科学奥妙、追求真理、坚强意志、批判思维和勇于牺牲。研究生培养活动是为国家培养高层次人才的活动，所培养的研究生是否具有科学精神，直接关系到研究生的成长成才与国家的创新发展。研究生培养是研究生接受高强度、全方位科研训练和意志磨炼的过程，在相对短的几年时间内完成繁重的课程学习和研究任务，需要全身心地投入。只有具备了科学精神，研究生才能在学习和科研中不怕艰苦，百折不挠，勇于追求卓越，促进自己成长成才。在研究生培养中，要提升"乐于奉献、甘于寂寞"的品德修养，以"勇于担当、敢于超越"的使命意识，让自己因能够为国家的进步、科学的发展做出贡献而感到荣耀和自豪，积极树立为实现中华民族伟大复兴的"中国梦"而拼搏的信念。

四、研究生教育的模式

研究生教育模式是进行研究生培养的方法体系及实施途径的总和。目前，研究生教育主要有以下几种模式。

（一）导师指导制

这种模式也称为"导师制"或"学徒式"培养，是最为传统也最为常见的培养模式，强调"修身垂范，以行导行"的教育原则。目前，许多高校都为研究生确定导师或研究生选择导师。该模式重视导师与研究生之间的师生关系，学生以科研助手的形式与导师在研究所或实验室、工作室从事科学研究，通过导师指导学生的方式，培养研究生成长成才。当然，导师制也始终贯穿于其他几种模式之中。

（二）学科引领

学科引领模式是指一些高校基于学科的发展，围绕其学科优势，形成了一系列专业式、协作式、教学式等形式的培养模式。专业式培养模式是指研究生培养过程形式化、标准化、专门化，我国的一系列专业硕士学位（如MBA、MPA等）可以说是最为典型的专业模式。协作式培养模式则强调教学、科研、生产一体化，几方面相互协作，这是一种全方位培养人才的方式，当前专业学位或工程硕士研究生的培养风格更符合这种模式。教学式培养模式是指通过具体的课程计划培养研究生的一种模式，它具有完善的课程体系和细致的学分要求，例如，课程硕士就是这种典型的模式。

（三）联合培养模式

联合培养模式是众多高校为了进一步提升研究生培养质量而采取的一种新型培养模式，一般分为国内联合培养和国外联合培养两种方式。这种模式虽然在各个高校都在推进，但因学校所处地域不同及办学水平有差异，具体的联合方式也显出相应的差异性。例如我国东部地区以及中部一些较为发达省份的高校，因其所在地区对外开放程度较高、合作交流频繁，其国际化水平相对高于西部地区，通过与国外合作交流的形式培养研究生的现象也比较普遍。而西部地区高校经济实力相对薄弱，发展水平普遍不高，与国外联合培养的情况相对较少，而积极与国内高水平大学联合实施研究生培养的情况则比较多。我国一些"985工程""211工程"建设大学因办学质量高、国际影响力比较大、国际交流合作经费充足，与国外高水平大学和研究机构合作的范围比较广，联合培养研究生的规模比较大，培养质量也比较高。

（四）"双师型"导师培养模式

研究生学籍一般归属大学或科研院所，对于大学而言，"双师型"是指：一个校内导师，负责课程设计、论文写作等，一个校外导师，负责为研究生的实际工作需要提供指导，两者共同指导学生。这种培养模式是各研究生培养单位针对专业学位研究生采取的一种培养方式，这种

图4-5 被南京审计大学聘为创业导师的肖伟民正在演讲

模式适合专业学位、工程硕士等实践性较强的研究生。"双师型"导师培养模式在学生学习的目的、兴趣方面能够做到有的放矢，使学生学习更具进步的动力，效果也更容易在实践中反映和体现出来。

第三节 发展变革

经过几十年的发展，我国研究生教育已经取得巨大成就，研究生培养体系不断完善，培养类型也不断丰富多样，培养规模已经居于世界第一，培养质量稳步提升。但是，随着我国经济社会转型升级发展、社会主要矛盾发生变化及社会对高层次人才需求的变化，研究生教育也需要随社会经济文化的发展变化而不断变革。如何通过不断变革以适应社会发展需求，这是研究生教育的发展变革之道。

一、研究生培养机制

研究生培养机制包括培养理念、教学模式、教育资源、招生录取、培养过程、导师队伍、奖助金体制等多个方面。改革开放初期，在传统的计划经济条件下继承而来的研究生培养机制，面对市场经济社会发展的新要求，就暴露出了许多新问题，如培养理念落后、培养模式单一、课程体系不科学、研究生创新积极性不高、导师作用发挥不充分等。

为了解决这些问题，推进研究生培养机制改革势在必行。2005年12月，教育部批准西安交通大学、哈尔滨工业大学、华中科技大学三所高校率先开始研究生培养机制改革试点工作，次年教育部又支持和推动更多高等学校开展研究生培养机制改革。经过实践，各试点高校统筹规划、精心组织、认真实施，我国研究生培养机制改革初见成效，取得阶段性成果，比如在课程设置、导师遴选、质量监督、奖助金制度等方面，都已取得丰硕的成果。当然，研究生培养机制改革是一项庞大的系统性工程，不是一朝一夕能够完成的。现阶段的改革还主要停留在研究生奖助办法、导师负责制、招生制度等浅层次改革上，而对研究生培养方案、师生关系的改善和健全机制、研究生学业和科研的考核与淘汰机制等诸多深层次问题还较少触及。因此，研究生培养质量的大幅度提高，还有赖于从解决更深层次问题入手，进行深入、系统化改革。当前研究生培养机制改革，可以考虑从以下几方面推进。

1. **实行研究生分类培养，因材施教**。各高校应在总结经验的基础上，根据不同类型、不同学科的要求，从招生录取方式、课程体系设置、师资优化配置等各个环节，切实做好研究生的分类培养。同时要根据不同类型研究生或不同学科研究生的特点，进一步优化课程设置，特别是针对课程内容、教学方法和评价手段，要大力进行系统改革，提高课程教学实效。

2. **加强研究生教育国际交流与合作，推进国际合作更加深入发展**。各高校要充分依靠国家留学基金委等，多渠道筹措资助研究生教育广泛开展国际交流活动的经费，鼓励研究生进行国际交流，拓宽学术视野，培养研究生国际学术交流能力不断提升，增强其迈向国际学术舞台的就职竞争力。

3. **构建全方位研究生教育质量评估体系，建立多元质量监控机制**。质量评估对研究生培养质量保障机制具有导向作用，高校应坚持目标管理与过程管理并重。高校要积极引入第三方机构评估或社会评价，增强外部监督的效力，建立多元化培养、教学质量监控体系；要不断完善学位论文质量评估指标体系和标准体系，激发研究生的学术创新潜能。

二、研究生培养结构

从当前的类型结构看，我国研究生主要分为学术学位和专业学位两大类型。学术型研究生以培养科研创新能力为主，以毕业后主要从事科学研究工作为目标。专业学位研究生以各类专业学位为主，结合社会需求，在掌握某一专业（或职业）领域坚实的理论和专业知识的基础上，注重实践能力培养，具有较强的解决实际问题的能力，毕业后主要成为有良好职业素养的高层次应用型专门人才。但从各高校具体实践来看，当前研究生培养目标过于宽泛，专业特征不明显，无论是学术学位教育还是专业学位教育，都偏重于学术性素养的教育，不过，即便是学术型研究生，学术技能训练也不足，而对于专业型研究生，其实践能力也不是很强，创新意识和创新能力有所欠缺。研究生培养模式比较单一，其课程与本科生课程教学内容大量重复，教学形式缺乏研究生自主思考，理论与实践的结合机会较少，论文评审和答辩要求不够严格，导致研究生教育质量不高，博士不"博"、拔尖人才不"尖"等。

我国培养的专业型研究生无论在数量上还是在专业领域上，都远远少于学术型研究生，但是，社会经济发展需要大批多样化应用型人才。显然，这与社会大规模需求应用型人才的要求不相适应，与社会需求相脱节，从这个方面来看，当前我国研究生培养的类型结构并不均衡。构建更合理的研究生教育体系，优化类型结构，大力发展专业学位研究生教育，将更有利于增强研究生教育服务国家和社会发展的能力，促进人才培养与经济社会发展实际需求的紧密联系。

三、研究生培养导师

导师制是研究生教育最基本的制度，导师直接负责研究生的学习及科研等活动，导师队伍水平是提升研究生教育质量的最重要保障，正所谓"名师出高徒"。但是，目前各高校研究生指导教师水平参差不齐，导师学术水平不高、治学态度不严谨、指导方式不科学、师风师德低下等问题还不同程度地在一些高校存在，直接影响了研究生教育质量的提升，因此，提升研究生导师队伍水平势在必行。加强导师队伍建设，需要从以下几个方面发力改革。

1. **改善导师的知识结构**。对于许多刚获得博士学位授予权的高校，应实施研究生导师学历工程，鼓励学历较低的研究生导师在职深造。研究生导师一般都应该是博士学位获得者，为仅有硕士学位的导师提供和创造攻读博士学位的条件，不仅有利于改善导师的学历结构，更为重要的是，导师在攻读高一级学位的过程中，可以追踪前沿研究，掌握本学科的最新动态，优化知识结构，提高自己的学术水平，从而带动学科的发展。

2. **增强导师的科研实力**。导师的科研实力是培养研究生的直接支撑，包括导师的创新能力、学术平台、科研仪器设施、科研经费等方面，各高校应建立一套规范、合理、开放的科研管理体系。除了很多资深的导师具有科研项目和科研经费外，对年轻的新聘导师也应划拨导师科研启动经费、科研预研费，建立校内科研基金，资助其开展科研、出版专著等，鼓励和扶持导师承担重大科研课题。

3. **提高导师的指导水平**。导师的教育方法和教育水平对于培养研究生具有非常重要的意义，因此，高等学校应通过多种形式提高导师的指导水平，比如，举办新上岗导师培训班；树立一些教育水平高的导师典型，供其他导师借鉴和学习；加强导师之间的经验交流，组织中青年导师向经验丰富的导师学习，发挥"传帮带"的优良传统。

4. **注重师德师风建设**。导师的师德师风对研究生的成长有着潜移默化的影响，高校要通过理论学习、形势报告会、专题教育、带职锻炼等多种途径，不断增强导师的政治意识、师德意识、人品意识和敬业意识。

四、研究生培养评价

自1980年《中华人民共和国学位条例》颁布以来，各种类型的研究生教育质量评价工作也相应开展起来，积累了丰富的实践经验。另外，国内外普通教育和高等教育领域评价理论的发展，也为学位与研究生教育质量评价提供了宝贵的理论借鉴，使我国的学位与研究生教育质量评价逐渐形成了自己的体系。然而，我国学位与研究生教育评价实践与理论探索依然薄弱，不能很好适应研究生教育发展的实际需要。世界上一些发达国家，如美国、英国、日本都非常重视评估在保障高等教育质量方面的突出作用（如表4-2所示），并具体支持和间接参与教育质量评估工作。可以说，在过去的几十年，我国研究生教育评价借鉴了这些国家的经验，但是，在研究生教育质量评估体系建设以社会评估为主体，高校自我管理和评估为基础，国家教育行政管理部门间接参与等方面，没有迈出实质性的步伐。目前的情况是，以政府管理部门评估为主体，高校自我管理和评估基础薄弱，社会评估较少。

表4-2 国外研究生教育评估体系

国家	体系构成	评估方式
英国	英国的高等教育质量保证体系包括学校内部质量保障和学校外部教育质量监控两个方面	评估标准由各高校自行制订，内部质量评估机构完善
美国	美国研究生教育质量评估体系以社会评估为主体，高校自我管理和评估为基础，联邦政府积极支持和间接参与	以评估为手段，将评估结果向社会公布，使学校受到社会监督，为关注评估结果的人提供信息，引导社会资金的流向
日本	各大学研究生学院建立自我考评制度体系	设立"大学自我评估委员会"，对已通过鉴定的会员学校定期再审，时间间隔为五年
荷兰	荷兰的高等教育为中央集权制管理模式体系	内部保障以自我调整为特征，自我调整的基础来自外部评估，自我调整的成效和对外部评估的符合程度又来自元评估的监督和指导（元评估：对研究生教育质量的评估机构、评估程序和结果进行再评估）

美国研究生教育评估体系明确,并向社会公布高校评估结果,让社会来监督学校,为公众提供更多的信息,引导社会资金的流向,使得研究生教育能够进一步发展。我国研究生教育质量评价借鉴国外经验,最重要的是需要引入第三方社会机构,建立更加科学公正专业的评价机构与队伍体系。此外,要树立正确的研究生教育质量评价理念,建立科学的评价指标体系,完善评价的程序与方法,加强评价队伍建设,重视研究生教育质量再评价制度建设,有效发挥评价功能,提高质量评价体系运行效率和效益。因此,借鉴研究生教育质量较高国家的成功经验,健全和完善研究生质量评价体系非常必要。

总而言之,研究生教育质量评价的目的是更好地优化研究生教育的内部要素,多元化评价不同学科研究生,保障研究生教育质量,这是研究生教育的评价之道。

第四节 素养提高

研究生素养是研究生教育内容的根本指向,是衡量研究生教育质量的最显著标志。研究生教育的核心就是提高研究生素养,这也是研究生的教育之道。

一、综合素养

当今世界,科学技术日新月异,社会发展日趋专业化、复杂化,人才需求越来越趋向综合化,研究生培养也要注重其综合素养的提升。所谓研究生的综合素养,是指其自身所具有的德智体美劳等方面的总体性能力,或更具体地讲,是指就业竞争力或创业竞争力+发展竞争力。综合素养培养,至少可从三个方面采取措施。

（一）大力提升就业竞争力

教育部公布2018年全国普通高校毕业生人数达到820万人，再创新高，其中硕士研究生54万余人，博士研究生6万余人，预计今后几年毕业生数量将逐年上升。从庞大的毕业生数量来看，研究生就业形势日趋严峻。为了应对就业形势严峻的挑战，很多研究者从毕业生的角度和用人单位的角度对研究生就业能力进行了研究，期望能够帮助研究生大力提升就业能力。肖云等概括了影响大学生就业的三种能力：一是基础实践能力，如人际交往能力、沟通协调能力、获取知识能力、表达能力、动手能力和组织管理能力；二是知识拓展能力，即知识的开拓与扩展能力，表现为知识的广博度；三是创新能力，也是大学生就业的核心能力。[①]王均平从用人单位的需求角度，分析了普通高校毕业生从业能力状况，指出整合知识的能力、转化知识能力和持续更新知识能力的培养能够使高校毕业生更好地满足用人单位的需求。[②]这些研究分别从不同角度分析了学生能力发展对其就业结果的影响。但总体来说，影响高校毕业生就业竞争力的因素主要分为内部因素和外部因素两个方面，内因主要包括思想道德素质、科学文化素质、学习和创新能力、身心素质及就业心态、人际交往及沟通能力、实际操作能力、团队合作能力等；外因包括社会需求、用人单位选人标准等。可见，就业竞争力不是简单的某一种能力，而是多种能力的综合，具有显著的综合性特征，促进研究生综合素质的提高是研究生教育的大趋势。

（二）积极培育创业竞争力

随着社会提供就业岗位压力的不断加大和我国创新驱动发展战略的深入实施，越来越多的研究生投身到创业活动中。研究生有着较为丰富

---

① 肖云，杜毅.大学生就业能力建设：政府责任的视角[J].当代青年研究，2008（4）：41.
② 王均平.基于用人单位需求的普通高校毕业生从业能力的选择与设计[J].高等教育研究，2013（5）：73.

的知识和更强的创造力,理应成为创业的主力军,但创业不是一件容易的事,不仅需要创业者拥有相关的知识和创新能力,还需要具备多种条件,付出很多代价,才能有成功的机会。

创业需具备的核心条件就是要具有创业竞争力。创业竞争力是创业者完成创业任务必须具备的能力,是创业者能否取得成功的关键因素。影响创业竞争力的因素主要有驱动力、参与时间长短、持续解决问题能力、目标导向、风险承担性、处理失败的能力、反馈的利用、资源的利用、自我竞争力、自我控制力等。研究生创新竞争力的培养,就需要从研究生应对这些影响因素的素养去实施。

(三)着力塑造发展潜力

随着知识社会的到来,社会发展越来越需要各种各样的知识,社会发展所需要的人才素养越来越具有复杂性和综合性,研究生单靠在学校掌握的基本知识和技能,已经无法满足社会发展需求,也无法适应千变万化的复杂竞争环境。只有大力培育研究生的潜能,才能更加有效地适应未来社会。研究生的发展潜能是研究生适应未来社会的能力,包括学习能力、运用知识能力、社会适应能力和自我保健能力等,如何培养学生的发展潜能以有效应对未来社会的发展变化越来越成为教育的重要目标。世界环境与发展委员会(WCED)在1987年4月向联合国提交的《我们共同的未来》报告中明确提出了"可持续发展"的概念,这标志着人类社会的发展将由重视现阶段发展转向重视未来的发展,个人的可持续发展也逐渐引起社会各界的重视。1994年,我国政府发布《中国21世纪议程:中国人口、环境与发展白皮书》,全面推进学生发展潜能的教育,已成为我国重要的教育理念。1996年联合国教科文组织国际教育发展委员会发布《学会生存:教育世界的今天和明天》,掀起了关于学生发展潜力教育的新思潮,培养学生发展潜能的理念逐渐深入到教育活动中。总之,未来社会是充满各种不确定性的,也是呈现多种复杂性的,更是具有创新性的，因此，面向未来的研究生发展潜能教育也必然是综合的、复杂的。只有如此，才能使培养出的研究生更加适应社会。

二、核心素养

研究生的核心素养是体现研究生特殊性的重要方面，是提升研究生培养质量的重要内容，因此，强化核心素养分析、着手核心素养教育将有助于提高教育教学质量与效率。研究生的核心素养主要包括创新、知识、能力和品德四个方面。

（一）创新

创新意味着进取和推陈出新，是对前人思想的超越和对现存旧事物的否定与突破，是一个人非常重要的素养之一。创新对研究生而言更是重要素养之一，因为研究的过程本身就是一个创新的过程，是研究生教育的灵魂。例如，在进行学位论文课题的研究时，学生需要去观察、调研、思考研究方案，在实践中发现问题，从而尽可能寻找解决问题的方法。研究问题和解决问题的路径分析就是一个不断创造、创新的过程。另外，研究生教育的目的就是培养高层次、高水平的创新型人才，研究生肩负着中华民族未来发展的重任，创新能力的培养和提高是我国综合国力进步以及国际地位提升的关键。研究生教育应从多方面着手加强创新教育，例如课程体系的设置、创新思维的培养、研究动机的端正、良好人格品质的建立、教育制度的完善、导师队伍水平的提高、科研经费的投入、学术氛围的创造、办学条件的改进等。

（二）知识

掌握专业知识是能力形成和发展的基础，也是提升研究生各种素养的基本手段，更是创新能力提高、综合素质提升、思维模式拓展的基础。没有扎实的专业知识，研究生将不能很好地实现专业可持续发展，也将无法形成从事科学研究的扎实基础。所以，知识教育是研究生教育的基本任务之一，也是教育活动中最为传统的教育内容。特别是进入知识经济时代，在现代社会越来越重视创新的情况下，研究生不仅应当拥有较为合理的知识结构，在理论基础、专业知识与研究前沿方面达到较高的水平，而且需要掌握各种综合知识，能够把知识融会贯通。

（三）能力

无论学习知识还是实践实训，都是以能力提升为根本目的，所以，能力培养是研究生教育的核心素养之一。这里所说的能力强调的是独立思考、融会贯通的能力。能力的培养与实践密切相关，实践不仅是培养科学精神、理论联系实际的渠道，也是培养学习兴趣、提升综合素质的重要手段，对于培养学生的创新能力有着不可替代的作用。高校要秉持"知行统一，实践出真知，实践孕育可贵的创造、创新精神"的育人思想，以"自我教育、自主创新、鼓励探索、宽容失败"为理念指导，切实从条件、内容、保障、评价四方面构建研究生能力培养体系。高校教育还需要通过实践教学方法，让学生在此过程中学到知识、验证理论，提高实践能力，加深巩固理论知识，深刻认识理论知识，掌握科学思维方式，在问题面前学会独立思考，提高分析问题解决问题的能力，增强实践能力。

（四）品德

要培养全面发展的学生，就要把思想品德放在首位，要让研究生树立正确的人生观、价值观、是非观，这样才能更好地学习知识并正确运用知识。所以，研究生教育中要把"教书"与"育人"有机统一起来。另外，研究生的学习活动是一个充满挑战，需要不断观察、总结、创造，不断实现自我突破的过程，只有加强研究生的道德教育，培养其毅力、胆识和奉献精神，才能使其克服科学研究中的各种困难，坚韧不拔地从事科学研究，不断攀登科学高峰，通过刻苦学习成长成才。

总之，在全面提升研究生教育质量的过程中，创新是核心，它不仅是研究生教育发展的核心要求，更是研究生教育发展的根本动力。知识是基础，只有在不断夯实专业知识的基础上，才能进一步在专业素养、能力甚至创新方面有所建树。能力是目标，研究生阶段的学习实践最终都体现在自身能力的提升上，无论是在创新思考还是知识应用方面，都是对研究生能力培养的反映。品德是前提，良好的品德是研究生教育的底线约束，对于提升研究生教育质量具有重要作用。在研究生教育改革和质量提升过程中，创新、知识、能力和品德这四大核心素养作为培养要求和评价重点，应贯穿始终。

第五节　质量提升

研究生教育达到一定规模之后，如何提升质量就成为我国研究生教育进一步发展的方向和战略重点。从教育环境、培养模式、质量管理等方面采取措施以提升研究生培养质量，是研究生教育质量的提升之道。

一、重视教育环境

教育的环境直接或间接地影响研究生教育活动。与研究生教育活动相协调的教育环境将更有利于研究生质量的提高，而不相协调的教育环境必然约束研究生质量提高，因此，重视研究生教育环境建设十分必要。研究生教育环境建设需要从宏观和微观两个方面加以营造。

（一）宏观环境

研究生教育的宏观环境是指研究生培养机构的外部环境，包括政治环境、制度环境、经济环境、区位环境、人文环境等方面。

1. **政治环境**。政治环境是高校教育发展的重要条件，没有稳定的政治环境，高校教育将会受到一定的影响。对我国而言，政府拥有研究生教育的宏观管理职责，负责制定相关政策与制度，同时肩负着吸纳社会需求的责任，满足社会的需求及人民大众的需要。此外，政府还管理高等学校的招生规模与招生录取方式，主导着培养研究生的管理工作，担负着监督、评估及引导受教育者的责任，从根本上保障着研究生教育的质量。所以，政府可以在明确研究生教育方面的权责基础上，从顶层、宏观层面，为研究生教育提供稳定的政治环境。

2. **制度环境**。良好的制度能够促进研究生教育资源的有效匹配，规范研究生教育活动，激发研究生教育各主体的积极性。在研究生教育制度建设中，主要是建立完善的内外部质量保障体系。

研究生教育外部质量保障体系建设，就是要通过政策调控、法律法规颁布等来实现对研究生教育的监管，保障教育质量。比如国务院学位委员会、教育部发布的《关于加强学位与研究生教育质量保证和监督体系建设的意见》明确指出，"加强质量保证和监督体系建设，在学位与研究生教育事业发展中具有重要作用"，"进一步完善与研究生教育强国建设相适应、符合国情和遵循研究生教育规律的质量保证和监督体系"。

研究生教育内部质量保障体系建设，就是在研究生教育机构内部通过制度建设，确立完善的监督评价体系。内部保障体系既是高校自身质量保障的必然要求，也是整个研究生教育质量保障体系的基础，主要从标准建立、制度完善、机构设立、组织保障和质量改进等方面来建立。内部保障体系贯穿于高校从研究生招生到学位授予的全过程，形成对研究生教育质量的基础和可持续改进的内部保障。

3. **经济环境**。良好的经济条件是高校人才稳定、大力发展的坚实基础，也是研究生教育实现规模化发展和质量提升的重要物质基础，更是研究生实现充分就业的重要保障。我国公办高校研究生的培养经费主要靠政府财政拨款。例如，2017年，我国教育经费总投入为42 562.01亿元，比上年增长9.45%，其中，全国普通高等教育生均一般公共预算教育事业费支出20 298.63元，比上年增长8.27%，全国普通高等学校生均一般公共预算公用经费支出8506.02元，比上年增长5.44 %[①]。在2018年教育部直属高校经费预算报告单中，有六所大学的经费预算超过了120亿元。这里节选十所高校2018年教育经费情况（见图4-6），通过对比可以看出，教育经费最多的几所高校，都是顶尖大学，高校综合实力的排位与经费多少的排位基本对应，不言而喻，高校教育经费的多寡对于高校办学水平提升有重要的影响。

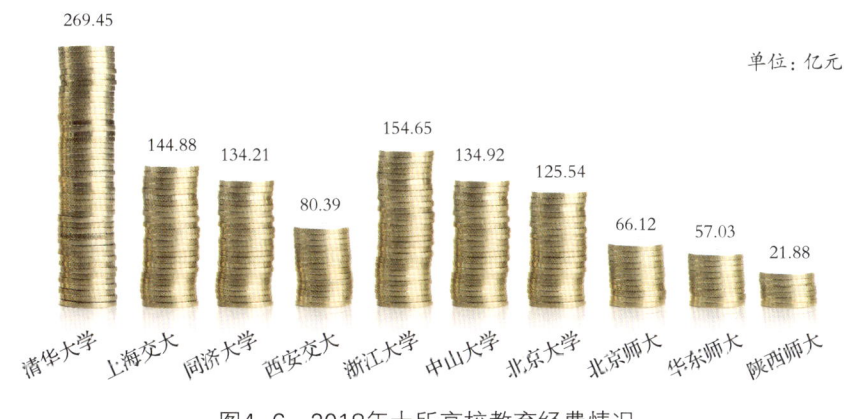

图4-6　2018年十所高校教育经费情况

4. 区位环境。区位条件为高校的发展提供了特定的自然环境及相应的资源支持，直接影响高校的科学研究对象及对外交流往来。所以，高校水平与其所处的自然环境条件、地理位置等区位条件密切相关。例如，我国高校分布中，东部高校分布密度大，西部明显稀疏，东部高校的整体水平远远高于西部，这不仅仅与高校所处的当地经济发展等条件相关，更是受其所处的地理位置、自然条件影响。例如，兰州大学由于地处西北，办学经费相对较少，区位劣势相对明显，

---

① 数据来源：教育部、国家统计局、财政部《关于2017年全国教育经费执行情况统计公告》。

一方面,大量高层次人才"孔雀东南飞",留住人才比较困难,另一方面,对优秀高中生的吸引力相对不够,致使生源质量下降,也导致研究生生源质量下降。又如,西北农林科技大学因地处陕西省西部小镇杨凌,距离省会城市西安有一定距离,在人才引进以及留住人才方面就要比位于西安市的高校较难,与东部高校相比,就要付出更大努力。所以,各级政府重视高校的区位条件建设,对于一个高校的发展意义重大。

5. **人文环境**。人文环境也是影响研究生教育的重要条件,因为大学的研究生教育本身就是有关文化知识的教育,优良的、浓厚的人文环境将为研究生教育提供更多的文化知识养分,进一步熏陶研究生情操,直接影响研究生教育质量。在这方面,国内大学受所在城市文化环境影响的情况,大家可能比较熟悉,这里列举几个国外大学加以说明。例如英国牛津大学,城市与大学融为一体,街道就从校园穿过,30多个历史悠久的学院散布于城市的各个角落。学校规定本科生必须住在牛津市中心5—6公里的范围内,研究生要住在距市中心25公里的范围内,以便感受牛津大学的文化氛围。英国有一句民谚:"穿过牛津城,犹如进入历史。"公元12世纪,牛津大学已经在牛津城初具规模,而牛津城也因牛津大学成为英国最具学术气质的城市。作为孕育出英国最古老学术圣殿的城市,加之高科技企业遍布,牛津城的学术氛围严肃而浓厚,咖啡馆、俱乐部以及酒吧里随处可见高谈阔论、交流辩论的师生,多元融合的文化背景促进了学术的交流。美国科罗拉多大学博尔德分校(Univercity of Colorado Boulder)的发展就与科罗拉多州博尔德(Boulder)市的人文环境密切相关,博尔德市是一个仅有9.8万人的小镇,但国家大气研究中心等重要的科学研究中心坐落于此,Google、Oracle、IBM等企业在该市都建有分公司。在这样一个高学历高素质人才聚集的小城,良好的科研和投资氛围使人们对于高等教育的发展从思想上就非常重视,25岁以上人员中有75%的人具有硕士学习经历。良好的人文氛围有助于更好地培养高层次人才。目前，科罗拉多大学博尔德分校拥有六位诺贝尔奖获得者，为美国在物理、化学、环境工程等领域培养了大批高层次优秀人才。

（二）微观环境

研究生教育的微观环境是指研究生培养机构中与具体教育教学活动发生具体联系的环境，如校园文化、教师、学生、行业协会、社会机构及新闻媒体等。

1. 校园文化。校园环境是否具有创造性，会直接影响到学生的创新意识、创新欲望和创新热情，甚至影响到创新能力的提高。[①]高校是人才培养的主要机构，高校要积极地营造良好氛围，为师生搭建发展和创造的平台，围绕校园文化形成高校文化的物质层、制度层和精神层体系建设，用来激励、约束和规范师生的行为，从文化软实力等方面助力研究生培养。良好校园氛围的营造可以从以下几方面着手：一是围绕基础设施如实验室、研究室、办公场所等形成有助于科研、教学的物质文化元素；二是通过一系列制度的建立，如导师负责制、研究生培养创新工程、基地建设、研究平台以及各种研讨会等，制订相应的行为规范准则，形成高校研究生教育的制度文化体系；三是营造正能量的高校文化，提倡学术自由、学术争鸣、师生共研的大学学风，树立高校严谨的治学精神、民主的学术氛围、和谐的育人环境、强烈的文化自信，培养研究生的创新精神和创新能力。[②]

2. 教师修身养得。教师（这里所说的教师主要是指直接参与研究生教育的任课教师和导师）是教育教学活动的主体，更是研究生教育的主要参与者和实施者，直接影响研究生教育质量。古人讲"修身、齐家、

---

① 孙卉. 对研究生创新教育培养模式的思考[J]. 文教资料，2005（33）：22.
② 程序. 我国高校创新人才培育新机制下研究生培养模式探究[J]. 湖北社会科学，2017（12）：167.

治国、平天下",修身是排在第一位的,作为教师更要以修身为首要任务,涵养个人师德。研究生任课教师通过课堂教学有责任保证研究生教育的质量,在传播知识的同时,要积极承担研究生教育的重要任务,积极行使教育教学权力,充分发挥自身专业优势及专业技能,促进研究生教育质量提升。目前,我国研究生教育基本实行导师负责制,导师就像班主任老师那样引导和督促研究生的学习和生活。对于研究生导师,更需要强化研究生教育质量的首要职责,让导师积极并乐于培养研究生。这就要求高校一方面要肩负起研究生导师队伍建设的责任,要通过理论学习、形势报告会、专题教育、带职锻炼等途径,不断增强导师的政治意识、师德意识、人品意识和敬业意识,另一方面要出台一系列改善高校教师尤其是导师生活条件的政策措施,在物质上给予保障,吸引优秀人才献身研究生教育事业。

3. **研究生专心致志**。在研究生教育活动中,研究生既是教育的对象,也是教育的主体。研究生在教育活动中,应遵守相关规章制度,刻苦学习、积极钻研,不断提高自己的学术水平,这是提高研究生教育质量的重要保障。一些学生受到社会不良风气的影响,学习动力下降,重视学历证书、轻视能力培养成为普遍现象,偏离了人才培养的基本任务,影响了教育质量。因此,强化学生价值观教育,强化积极学习的动机,是研究生教育的另一重要任务。

4. **评价与认证**。研究生教育还受到行业协会、社会机构和新闻媒体的影响。目前,由于社会对人才的需求越来越严格,为了增强研究生培养目标的适应性,行业协会和用人部门也应该参与研究生培养标准的制订、人才培养模式改革、课程教学活动、实践训练和专业认证以及人才和专业需求的分析。[①]同时,一些社会机构应通过独立、科学、公正的

---

① 王战军.构建研究生教育质量保障体系:理念、框架、内容[J].研究生教育研究,2015(1):4.

评价，参与研究生教育质量的评价监督活动，定期发布研究生教育评价信息，确保研究生教育质量。

此外，新闻媒体以挖掘社会问题为己任，它们也应发挥舆论监督作用，通过建立研究生教育质量社会评价机制，保证和提高研究生教育质量。例如，《国家中长期教育改革和发展规划纲要（2010—2020年）》指出，鼓励专门机构和社会中介机构对高等学校、专业、课程等水平和质量进行评估。对研究生质量评估应建立外部和内部两类专门评估机构，其中，外部专门评估机构主要有教育部学位与研究生教育发展中心、部分省级教育评估院及社会评估机构等；内部专门评估机构建设，如同济大学建立的专门开展研究生教育质量常态监测机构，定期发布研究生教育质量年度报告。总之，要充分发挥和重视行业协会、社会机构及新闻媒体对研究生教育的监督评价作用，为研究生教育提供科学的咨询、监督和评价功能。

二、改革培养模式

研究生教育主要采取理论学习与科学研究相结合的形式，即低年级研究生首先以课堂授课形式学习一些学位课程和选修课程，掌握基础理论和系统的专业知识，然后在导师的指导下从事一定的科学研究活动，并完成学位论文（当然，许多研究生在课程学习阶段也开始参与科学研究）。这种教育模式对我国研究生教育产生了积极的作用，但是也面临一些问题，例如，导师责任发挥不够，根据学科分类培养不够，质量意识不强，不能很好地适应当前社会和国家需求，等等，需要加以改进和创新。

（一）完善导师负责制

研究生导师的职责包括结合研究生的培养目标和完成学业所需的知识，为研究生制订培养方案，安排一定学分数量的课程，给予学生专业的教育指导，教育研究生积极开展学术研究和论文撰写，等等。因此，加强研究生导师队伍建设，更有效地发挥导师在研究生教育中的核心作用，这是研究生教育改革发展的重要趋向。例如，2018年教育部出台《关于全面落实研究生导师立德树人职责的意见》，强调造就一支有理想信念、道德情操、扎实学识、仁爱之心的研究生导师队伍，全面落实研究生导师立德树人职责。各省区市教育行政管理部门也非常重视高校导师队伍建设，例如，江苏省在提升导师水平方面，由省学位委员会、省教育厅联合出台《江苏省研究生导师职业道德规范"十不准"（试行）》和《关于加强研究生导师队伍建设的意见》，从正面引导和负面清单两个角度对研究生导师进行规范管理，确保导师切实高效指导研究生；黑龙江省也出台了由中共黑龙江省委组织部、省学位委员会、省教育厅联合颁布的《关于进一步加强学科队伍和研究生导师队伍建设的意见》，以提升研究生导师水平。总体来说，强化研究生导师队伍建设，就是要改革导师岗位评定制度，完善研究生与导师互选机制，破除导师

图4-7　中国农业科学院博士生导师王文生指导博士生学习

终身制，将研究生导师评定与招生培养紧密衔接，强化导师立德树人责任，发挥好导师育人的作用。

（二）强化质量建设

研究生培养单位主要是高校、研究院所和大型企业等。对高校来讲，强化培养单位质量保障主体的作用，建立以提高质量为导向的管理制度和工作机制，把教育资源配置和学校工作重点集中到提高培养质量上来，是强化质量建设的重要方式。高校需要建立自身的质量监控体系，尤其是加强人才培养过程的质量监控，建立起相应的配套制度，既要有对质量优秀的学位点和导师的资源分配奖励政策，又要有对质量较差的学位点和导师的资源分配惩罚措施，在制度上体现出奖优惩劣的明显差别。国家还需要完善高校外部保障体系，加大论文抽检力度，将反复出现问题论文的学位点、导师纳入质量跟踪范围。高校强化质量建设的具体措施包括：第一，改革研究生导师管理办法，加强导师队伍建设。学校制订硕士生导师和博士生导师资格的基本条件，按照导师学术水平、指导能力、科研任务和研究经费等因素决定导师的岗位和责任。如浙江大学创办"求是导师学校"，邀请国内外专家进行专题指导，加强研究生导师培训交流、观摩互动，提升导师培养质量。第二，改革研究生招生和管理办法，增加导师在招收和管理研究生方面的自主权。第三，成立研究生教育质量专家组，加强研究生培养过程监督。学校应成立研究生教育质量检查与评估专家组，负责对全校研究生教学质量（包括课程、考试、实验、讲座开设情况等）、学位论文完成环节（包括开题报告、中期考核、预答辩、答辩等）和学位论文质量进行检查与评估，从而使研究生教学、培养全过程更加严谨，促进研究生培养质量不断提升。第四，建立多元化的质量评价指标，定性和定量指标相结合，避免研究生简单追求发表论文。激励研究生以研究科学基本问题和科学前沿课题为导向，不以发表论文为唯一学位授予标准，强化研究生学术论文的质量，淡化数量。这些举措有利于引导研究生尤其是博士研究生聚焦研究科学基本问题和解决实际问题，有利于引导博士生既要发表高水平学术论文，迈向国际学术交流前沿，也可以开展技术创新，解决社会的现实问题，把"论文"写在祖国的大地上。

（三）实行分类培养

随着经济发展，研究生学科类别在不断扩充，新兴学科也在不断出现与发展。目前，我国研究生学科专业目录分13大学科门类，主要包括哲学、经济学、法学、教育学、文学、历史学、理学、工学、农学、医学、军事学、管理学、艺术学。显然，这13个学科门类有自身的学科特点，实行研究生分类培养，有助于针对各个学科自身的特点进行人才培养，有助于社会和国家教育发展的现实需要。在研究生分类培养中，要根据理、工、经、管、文、法、哲、艺等不同学科门类人才培养的特点，实施分类指导，优化对应的课程体系，创新培养模式，分类建立质量标准，深入推进研究生培养机制改革。

例如，中国科技大学在研究生分类培养中，采取"两段式"培养模式。"两段式"中的第一段，研究生入学后，先集中在科大校本部进行为期一年的基础课程和学位课程的学习，学生可以自主选择喜欢的课程；第二段，研究生分散进入研究所进行科研训练。据统计，每年送到中国科学院所属研究所进行科研训练的研究生达500余人，同时接纳研究所来校学习课程的研究生达1000余人。中国科技大学的"两段式"研究生培养模式充分尊重学生的特点，结合了理工科学科门类特点，实现了研究生教育的多样化发展。中山大学研究生分类培养模式改革的做法是，在研究生教育中为学生个性发展而积极探索交叉学科建设，鼓励交叉学科研究生跨学科选择学位论文方向和研究课题，甚至与其他学科的研究生共同开展课题研究，对交叉学科研究生实行针对性的个性化训练，保证研究生有足够的自由空间学习其他学科知识和开展科学研究。中山大学还提供宽松的培养环境、灵活的修课机制，允许交叉学科研究生根据研究的需要和职业发展的需要，在全校范围内自由选修课程，甚至到境外、国外修读课程。哈尔滨工业大学在全国高校中也率先进行硕士研究生培养分类改革。根据硕士研究生培养目标，分别制订学术研究型及应用研究型和全日制工程硕士培养方案，将硕士生课程与本科生课程设置作为整体统一考虑，注意硕士生课程内容与本科生课程的合理衔接。大力推动课程体系改革，强调课程体系要更能突出两种类型的培养特点，学术研究型研究生要更加突出理论研究能力，应用研究型研究生要进一步突出工程实践能力。

总之，一些高校在研究生分类培养方面积极探索，已取得了显著成效，这是今后研究生教育改革探索的重要方向。

（四）改进培养方案

培养方案是研究生培养工作的行为指南，直接指引研究生教育活动，是研究生教育模式最为明显的体现。科学制订研究生培养方案是重要内容，主要包括三个方面。

1 制订科学适宜的培养目标。研究生来源多样化、培养类型多样化，要求研究生的培养目标也要多样化，要尊重个人选择和适合学生身心发展规律，要针对不同的学生需求制订相应的培养目标，为每个研究生提供专业化、个性化教学管理。比如一些研究生攻读学位是为了获得更高学位，希望毕业后能够留在学校从事教学和科研工作，所以学术与科研水平的提高是他们不可或缺的一项要求。也有一些研究生攻读研究生是为了获取更多知识，提高实践能力，以更好地适应社会的需求，因此，实践技能及操作技能的获得对他们来说就十分重要。现阶段高校研究生培养目标存在不科学、不适应的现象，造成研究生培养模式和目标与研究生个体需求及社会用人单位需求的脱节。

2. 注重培养方式的科学性。研究生培养方式的科学性发展是提升研究生培养质量与效率的关键，主要体现在学制长短、课程难度层次和课程内容道德侧重点等方面。就培养年限而言，从研究生教育的最新发展趋势来看，硕士研究生培养年限趋于缩短，博士研究生培养年限趋于延长，研究生培养要适应这种变化趋势。高校要根据各学科门类的特点，确定科学的培养年限。课程教学的科学性，要避免研究生公共课教学"本科化"，要避免专业学位研究生选修课范围较窄、实践性不足的缺点，应多开设一些理论与实践相结合的课程，提高学生对理论的理解与运用能力。还要避免学术学位与专业学位课程设置侧重点不明晰，本硕博各个阶段培养"风格雷同"，难以适应研究生创新人才培养多样化的需求等问题。

3. 注重培养模式的适时改革与顶层设计。不断强化培养模式改革，是研究生教育不断适应时代发展需求的内在需要，也是研究生教育持续发展的重要内容。一方面，各高校应结合自身的发展理念和教育思想以及人才培养目标，对各学科（专业）进行深入分析，设计出一套科学合理的人才培养模式改革方案，使其在整体结构上主动适应国家的经济体制、科学技术体制或者教育思想观念与教育体制的重大变革。另一方面，各高校还应充分考虑社会对不同类型人才的需求和要求，调整研究生培养模式方案，增强研究生的适应能力，努力提高人才质量，以便研究生毕业后能更好地满足社会发展需求和国家重大发展战略对人才支撑的需要。

（五）强化能力培养

能力培养是研究生教育的根本目的，研究生的能力包括很多方面，笔者认为，研究生教育要使研究生在受教育过程中形成独立的研究能力、思考能力以及实践能力，这些能力的基本体现就是创新能力。在研究生能力培养中，要坚持"顶天立地"的思路，即学术型研究生在知识与科研的前沿性、交叉性上要达到"顶天"的标准和高度，在科学研究上做到高水平和创造性工作。对专业学位研究生，应重点突出对科研能力和实践能力的要求，建立校外实习基地，讲求学以致用，实现"立地"标准，在实践中解决具体问题。

浙江大学作为首批进行培养机制改革的院校，以"强基础、高视野、深探索"为目标，坚持研究生培养的科学研究导向原则，实施"导师团队、学科交叉、应用创业"多样化的研究生培养模式，注重研究生能力培养，着力提升创新能力。在专业型研究生培养中，探索"定制式"模式，以实践创新能力培养为重点，以产学研结合为途径，加大教学改革力度，探索适合不同类型的专业学位研究生的培养途径。

（六）改革课程教学方式

课程教学是研究生教育的基本环节，是研究生掌握系统专业知识和科学研究方法的基本路径，因此，改革课程体系及教学方式是完善研究生培养的重要任务之一。在课程改革中，要体现分类培养的理念，针对学术型研究生，应优化研究生学位课程设置，开设一些先进理论、涵盖专业知识全面和跨学科的课程，以扩大学生的知识面并要求学生掌握一些跨学科知识。针对专业学位研究生，要加强实践课程建设，加大实践教学环节和学分设置，充分利用模拟训练、实地调研等教学方法，增强应用知识和解决实际问题的能力，进行有针对性的培训。例如，天津大学积极推进研究生交叉培养，先后搭建13个学科交叉平台，推动10个一流学科领域建设，持续向优质学科群和科研平台投放研究生资源。学校强化产教协同，按照"对接需求、导师结对、联合培养、提高质量"原则，开发设计实践课程内容和实训环节，以"项目制"形式与企业联合培养工程博士，目前已搭建9个面向新工程专业学位的校内工程实训平台，着力推动研究生工程实践能力提升。另一方面，特别要对专业型研究生培养模式进行改革，以团队研究项目为载体，根据年级将学生分类，对不同年级的学生设计不同的实践环节，一年级以校内实践为主，二年级以校外实践为主，分层次跨越式提高实践能力。在课程教学改革中，学术型研究生和专业学位研究生的高年级专业选修课应分开设置，分别编班。

（七）注重国际教育与合作

改革开放以来，在经济全球化、人才市场竞争国际化、生源竞争日益激烈的大背景下，我国高等教育发展的基本策略是不断扩大教育开放，充分利用世界优质教育资源，建设世界知名高水平大学，培养一大批具有国际竞争力的拔尖创新人才。对于各高校来说，一方面，加强多渠道国际交流与合作，积极开展学生互换、学分互认和学位互授联授的双向交流与合作，互相派遣学生到对方高校开展学习和研究工作。例如联合培养博士生、硕士研究生为期一学期或一学年的海外交换项目、国家公派留学项目、短期访学、赴境外合作研究等。另一方面，扩展研究生教学方式，聘请外籍教师，采用英文原版教材，部分优势学科开设研究生全英文授课。近几十年来，各高校都在积极探索国内外共同培养高素质创新人才的有效途径，我国高等教育水平提升显著。

三、加强质量管理

改革开放以来，随着我国高等教育事业的蓬勃发展，研究生高层次教育发展的最大成效是教育规模空前扩大。据统计，2019年，我国研究生在校人数已达273.13万人，研究生授予单位有700余家，研究生教育规模已经处于世界第一位。当然，规模扩大给研究生培养单位带来了新问题，也面临新的挑战。未来几十年，研究生培养不可能再走注重规模扩张的道路，提升培养质量是国家、社会以及学校共同的诉求。加强研究生教育质量管理，确保研究生质量持续提高，是当前和今后一个时期的主要任务。

（一）实施研究生教育的全过程管理

研究生教育的全过程管理，就是在准入、过程及结果方面实施全面管理。

1. *严格准入机制*。准入机制是进行全过程管理的首要措施，严格准入机制是研究生教育质量提升的首要基础。我国研究生教育准入机制的核心是招生录取制度，全日制硕士研究生招生主要有全国统一考试录取和免试推荐两种方式，各高校在研究生录取方面都已形成严格的准入机制，从生源质量上保证研究生培养质量。目前，在研究生准入机制中，国家已经形成了比较完善和成熟的考试初选机制。但是，在高校面试方面还需要加强改革，一方面是因为面试是高校自身选拔学生的过程，面试直接关系到高校能否选拔出符合自身教育特点的学生，另一方面是因为少数高校的面试还存在形式化、作用发挥不突出等问题。就硕士研究生面试而言，不应简单地提问专业基础知识的问题，而应注重考查学生的创新意识、逻辑思维能力、独立科研潜力、学术兴趣、学术视野及专业知识等。例如，南京财经大学的一份调查显示，面试时主要从专业素养和专业技能、科研潜力和创新能力、外语运用能力、逻辑思维和沟通能力四个维度进行考核。许多高校面试内容也包括上述这四个方面，甚至更多。就博士研究生而言，面试需要考查学生的学术潜能和学术素养。许多高校在面试过程中都要求考生用英文进行自我介绍，接着针对本学科内的某一主题做一个学术性的报告，最后面试小组围绕考生提交的材料、所做的学术报告等内容进行提问，了解考生的学科知识基础、外语能力以及创新能力等读博必备的学术素养，以评估考生的科研潜力。总之，面试是复试的主要方式，通过与学生面对面的沟通，了解书面材料难以反映出来的各种信息，侧重考查考生的知识全面性、能力及发展素养等。

2. **强化过程监管**。过程监管是规范研究生教育活动的质量管理工作，通过要求研究生培养活动按照某一标准和规章制度进行，以确保研究生教育达到标准规定的质量要求，这是大学彰显研究生教育质量最为显著的工作原则。加强研究生培养过程监管，也成为大学最为普遍的质量管理的做法，高校必须通过强化培养过程监管，通过创新过程管理方式，以培养多样化的高层次、高素质人才。强化过程监管，就是要在教育教学方式、学生学习方式、导师指导、科学研究、学位论文撰写等环节加强规范建设，采取措施督促教师和学生按照一定的标准和要求从事教学与学习活动。

3. **完善评价机制**。研究生教育质量评价主要包括课程教学质量评价、学位论文质量评价和研究生能力评价等几个方面。评价不但能判断研究生培养水平的高低，而且能够让教育者发现研究生培养的薄弱环节，为持续改进培养过程提供依据，因此，科学合理的评价机制将有效促进研究生教育质量的提升。对不同类型研究生的培养水平，需要有不同的评价标准。对学术型研究生，要加强对其理论知识、专业视野、科研能力、科研精神、科研创新精神等方面的考查，强化课堂知识学习、跟随导师科研方面的评价。对专业型研究生，应在中期考核中考查研究生的课程学习及其掌握专业知识的程度和对知识的运用能力，特别是论文答辩，应组织有高级技术职称的专家进行评阅，以考查学生解决实际问题的能力。当然，这些评价都离不开高校培养研究生的校园环境、教学设施、实验仪器、图书资料、经费保障等条件的支持，应该强化对研究生培养条件的评价。

4. **健全退出机制**。退出机制是对不合格研究生进行清退的一种机制，这种机制在全世界各大学普遍适用，即通过资格评价进行退学处理或淘汰分流。退出机制能够激发研究生学习和科研的积极性、主动性，也倒逼高校研究生教育管理不断提升和改革。目前各高校在建立研究生退出机制方面都存在不足之处，很多高校有退出机制，但执行不够严格，有的淘汰率太低，有的形同虚设，所谓的"宽进严出"流于形式。研究生培养是高层次人才的培养，是建设国家高素质人才体系的重要方式，一定要遵循"高质量、高水平"的培养原则，保证研究生培养质量，不能"滥竽充数"。建立健全退出机制是保证质量十分有效的措施之一，各高校既要建立完善科学合理的研究生退出机制，又要严格执行；对于水平难以达到或者自身认为不适合再继续深造学习的研究生，以规劝或其他方式予以清退或分流，这样才能保证研究生培养的整体质量。

（二）加强研究生教育的条件建设

培养条件是研究生教育的基础和重要保障，优秀的人才培养离不开优良的培养条件。加强条件建设，就是通过加大财政投入、科研经费、社会捐助等各种资源，保障研究生教学、科研和资助的相关资金来源，为研究生教育提供良好的培养条件，具体包括以下内容。

1. 改革筹资融资渠道，强化多元筹资，不断改善学校的硬件条件建设。学校硬件条件，具体有校舍、教学设施、设备、教学楼等一系列看得见、摸得着的有形物质，还包括学校科研楼、实验楼、学生宿舍、教师办公场所以及教职工住宿设施等一系列看得见、摸得着的有形物质条件。一流的实验室、实验设备以及供师生开展研讨活动的各种场所，对于研究生和教师发展来说，无疑具有重要的帮助作用。良好的硬件条件不仅有助于更好地开展教学、科研活动，而且有助于吸引优秀生源和教师，为学校培养研究生持续良性发展奠定基础。特别是在当前大力推动创新发展的社会背景下，科研向着更加高精尖的方向发展，更需要高精尖的科研仪器设备作为研究支撑，研究生科学研究对硬件条件的需求更加强烈。

2. 提升治学水平，强化内涵发展，逐步完善学校的软件环境。学校的软件条件是指与硬件相对应的文化氛围、师生行为举止等，不仅包括师资的素质、教育系统、校风学风、管理过程中的资料建设等一系列管理内在要素，而且还包括高校的奖惩政策、职级晋升等管理制度，学校的校园文化，等等。一个学校的软环境是增强学校核心竞争力的重要因素。比如，一个学校师资的素养直接影响着这个学校的学科发展和社会影响力，有了优秀的师资队伍，就可以极大地促进学生树立做出一流科研成果的信心，继而就能吸引优秀的研究生生源，培养出一流的学生，最终形成良性发展环境。可见，软件条件的建设与硬件条件的建设同等重要，不容忽视。

总之，加强软硬件环境建设，对高校人才培养、科学研究等，具有非常重要的作用。所以，科学合理地做好研究生教育的条件规划和建设，改善软硬件环境，也是高校研究生教育工作的重要内容。

第六节　他山之石

追溯研究生教育的起源，创立于1809年的柏林大学被认为是最早开展研究生教育的机构，而美国的约翰斯·霍普金斯大学所实施的研究生教育被认为是现代研究生教育的开端。西方国家的研究生教育远远早于我国，其发展水平与质量较高，借鉴西方国家研究生教育的经验，对全面提升我国研究生教育质量与发展水平有重要意义。需要强调的是，研究生教育在不同国家具有不同体系，而这种体系都与本国的社会经济文化发展形态密切相关。如何借鉴世界先进国家的研究生教育经验，使之与我国社会经济文化形态密切结合，是我国研究生教育借鉴外国经验的发展之道。

一、德国：实施导师负责制

德国高校比较坚持独立自由的科学研究思想，提出了"科研是高校重要使命"这一开创性命题。德国是世界上最早开设博士学位教育的国家。

德国的高等教育机构包括综合性大学、高等专业学院、高等师范学院、艺术学院等，研究生培养工作主要由综合性大学承担。德国的研究生教育模式主要是导师负责制下的学徒式培养模式，其特点是导师对研究生进行个别指导和培养。受19世纪"纯科学"与"纯学术研究"观念影响，德国学徒式培养模式强调科学研究在培养过程中的首要地位，其目标是培养"科学研究接班人"。为了适应第二次工业革命后社会发展的需要，德国又将培养工程技术研究人员或专门人员列为研究生教育目标。德国学徒式培养模式注重学生和导师的合作，在与导师交流以及导师的指导下，学生可以更好地把握研究方向和研究方法。学生进入科学研究阶段，导师往往鼓励学生独立开展研究工作，这样也有助于学生有创造性地自主学习。在管理方面，学校没有专门的研究生管理机构，有些学校设立的研究生院并不是对研究生进行管理的机构，而是一个包括不同专业、不同系别、有明确的研究方向的实体机构，真正对研究生进行管理的主要责任人是导师。

德国导师负责制的表现形态为"双元制"，堪称现代学徒制乃至职业教育的典范。这一模式具有这样几个特点：首先，非常重视学术研究，"双元制"在发扬学徒制模式重视学术研究特点的同时，越来越强调理论与实践的结合，注重解决实际问题，研究课题除了纯理论的基础研究外，也选择应用科学技术的研究课题，其中大部分研究可获得工业界的资助并签有合同。其次，传统学徒单一导师的做法亦出现了变革，由企业界既有实际工程经验和管理经验，又有很高学术造诣的人员担任博士生指导教师，企业科研人员和大学教师联合指导研究生，形成了导师"双元制"。最后，德国素有在研究所培养研究生的传统，同样也有企业在高校设立研究机构，利用高校科研力量特别是借用培养研究生的机制进行科研攻关，联合培养；大力倡导和实行企业聘请大学教授、学校聘请企业工程专家的合作培养研究生制度。

尽管德国导师负责制培养模式为德国高层次人才需求做出了巨大贡献，具有培养要求严格、质量较高的优点，但也存在研究生教育规模不大、研究生知识面难以拓展及创造精神不强、研究生难以适应知识经济和信息时代开放要求等不足。

二、美国：注重协作式培养

美国是现代社会经济文化高度发达的国家，也是研究生教育十分发达的国家之一。"美国所谓的研究生教育（Graduate Education）与我国的研究生教育内涵不尽相同。在美国，这一概念一般仅指学术型人才的培养，而研究生教育和职业教育（Graduate and Professional Education）即本科后的教育，才相当于我国统称的研究生教育。"[①]19世纪中后期，美国把学院制和德国的研究所模式相结合，建立了研究生教育机制，形成了专业型研究生培养模式。20世纪80年代以来，美国研究生教育发展迅猛，每年授予30多万个硕士学位，3万多个博士学位。80年代末以来美国研究生教育有了新的发展，主要体现在"教育—科技—生产"相结合的进程加快，大学—工业联合体、科学园、工业园、工程研究中心等大量出现，政府大力推动这种结合，使教育—科技—生产相结合演变为政府—工业界—大学的新联合。90年代后期开始出现"虚拟研究生院"，比如在1997年，弗吉尼亚理工学院（Virginia Polytechnic Institute）

---

① 王孙禺，石菲，刘帆. 美国研究生教育的学位类型特征及其形成：以哥伦比亚大学为例[J]. 中国大学教学，2016(10)：88.

要求学生提供电子版论文；马里兰大学（University of Maryland）管理和技术研究生院有70名学生通过互联网攻读硕士学位；杜克大学（Duke University）商学院攻读虚拟研究生学位课程的首批学生也已毕业。2000年8月，美国卡内基促进教学基金会出台新的高等学校分类法，特别强调教学，把授予学位的种类与数量的多少作为划分学校类型的主要依据，这种新的分类法有力地促进了研究生教育。

在美国研究生教育类型中，根据学生是否打算继续攻读博士学位，大学又为学生设计了不同的硕士学位项目，本科毕业可以直通博士学位，不直通博士学位的硕士学位项目被称为终端硕士学位项目。绝大多数硕士学位项目都属于终端硕士学位项目。

按照学位类型来看，美国研究生类型丰富，每种类型都具有鲜明的培养特色，主要包括：（1）职业硕士学位（Professional Master's）。职业硕士学位的最终目的是让学生能够胜任一个具体的职业，而不是继续攻读博士学位。大多数职业硕士学位都是终端硕士学位，一般都有具体的、不同的名称，比如教育硕士（MEd）、工商管理硕士（MBA）、艺术硕士（MFA）、社会工作硕士（MSW）。职业硕士学位更注重知识的实际应用，而不是学术研究。职业硕士学位项目相比于学术学位项目有更强的结构性，每个学生的学习项目都是相似或相同的，不同学校和不同学习领域都有不同的学习时间，时间1—3年不等。（2）学术型硕士学位（Academic Master's）。人文社科和艺术领域通常授予科学硕士和文学硕士学位，工农学科授予的也是科学硕士学位。这些科目一般更注重创造性的研究和实践调查。学生可以通过两种方法取得硕士学位，一种需要提供论文，另一种不需要提供论文，但是要修更多的课程，即课程硕士（Master of Courses）。前者一般要接受一个综合性口头答辩，包括课程和论文，后者则在修完课程后参加一个书面考试。（3）博士学位。博士学位有传统研究型、应用研究型、一级职业学位等类型。其中，传统研究型博士以研究高深学术为主要目标，适用于绝大部分学科；应用研究型博士主要分布在应用领域，包括教育学博士、法学博士、公共卫生博士、工程博士等近50种类型；一级职业学位也称职业博士，其培养目标是修完课程后的职业实践，反映的是高层次的职业水准，和研究型博士是平行的。此外，美国的非全日制研究生发展迅速，国家教育体制鼓励成年人继续接受教育，不区别对待在职修读学位与全日制学生，美国超过50%的在校研究生都是在职人员。

随着教育体系的日趋完善，美国研究生教育逐渐发展成为协作式研究生培养模式。针对学术型研究生，美国研究生培养模式十分重视学生的课程教育，学科基础知识课程占50%，学科专业知识课程占20%—30%。研究生有很多参与科研项目的机会，这是因为许多基础研究任务都是由大学承担，这也是美国研究生教育的亮点和特色。针对职业学位研究生，注重大学和企业联合培养，将企业的需求与大学的研究优势结合起来，培养满足企业需要的技术型人才。这种产学研紧密结合的培养模式，也是研究生培养的一大特色。通过学校与企业的合作和交流，研究生在参与科研项目的过程中创新能力和应用技术能力得到极大提升，也增强了自身的竞争力。

总之，经过几百年的发展，美国的研究生教育体系完善，规模庞大，质量水平高，其成功经验值得我们借鉴。

三、英国：强化教学与科研协同

作为18世纪60年代工业革命发动国，英国的辉煌成就与其高等教育密不可分。英国拥有牛津大学、剑桥大学等一大批历史悠久的世界顶尖高校，其出色的研究生教育为英国培育了大批高层次人才，在促进英国社会经济文化发展方面做出了重要贡献。

19世纪中期以前，英国高等教育侧重于知识传授，进入19世纪中期，其教育体系得到完善和发展，形成了教学与科研并重的研究生培养模式。1878年，英国达勒姆大学（Durham University）率先开设理学硕士学位，开创了英国研究生教育的先河。20世纪60年代后，英国的研究生培养体系进一步完善，除学术型研究生培养模式外，专业型硕士研究生培养模式也开始发展，研究生类型增多，培养体系逐渐趋于全面。

目前，英国研究生培养方式呈现多样化特点，硕士研究生主要有修课式（Taught Course）和研究式（Research Degrees）两种类型。修课式培养模式主要是通过课堂授课来培养研究生，比较看中成绩和专业相关度，有时需要工作经验做背景，对象主要为硕士研究生，修课式硕士毕业后大多会选择去企业工作。研究式硕士培养模式注重科学研究，除要求完成一定学分的课程外，还需要发表论文、做项目实验等，该类型研究生毕业后一般会继续攻读博士，或者去研究机构从事科学研究工作。就研究生阶段而言，英国硕士课程一般为1—2年，博士课程一般为3—4年。对于以找工作为导向的学生来说，修课式硕士足以满足要求。①

英国高等教育在注重学生创新能力培养的同时，也非常注重规范管理和治学严谨。不论是何种类型研究生或者何种类型的学习方式，都采取统一的管理标准。在学生即将毕业时，各高校都有一定的淘汰率，所以最终拿到毕业证的学生比入学时的学生数量要少一些。英国研究生教育注重教学和科研相结合，要求研究生在整个学习期间都要进行科研工作，不断提高研究能力和分析与解决实际问题的能力，并在学习中有所创新。同时，研究生教育必须面向社会实际，鼓励企事业单位与大学联合办学，学生必须参加社会实践活动，做到理论与实践相统一，以更好地培养基础理论扎实、知识面广阔的高级专门人才。

---

① 王璐，王向旭.当今英国研究生教育规模和结构的变化与走向[J].比较教育研究，2007（12）：62.

四、法国：立足多样性与高标准

法国高等教育结构可分为多种类型，包括综合性大学、工程师学校和商学院等。研究生培养主要在大学进行，但大学没有研究生院建制，通常把获得大学本科毕业文凭后的继续学习看作是研究生教育的开始。18世纪的法国大学针对当时的国家需要，率先建立了具有职业教育特征的"大学校"，如炮兵学校、巴黎公路桥梁学校、工兵学校、骑兵学校、矿冶学校等一大批职业技术类学校，形成了初期大学校系统。法国大学校的建立满足了国家对军事人才和适应社会经济发展的专业性人才的需求，表现出强烈的功利主义和国家主义色彩。20世纪初，法国对人才需求的高层次和高要求，对研究生的需求提出了高标准，以"研究型、专家型"为特色的"多样化"培养模式应运而生[①]。1968年，法国颁布《高等教育法》，要求大学开展科学研究，这有效促进了法国研究生培养由传统"教学型"模式向"研究型"模式转变。

法国高等教育的文凭非常多，几乎每一年学习结束就可获得一个文凭。法国的文凭获得主要有三个阶段，第一阶段为基础阶段，此阶段需要学习2年，可获得"大学普通文凭"；第二阶段是专门化学习阶段（共2年），第一年学习完成可以获得学士学位，第二年学习完成可以获得硕士学位；第三阶段为研究深造阶段（共3—4年），在博士班录取之后，第一年学习结束，可获得高等专业文凭（DESS）或博士班第一年的深入学习文凭（DEA），第二年开始（第2—4年），完成博士论文后，可以获得博士学位（Doctorate）。

法国大学第一、第二阶段的教育，相当于我国的本科生阶段教育。由于教育制度不同，法国的学士、硕士与我国通常所说的学士、硕士

---

① 洪冠新. 法国大学的研究生教育模式[J]. 北京航空航天大学学报（社会科学版），2007（A1）：76-80.

有本质区别。工程师教育是法国的精英教育，在国际上也很有知名度，其教育体制与目前流行的英美式大学教育有所区别。工程师学校毕业后取得的是工程师学位，有许多学校会再颁发master学位，也就是普通硕士学位，所以有的学校学生毕业后会拿到两个学位，而不是学历。在第三阶段，已经获得硕士文凭的学生再深造一到两年，通过考核后可以获得高等专业学习文凭或深入学习文凭。其中，高等专业学习文凭代表职业教育应达到的规格，是有利于适应社会就业的资格文凭；深入学习文凭代表学术上应达到的规格，相当于硕士学位，是攻读博士学位的资格文凭，而获得深入研究文凭的学生可以申请第三阶段的博士研究撰写论文阶段，再经过三到四年的时间，成绩合格者可获得博士文凭。

随着社会变迁和科技进步，法国的研究生教育模式经历了"教学型""研究型""多样化"的历史演变过程，这一过程充分反映了法国对高等人才培养目标追求的变化。法国所提出的多样化、高标准的人才培养模式，也为我国在人才培养方面提供了启示和借鉴。

五、俄罗斯：倡导传承与创新并举

俄罗斯高等教育深受沙皇俄国以及苏联传统教育的影响。1687年，俄国第一所普通高等学校斯拉夫-希腊-拉丁语学院（Slavic Greek Latin College）开始招生，主要培养国家官员、神职人员及各类学校的师资。随后，成立了彼得堡科学院（Petersburg Academy of Sciences）。虽然彼得堡科学院没有成为真正意义上的大学，但为1755年莫斯科大学（Moscow University）的诞生奠定了基础。1804年，沙皇亚历山大一世（Alexander I of Russia）签署颁布《莫斯科大学章程》，并签署了成立喀山国立大学（Kazan State University）的批文，为俄国高等教育体制的建立铺平了道路，随后俄国教育逐渐走向正轨。

现代俄罗斯教育继承了苏联教育传统，并且在此基础上借鉴了欧洲教育的经验，形成了多层次的高等教育体系。俄罗斯研究生的培养方式分为脱产和在职两种，脱产研究生侧重科学研究，在职研究生侧重理论联系实际，与工作相关。在研究生教育的学位体系中，存在双轨式的学位体系。一是保留了苏联时期的学位体系，它保留了"候选人"学位，即"专家—副博士—博士"学位，"副博士"与我国博士对等。另一种是从20世纪90年代后半期开始，为外国留学生设置的学位制度，即"学士—硕士—博士"学位，这一学位制度是为了加强与外国学位与研究生教育的合作和交流而设立的。目前，俄罗斯的"学士—硕士—博士"学位体系迅速发展，大有取代"专家—副博士—博士"学位体系的趋势。但俄罗斯这两种学位体系也不是完全独立的，而是采取不同的模

图4-8 莫斯科大学校园一角

式或实行两个子系统的混合学习模式。在学生培养方式上，通常学生主要参与课程学习和科学研究两部分学习，15%的时间用来学习外语、哲学、专业课、实践课等课程，其余85%的时间都用来做个人研究。研究生培养是在导师指导下的师徒式培养模式，导师一般由学生所在学校的教授担任。在完成严格的个人培养计划学习的基础上，还要在专业期刊发表高水平文章，还必须通过哲学、外语、专业课的考试，取得不同学科的证书，所有课程证书都拿到后统一换发证书，才能完成论文，申请答辩，且申请程序也非常严格。[①]就使得研究生培养有着较高的质量。

俄罗斯学位授予制度也经历了一系列改革，目的是改善最高学位认证委员会与学术界的关系，提高高校、科研院所在研究生教育领域的自主权。目前，俄罗斯研究生教育改革主要集中在如下几个方面：首先，将研究生教育作为高等教育的第三级。2012年年底，新的《俄罗斯联邦教育法》颁布之后，最突出的变化是将研究生教育正式纳入俄罗斯国家高等教育体系，成为高等教育的第三级。其次，优化论文答辩委员会。2012年2月，俄罗斯颁布了全新的《论文答辩委员会条例》《关于学位授予程序的修订条例》《最高学位认证委员会条例》等，新的条例以改善国家科研和教学人才认证为目标，改变了学位认证和授予的公共性、国家性，最突出的特点是最高学位认证委员会控制功能的最小化。2013年，俄罗斯联邦政府颁布了优化论文答辩委员会的法令。"教育科学部部长里瓦诺夫强调启动单位和学者为人才培养和评定工作质量负声望和纪律责任机制的必要性，如果答辩委员会经常对伪造论文放行，那么不

---

① 周光礼. 俄罗斯走上高等教育强国的历程及其经验[J]. 赣南师范学院学报，2009(2)：28-32.

仅要解散这个委员会，而且委员会各成员，包括科研领导和答辩委员，都将不可以再从事这一工作。"①仅在法令颁布的当年，就有602个论文答辩委员会被暂停工作。第三，削减最高学位认证委员会控制功能。改革之后，最高学位认证委员会不再对论文答辩委员会关于学位授予的决定进行审批，其最主要的职责是确定学位授予的专业和名称以及论文答辩委员会成立的相关标准和要求。部分研究生培养单位可以不经审批自行组织论文答辩委员会并授予学位。

这些改革措施，提升了研究生教育的标准，提高了人才培养质量，进而增强了俄罗斯高校在国际高等教育中的影响力。

六、日本：推进产官学一体化

日本研究生教育产生于19世纪末，在引进德国学徒式以及美国专业式和协作式基础上，保留了本国的教育传统，逐步形成了具有日本特色的产官学一体化研究生培养模式。

1886年，新成立的东京帝国大学（Imperial University of Tokyo）设立大学院，成为日本首个研究生教育机构，是日本研究生教育走向正规化的开端。日本的研究生院通过与企业、科研机构等的合作，完成对研究生的培养和教育，这种方式形成了日本产官学一体化的培养模式。通过校企合作，由诸多大公司为科研院所提供科研中心和研究生教育基地，并在资金、就业以及成果转化与运用等方面提供了机会，极大地促进了研究生教育工作，很好地发挥了政府、企业、高校和科研机构在研究生培养方面各自的优势，实现高效分工协作，提高了研究生培养质量。

日本研究生教育可分为硕士和博士两个教育级别，其培养理念和培

---

① 周佳，贡科，索菲娅.中俄两国提升学位论文质量的反作弊路径探析[J].黑龙江教育（高教研究与评估），2014（11）：68-69.

养目标更加趋向多元化、多样化，既培养学术研究型人才，也培养各类专业型人才。硕士教育既可以单独作为一级教育，同时也可作为博士教育的铺垫。在培养目标方面，制订了不同层次的教育目标，硕士的教育目标更加注重对学生应用能力的培养，主要是培养职业人员；博士的教育目标更加注重对学生科研能力的培养，而且要求博士生要做出创新性的研究，形成独立研究的能力。此外，研究生教育和学位授予没有直接关系，研究生毕业并不等于取得学位，研究生学位的获得需要达到学位授予的相关标准。正因为如此，日本的研究生教育尤其是博士生教育质量较高，当然这种严格的要求尤其是学位获得的难度，也限制了研究生教育的规模。

2011年，日本中央教育审议会完成了咨询报告《全球化社会的研究生教育——培养活跃于世界舞台的创新型高端人才》。该报告分析认为，21世纪以后知识在社会发展过程中的基础作用日益显著，培养能够在国际社会发挥领导作用并通过创新为社会创造新价值的高端人才，乃是解决人类社会面临的诸多挑战的重要命题。尤其是博士学位，无论在科学研究领域还是商业层面，都逐渐成为拥有高度专业性以及相关资质能力的标志和必备条件。因此报告指出，进一步优化研究生院课程体系，强化博士课程教育，培养大量能够在世界舞台上发挥作用的博士高端人才，是日本研究生教育改革面临的首要课题。

日本政府非常注重研究生教育的投资，主要做法包括：一是加大对重点研究生院和研究教育基地的财政支持力度，政府通过实施"21世纪COE（Center of Excellence，卓越研究基地）计划"，为研究基地提供重点财政资助；二是改善包括博士研究生在内的年轻研究人员和教师的研究学习环境，创建和完善生活与教学科研设施，进行有计划的资助；三是加大对学术型研究生特别是博士研究生的经济支持力度。此外，一些著名的基金会也会给予研究生教育一定的支持，比如丰田、生命、卡西欧等，这在一定程度上为日本的高等教育提供了资金保障。①

总之，世界各国研究生教育的体系与其本科教育体制相关，甚至与其基础教育体制相关。发达国家的研究生培养模式各有特点，但总体来说，强调科学研究，提倡自主实践，注重学生的创新能力和多元化的培养方式是其共性，这对我国的研究教育发展具有重要的启示和借鉴意义。

---

① 刘军跃，余运胜，黄伟九，白静. 美、英、德、日四国研究生教育模式的比较[J]. 重庆文理学院学报（社会科学版），2009（4）：120.

第五章

建设高水平特色学科是大学水平提升之要

改革开放以来，我国高等教育发展迅速，学科建设成绩斐然，但也有一些需要加以改进的问题。特别是社会需求的变化及国家发展战略的要求，为学科建设提出了新的时代使命。随着高等教育竞争的加剧，特别是"双一流"建设的实施，使得学科建设对大学而言，更加具有非比寻常的意义。

学科建设是一个涉及多维度、多体系、多内容的系统工程，既要继承并发展传统优势，也要根据社会需求不断充实时代内容，更要从方向引导、平台建设、成果创新、教师队伍培育、人才培养及学术环境营造六个方面大力推动，这是学科建设之道。

学科评估是对学科发展状况进行的教育测量和判断，有利于准确认识学科发展的基本状况，能够为科学决策和适时改进提供重要参考。但是学科评估体系是一个不断创新发展的系统，也是一个需要与我国国情相结合的系统，只有构建符合我国国情并不断创新发展的学科评估体系，才能科学把脉学科建设并指导学科健康发展。

构建符合中国国情的评估体系，要立足中国国情，牢牢把握中国特色社会主义高校发展的时代特征，进一步引导高校实现内涵式发展，突出中国特色和优势，紧紧围绕国家重大需求和高等教育重大发展方向，以为国育才、为党育人为使命，落实立德树人根本任务，这是具有中国特色的大学学科评估建设之道。

第五章

建设高水平特色学科是大学水平提升之要

> 学科既是知识体系的类别,又是高校实现教学、科研等功能的载体,更是高校办学水平、综合实力以及竞争力的直接体现。所以,重视学科建设,既是构筑高校核心竞争能力的重要举措,也是我国高等教育进入新时代的发展要求。学科建设既要对传统优势进行继承和发展,也要根据时代发展需求不断充实学科建设的时代内容,要从方向引导、平台建设、成果创新、教师队伍培育、人才培养及学术环境营造六个方面大力推动,深耕细作,这是学科建设之道。

第一节 时代强音

随着国际高等教育竞争的加剧,特别是我国"双一流"建设的实施,以学科类别为主要标准的评价方式,使得学科对大学更具有非比寻常的意义,学科建设被许多高校提高到了前所未有的高度。然而,任何学科建设不可能脱离时代的社会背景,它要在时代的环境结构中生存发展,并通过积极响应时代需求而获得发展机遇,这是学科建设与时代特征辩证关系的发展之道。

一、增强办学实力

对高校来说,学科既是大学发展的制高点,也是大学竞争的聚焦点,还是大学建设的落脚点。加强学科建设,对增强办学实力具有强大的支撑作用。首先,高校在创新与思想引领方面,已具有更加深远的战略意义。在当今大学竞争激烈的环境下，谁在科技创新、人文关怀以及为社会服务等方面处于前端、走在前面，谁就抢占了发展制高点。科技创新、人文关怀和社会服务的主体是大学教师，依托则是学科。其次，高校竞争的集中体现就是学科竞争，学科是高水平大学核心竞争力之所在。一方面学科是高校实现其功能的支撑点，大学的高水平人才培养、独具特色科研成果创造、中华优秀文化传承、高质量社会服务提供都离不开高水平学科建设。另一方面，学科有助于整合和优化师资队伍，只有把学科梯队和科研团队建立在学科上，才能使学科在学术上具有凝聚力、生命力、战斗力。最后，大学知识的产生、传承、创新与应用等基本活动方式，都是基于学科进行的。可以说，学科是大学尤其是高水平大学建设的核心，建设高水平学科是高校发展的重要内容。

二、支撑人才培养

人才培养是学科建设的根本，也是学科建设的宗旨和目标所在。一流学科的评价标准之一，首当其冲就是人才培养的质量。这里所说的人才培养，更多是指研究生高层次人才的培养。实践证明，高等学校的研究生是学校科教文化发展的一支重要生力军。培养研究生是充实学科建设队伍的重要途径，也是高校和学科乃至整体发展水平的标志。研究生教育需要高质量、高层次的科研环境做支撑，只有拥有高层次科研环境氛围，才能充分激发研究生创新能力和研究潜质，更好地为科研事业、社会建设服务。如，《中国教育改革和发展纲要》把扩大研究生培养数量作为面向21世纪高校发展的战略之一，足以表明国家对研究生培养的重视。由此可见，学科建设是高等学校人才培养的重要支撑，通过学科的重点建设，有助于为高水平研究生教育奠定基础。

三、打造教师队伍

学术教师梯队是学科建设的核心，也是高等学校综合实力最直接的反映。由不同年龄、职称、学历、专业和学科的教师构成的学术梯队非常重要。拥有一批高水平的学术带头人，形成一支学术造诣深厚、学缘和年龄结构合理、积极向上的学术梯队，是学科建设可持续发展的根本保证。教师开展的教学科研活动有助于改善学科软硬件条件，继而不断更新和充实教材体系，提高教材体系的科学性、合理性；教师结合研究项目、教学要求，以特色、优势学科为基地，购置先进仪器设备，完善实验条件，为培养高层次人才和高水平成果提供平台支撑和物质保障。

总之，高校学科建设要围绕"人才培养、科学研究、社会服务"三大职能，不断在其学术地位、核心竞争力等方面积极努力，在推动国家经济社会发展方面发挥应有的作用。

第二节 内涵要义

一、建设内涵

学科的概念可谓"仁者见仁智者见智"，且随着社会的发展也在不断变化。但通过归纳总结，可以发现学科建设主要有三个方面的内涵：一是将学科视为分门别类的知识体系，具有特定研究对象的结构化的知识体系；二是认为学科是知识生产、传授、应用等所进行的活动体系；三是将学科视为有特定组织形式的且被社会认可和支持的建制体系。[1]

根据这一概念所指，一批教育专家对其也进行了思考。有学者认

---

[1] 康翠萍.高校学科建设的三种形态及其政策建构[J].高等教育研究，2015(11)：39.

为，学科建设就是围绕这三个方面，按照自发演进方式所开展的活动：一是知识体系的建构，就是对本学科的知识进行归类、提炼和结构化，使之成为一种有内在联系的逻辑上有序展开的知识体系；二是活动体系的建构，就是对适用于学科的研究方法、传授方法、练习方法和应用方法进行筛选、评价和规范化，使学科的知识生产、传播和应用等环节成为相互贯通的活动体系；三是社会建制的建构，就是强调与学科发展相关的组织机构、行政编制等物质性层面的东西。教育部原部长周济院士认为，学科建设包含了"凝练学科方向、汇聚学科队伍和构筑学科平台"三个要素。

总之，学科建设是一个涉及多维度、多体系、多内容的概念，是一个复杂的系统工程，包含了多层次、多类别的学科发展。但是，经过归纳和凝练，学科内涵有基本要素。要建设高校学科，首先必须了解学科的基本要素，因为学科要素为学科建设提供了具体的内容。本研究认为，学科系统主要包括"学科学术体系支撑框架、学科研究核心竞争力、学科人员队伍动力"三个要素。

（一）学术体系支撑框架

学科学术体系构建子系统主要是指学科内涵所涉及的知识体系、活动体系以及社会建制体系三个方面，它构成了学科体系的支撑框架。可以说，一个完整的学科体系，首先要围绕这三个子系统进行构建，形成一个真正完整的学科体系。这三个子系统相互补充，相互作用，共同促进学科的发展。其中，知识体系是最易被接受的学科建设理念，但是，随着现代科技、新兴理论以及社会需求的变化和发展，学科体系从知识体系向着知识体系、活动体系以及社会建制体系综合化发展的趋势愈加明显。学科建设不再是知识体系单一系统下的学科体系，它已经成为一个综合的、复杂的系统。所以，学科建设具体内容需要围绕各个子系统的构建来加以开展。

（二）研究核心竞争力

学科建设、专业建设是高校生存和发展的基础，二者既有区别又相互关联，在实践中容易混淆。学科不是简单的专业堆积，而是需要有联系、相互作用的人才培养专业来支撑。人才培养专业强调的是课程设置以及社会需求与本科生培养对应，但学科具有相对稳定性，是专业实施的基础，往往与研究生培养对应。可以说，专业在教学规律的指导下组织课程并培养本科生人才，但学科是在科学发展规律的基础上来形成科研成果以及培养研究生人才的。所以，学科具有显著的知识生成性特征。学科这个知识系统，是一个包含科研、教学、人才培养、文化传承等多方面内容的系统，但是知识生成系统则是学科建设的重点，也成为学科建设的关键着眼点。更进一步讲，学科建设因知识生成系统的形成而具有了发展性和创新性，能够促进学科建设不断进步和发展，所以，知识生成系统是学科最为核心的竞争力。

（三）教学科研队伍发展动力

学科建设是一个系统工程，需要人、财、物等各种资源进行积极的配合与行动。既需要驱动力，又是学校发展的原动力。只有强化动力机制建设，统筹人、财、物等各方面的资源配置，才可能更加高效地推进学科建设。对一个学科的建设来说，首先需要有稳定的教学科研工作人员持续推动学科建设和发展，所以，学科人员队伍是学科建设和发展的重要基础，是学科建设的第一关键要素，更是学科建设的第一驱动力。

二、建设内容

刘献君认为高水平学科是科研队伍成长的土壤，是研究梯队形成的重要条件，学科建设对学校培养人才、获得科研项目具有决定性作用，学科建设包括学科方向、梯队、基地和项目建设四个方面。[①]罗云认

---

① 刘献君. 论高校学科建设[J]. 高等教育研究，2000（5）：16-17.

为:"大学是以学科为基础构建起来的学术组织,学科建设是大学的最基础性建设。大学学科建设的基本内容,包括调整学科布局、完善学科组织、确定学科方向、组建学科队伍、建设学科基地、确立学科项目、建立学科制度、营造学科环境等。"①从以上论述可以看出,学科建设应围绕学科组织及学科内容建设两大方面开展,具体需要从调整学科布局、完善学科组织、组建学科队伍、确立学科方向、争取和设立学科项目、建设学科基地、建立学科制度、营造学科环境等方面加以建设。

根据学科建设的内涵以及三个要素,学科建设具体内容就应该主要包括学科方向凝练、科研基地建设、学术成果建设、人才队伍建设、人才培养体系建设以及学术环境建设等方面。这六个主要内容涵盖了三要素,构成了完整的学科体系。

（一）凝练学科方向

学科体系主要是指学科门类,如一级学科、二级学科以及学科方向。其中,一级学科往往由若干二级学科组成,二级学科由若干个学科方向组成。这些学科方向由若干个教师的研究课题汇聚而成,共同支撑了学科建设和发展,所以,学科方向建设是学科建设的基础。对于具体的学科方向建设,要结合各高校和国家及区域发展的实际来进行。首先,要注重学科方向的凝练,要凸显学科的特色和优势;其次,要重视高校自身特色学科的发展,形成独一无二的优势,提升学科的竞争力;再次,要注重创新,寻找新的生长点,以应对时代性、前沿发展变化等,推进学科不断优化和进步;最后,学科建设还应注意学科的交叉、融合和渗透,更好地把握学科前沿和发展趋势。

（二）建设学科基地

学科基地是学校基础建设的组成部分,包括实验室、重点学科、专业平台、仪器设备等一切为学科服务的实体。它们是学科建设的载体,是学

---

① 罗云.论大学学科建设[J].高等教育研究,2005(7):45.

科人员开展科学研究工作的平台，是学科汇聚人才、培养人才的舞台，是科研教学的场所，更是学科创新知识、产出高水平成果的重要基础条件。

近年来，我国各级政府积极推进学科基地建设，逐渐形成了有国家级、省级和学校级不同层级的实体或机构。如在2018年，教育部制订了《高等学校基础研究珠峰计划》，拟"建设一批前沿科学中心、重大科技基础设施和国家重大科技创新基地，以汇聚一批有全球影响力的领军人才和创新团队，取得一批重大原创性科学成果，支撑一批学科进入世界一流行列，若干学科进入世界一流前列"。在省级层面，许多省（市、区）都出台了学科基地建设方案，并积极推进，与国家级学科基地相衔接。在学校层级，国内一些大学也在不断改进和提升基地建设水平，如兰州大学在"211"建设期间，在"211工程"重点学科建设项目总经费使用中，避免"撒胡椒面"的经费分配至各学科点的方式，将重点支持与全面建设进行了很好的结合，将三分之二以上的经费用于建设成分分析类、形貌与结构分析类、生命科学类三个校级跨学科设备平台，以支撑所有重点学科建设。在大型科研设备购置上，注重避免重复购置，提高仪器设备的使用效率，坚持资源共享，同时成立了专门的实验室与设备管理处，以更好地发挥基地对学科建设的支持作用。

我国大学应当在基地建设中尽量避免"大而全，小而全"和低水平重复建设[①]，尤其是进口贵重专用仪器设备，不仅购买价格贵，维护费高，且利用率低下，不注重投资效益，装备不平衡等问题。在此方面，日本筑波大学（University of Tsukuba）为我们提供了很好的经验：该校把所有为教育和研究服务的设施、机构统一设置为外国语中心、农林技术中心、体育中心、教育机器中心、加速器中心、学术信息处理中心、低温中心、同位素中心等18个中心，且这些中心主要负责保养、管理教

---

① 毕志强. 改变思维定势和投资方式 解决低水平重复建设问题[J]. 科技进步与对策，1997（2）：22-23.

育及研究活动所必需的大型、特殊的设施,并通过实行集中管理来提高利用率和效率。但是,大型科学研究仪器和实验设备的共享在我国高校推行得都不是很有效,有些高精尖的贵重仪器使用效率还比较低,需要从管理体制和机制上突破,才能彻底解决好这个问题。

(三)提升学术质量

科学研究是高等学校的重要任务之一,而学科建设是增强科研能力的重要途径。科研能力的直接体现就是产生重大的学术成果。因此,学术成果成为学科建设最为明显的绩效表现,任何一个学科想要取得良好的发展,都必须有丰富的学术成果。一般来说,学术成果的体现应该是多样性的成果形态,主要有科研立项、课题经费、出版专著、发表论文(检索)、发明专利以及各类科研成果获奖等。现代科学研究的重要特点是综合交叉,要求各学科人员围绕不同的学科方向,寻求学术发展的新增长点,做出新发现,创造新技术,紧密联系社会、经济和文化等开展学术研究和实践活动,解决重大实际问题,科研成果转化成生产力和产品,使本学科在上述诸方面的理论更加丰富,并且能够持续形成支撑学科向高水平发展的能力。

(四)打造教师队伍

教师队伍建设是学科建设的关键,任何活动都需要人去完成,科学研究和人才培养必须依靠教师队伍来实现,只有拥有一支高水平的教师队伍,才能建设高水平的学科。教师队伍建设是强化"人"这一因素积极作用的重要举措。没有一流的师资队伍,就不可能建成一流的学科。建设一支结构合理、素质优良的学科队伍,是保证教学科研质量和学术地位的关键,也是实现"科教兴国"战略、发挥高校科教文化作用的重要基础。学科建设的重点就是以学科梯队建设和学术骨干培养为中心,不断培养有发展前途的优秀中青年骨干,继而提供源源不断的持续竞争力。

高校在学科建设中都非常重视学科带头人塑造、接班人选拔和培养,加速青年学术骨干成长，增强研究生培养能力，吸纳后备力量，努力推动学科梯队建设。根据各高校的成功经验，我们总结归纳师资队伍建设应主要解决好以下问题：

一是建立合理的学科梯队结构。一般学科梯队中要有在本学科科研水平高、影响大的教授为学科带头人；每个学科方向要有学术带头人，而且还要有1—2位在本学科方向上学术地位比较高的教授、副教授为学科骨干；每个学科骨干下面，还要配备职务、学历、年龄等结构合理的若干名助手。

二是大力培养学科带头人和学科骨干。学科带头人和骨干是学科建设中的重中之重。一个学科拥有优秀的学科带头人，对于这个学科发展来说至关重要，具有示范、引领等作用。学科带头人是学科组织和学科队伍的核心，具有无法比拟的优势。①优秀的学科带头人不仅要具有高尚的道德品质和卓著的学术成就，还要有以身作则、行为世范、为人师表、教书育人、努力工作、认真钻研、开拓创新的精神，更要对学科发展的现状、实力、潜力、特色、优势等具有清醒的认识，以及充分认识和把握与国内外同行之间差距的能力，能够立足于本校带领学科科学有效发展，并能以优异业绩带领学科团队做好教学、科研工作，使学科整体建设立足于本校，着眼于未来，领先于全国。当然，如果只有合适的学科带头人，没有学术骨干作为支撑，学科带头人因缺乏团队成员的支持，其作用发挥就会受限。学科骨干要有协助学科带头人的胸怀和气度，具有甘于奉献和团结协作的精神，愿意为本学科的发展共同奋斗积极奉献。因此，在学科建设中要加大学科带头人和学科骨干成长环境的建设。需要特别注意的是要处理好学科带头人和院（系）行政负责人的关系（比如学院的院长、分党委书记）。按我国高等教育体制，学科往往依附于院系之中，学科建设的重点应是如何提高学术水平，加强学术管理，同时学科建设也应关注人、财、物等方面的管理，学科带头人和院（系）行政负责人都有责任抓好两个

---

① 马廷奇.一流学科建设与拔尖创新人才培养[J].国家教育行政学院学报，2019（3）：6.

管理。在同一个学科中，如果既作为学科带头人，又承担院（系）行政职责，两者合一开展学科建设更加高效。非此类情况时，则加强团结合作十分必要，两者既要相互尊重，相互理解，同时要支持彼此，只有同心协力才能搞好学科建设。

（五）完善人才培养体系

建构高水平的人才培养体系是大学学科建设的主要任务，培养出高水平的专业人才则是大学学科建设的根本目标。学科建设要根据我国高层次人才教育发展规划和学校人才培养计划，结合本学科的培养能力，在培养不同层次、规格、类型的人才方面发挥自己的作用。人才培养体系建设应包含人才培养所需要的课程建设、教材建设和实践基地建设等。各个学科要根据学科发展方向及趋势，把学科建设的具体任务与人才培养结合起来，并积极促进教育教学改革。在课程建设、教材建设和实践基地建设等方面协调设计，共同推进人才培养，实现人才培养与学科建设发展相互协调共同促进。既要让人才培养活动成为彰显学科特色、展现学科建设水平的重要方式，也要促使人才培养成为促进学科持续建设发展的重要力量。

高校要把学科打造成培养创新人才的重要平台，可以考虑从四个方面入手：第一，重构创新人才培养体系。传统人才培养主要关注知识教育，忽视了能力、人格塑造等方面的培养。创新人才的培养目标应该包括知识探究、能力建设、人格塑造和创新素养的建设四个方面。这一目标体现了专业教育和通识教育的结合，学术教育与应用技能教育的结合，知识教育与能力教育的结合。因此，需要改进培养模式，重构人才培养体系。第二，创新人才培养必须重视专业建设与课程建设。大学提供的最基本的教育途径是课程，对创新人才的培养，要从课程体系改革入手，全面强化创新人才培养。第三，必须重视教学方式方法的变革。科教融合和产教融合是培养拔尖创新人才的两种重要方式，科教融合强调科学研究与教学融为一体、学科与专业融为一体，以高水平科研支撑拔尖创新人才培养；产教融合强调校企合作，以产业的优质教育资源支撑拔尖创新人才培养，强调创新创业教育与专业教育相融合。第四，创新人才培养必须建立"以结果为导向"的评估制度。评估活动应该有学生、行业或企业专家参与，对学生、专业、课程进行多维度的持续评估和改进，以保证评估结果的客观性、全面性和有效性。

（六）营造学术环境

学科建设活动受学术环境的影响，学科建设需要良好的学术环境，或者说，教师从事学科建设需要良好的科研教学环境、学术环境和政策环境。针对目前我国学术发展环境不够良好的现状，塑造良好的学术环境主要应从三方面着手：一是需要本学科自身积极开展与相关学科和国内外科研、企事业单位的联合攻关，通过重大科研项目的研究，营造团队奋斗的学术氛围，奠定科研硬件条件，从而增强学科的生命力。二是积极举办和承担国际国内的学术交流研讨会，创办有影响力的学术刊物。三是要给予教师充分的学术自由，要形成尊重知识、尊重人才的良好氛围，让学者们在自由轻松的工作环境中产生新的思想，形成新的理论，从而为学科发展贡献力量。

第三节　经验总结

改革开放的四十年，我国高等教育发展迅速，学科建设成绩斐然，有一些值得总结的经验，也有一些需要加以改进的内容。

一、建设成就

（一）重视程度前所未有，学科建设环境持续改进

在努力促进高等教育快速发展和质量提升的大趋势下，我国政府及

高校以学科建设为抓手,积极强化学科建设,学科建设环境大为改善,具体表现在三个方面。

1. 政府将学科建设提到了国家战略层次。1987年,按照《中共中央关于教育体制改革的决定》提出的"根据同行评议、择优扶植的原则,有计划地建设一批重点学科"这一要求,国家教委组织了全国第一次重点学科评选,从五大学科门类中择优选出了416个高等学校重点学科。之后在2002年和2006年开展的第二轮、第三轮学科评选中又分别选出了964个和963个重点学科(不含培育)。2016年启动的第四轮学科评估在95个一级学科范围内开展(不含军事学门类等16个学科),全国高校具有博士学位授予权的学科有94%申请参评,评估结果按照"精准计算、分档呈现"的原则公布。学科建设和学科评估制度极大地促进了学科快速发展,建构了一套中国特色学科评估体系,使我国学科建设的形式和内容更加规范,形成了"举国重视"的局面,吸纳了大量社会资源投入学科建设,拉动大学和学科快速发展,提升了中国大学的整体水平。尤其是随着"双一流"建设政策的推出,国家和地方政府更是在政策上对全国高校和研究机构学科发展起到了催化和加速的作用(如表5-1)。

表5-1 部分省级行政区"双一流"相关文件一览表

省区市	相关文件
北京	《北京高等学校高精尖创新中心建设计划》
广东	《关于建设高水平大学的意见》《高水平大学建设实施方案》
山东	《推进一流大学和一流学科建设方案》
江苏	《江苏高水平大学建设方案》
上海	《上海高等学校学科发展与优化布局规划(2014—2020年)》
河北	《关于统筹推进一流大学和一流学科建设的意见》
陕西	《关于建设"一流大学、一流学科、一流学院、一流专业"的实施意见》
湖南	《湖南省全面推进一流大学与一流学科建设实施方案》
福建	《关于建设一流大学和一流学科的实施意见》
青海	《关于加快推进一流学科建设的指导意见》
安徽	《一流学科专业与高水平大学建设五年行动计划》

续表

省区市	相关文件
海南	《海南省统筹推进高水平大学和一流学科建设实施方案》
湖北	《省人民政府关于推进一流大学和一流学科建设的实施意见》
山西	《关于实施"1331工程"统筹推进"双一流"建设的意见》
辽宁	《辽宁省统筹推进世界一流大学和一流学科建设实施方案》
贵州	《关于大力推进区域内一流大学和一流学科建设的实施意见》
甘肃	《统筹推进高水平大学和一流学科建设实施方案》
内蒙古	《内蒙古自治区统筹推进国内和世界一流大学一流学科建设的总体方案》
宁夏	《西部一流大学和一流学科建设方案》

注：各省区市相关文件皆来自其政府网站。

2. 高校自身对学科建设的重视程度前所未有。尽管多数大学的发展规划对学科建设的表述不尽一致，但都表达了学校对学科建设的高度重视，大部分学校成立了学科建设的专门机构，负责管理和加强学科建设。多所学校校长的治校理念中都包含对学科建设重要性的阐述，如清华大学原校长王大中认为："学科建设是高等学校发展中具有战略性的基础建设，大学的学科和专业设置及水平在很大程度上决定了大学的办学特色和水平，加强学科建设是高等学校发展的一个基础性的又是根本性的环节。"[①]陕西师范大学"十三五"规划也明确提出："学科建设是学校的首要大事，应通过内整外引，搭建学科平台，凝练学科方向，汇聚学科队伍，实现学校学科的崛起，切实推进一流学科建设。"

3. 学界对高校学科建设的研究也达到了新高度。在中国知网以"学科建设"为篇名进行期刊刊文检索，从国家提出抓学科建设的1987年开始统计，当年只有43篇，以后逐年上升，到2007年达到864篇；此后，基本保持在每年约800篇，到2018年高达2331篇。可见，从政府、大学到学界，各个层面都在研究和推进学科建设，对于学科建设的重视达到了前所未有的高度。这对于我国高校学科建设以及高等教育走向高水平，提供了良好的环境基础。

---

① 王大中.大学学科建设和专业结构调整的实践和体会[J].中国大学教学，2002(11)：7.

（二）重点学科建设稳步推进，学科群建设迅速发展

一所学校不可能同时把学校所有学科作为建设重点，而应根据自身人力、物力、财力的实际状况，做到有所为、有所不为，优先发展某些重点学科，再以这些重点学科为核心，围绕相近学科领域，形成若干个相互联系而且比较稳定的学科群，力争把学科建设推向一个更高的层次。1995年第一批"211工程"学科建设方案提出了学科群的建设思路。多年来，通过实施"211工程""985工程"以及优势学科创新平台和"特色重点学科项目"等，带动了我国高等教育学科整体水平的提升。特别是在"双一流"建设的推动下，我国的学科建设更具有分层战略性，正如一些媒体报道所说，"随着'双一流'建设名单的尘埃落定，世界一流学科建设的序幕全面拉开"，我国世界一流学科建设及其评估具有了战略性意义，这进一步体现了学科建设的有序推进。

目前，我国学科建设呈现出良好的发展趋势。首先，建立了层次分明、机制完善的重点学科建设制度，形成了规模庞大的重点学科群。在加强国家重点学科建设的同时，部分省区市教育行政管理部门效仿国家重点学科的示范效应，设立了省重点学科，有些高校还设立了校重点学科，从而形成了由国家重点学科、省重点学科和高校重点学科三个层次构成的重点学科体系。其次，建立了类型多样、层次分明的学科学位体系。目前，我国高校已经形成了具有一级学科博士学位授予权学科、二级学科博士学位授予权学科、一级学科硕士学位授予权学科、二级学科硕士学位授予权学科、学士学位授予权学科五个层次的学位授予体系，而由于研究生教育与学位授予学科以及相应的人才培养、学术研究、岗位设置等有着密切的关系，因此，不同层级的学位授予权在很大程度上影响着高校的学科建设与发展的速度与水平。获得一级学科博士学位授予权或一级学科硕士学位授予权成为各高校追求的建设目标。最后，我国建立学科建设监测评估机制，重视学科的改进和提升。教育部学位

与研究生发展中心自2002年开始实施学科评估,其评估结果已成为政府以及高校制订学科发展政策的主要依据。2014年,为保证我国学位与研究生教育质量,国务院学位委员会、教育部发布了《学位授权点合格评估办法》,这体现出我国学科建设更加注重内涵式发展。2017年,教育部、财政部、国家发展和改革委员会联合印发《统筹推进世界一流大学和一流学科建设实施办法(暂行)》,强调要以学科为基础进行动态评估。至此,我国的学科建设已从立足国内到瞄准世界、从服务国家需求开始走向世界一流、从具有中国特色到融入和引领国际发展,开启了全新发展阶段。

(三)学科凝聚作用增强,引领性人才建设成效突出

围绕学科建设和发展,我国大学的教师队伍水平得到了极大提升,尤其是高层次师资力量大力增强(或称为引领性人才)。如清华大学,截至2019年12月底的数据显示,学校共有教师3565人,教师中具有正高级职务者1400人。现有教师中有诺贝尔奖获得者1人,图灵奖获得者1人,中国科学院院士53人,中国工程院院士40人,16名教授荣获国家级"高等学校教学名师奖",174人入选教育部"长江学者奖励计划"特聘教授,253人获得"国家杰出青年科学基金",177人获得"优秀青年科学基金"。截至2019年12月,北京大学有专任教师3409人,其中具有正高级职务者1514人,中国科学院院士83人,中国工程院院士19人,哲学社会科学资深教授11人,"万人计划"入选者68人,"青年拔尖人才计划"入选者51人。截至2019年12月,上海交通大学有专任教师3236人,其中教授982人,中国科学院院士24人、中国工程院院士23人(包括1名两院院士),"国家杰出青年科学基金"获得者145人,"优秀青年科学基金"获得者112人。截至2020年5月,西安交通大学有专任教师3109人,其中两院院士44人、国家级教学名师6人、教育部长江学者入选者93人、"国家杰出青年科学基金"获得者42人。这些高层次师资都是改革

开放以来学科建设凝聚作用产生的效果。

（四）科研水平大幅提升，有力支撑国家区域重大科技需求

科学研究成果是学科建设的主要体现之一。近年来，高校围绕学科建设而获得的科学研究成果奖励也大幅度提升。从通用项目获奖来看，2018年度国家科学技术奖授奖项目共224项，113所高校作为主要完成单位获奖185项，占授奖总数的82.6%；76所高校作为第一完成单位获奖147项，占授奖总数的65.6%。获得2018年度国家最高科学技术奖的2人均来自高校，国家技术发明奖通用项目一等奖的2项授奖，也是授予高校，其中中南大学的"大深度高精度广域电磁勘探技术与装备"项目，发明了广域电磁法，研发了高精度电磁勘探技术装备及工程化系统，实现了电磁法由粗放到精细的跨越，有力支撑了面向国家重大需求的"深地"战略。重庆大学获2019年度国家科技进步一等奖的项目"高层钢-混凝土混合结构的理论、技术与工程应用"，为高层建筑的体系、理论和技术带来革新发展，成果应用于十余省、近百项工程中。高校在全国科技授奖项目中连续保持高比例，充分体现了高校基础研究和重大原始性创新研究具有的重要地位，也充分体现了学科建设的成效。从高校获奖项目的内容来看，均呈现出"顶天立地"的特点，既瞄准世界科技前沿，强化基础研究，实现前瞻性基础研究、引领性原创成果重大突破，又聚焦国家重大战略需求，服务行业产业发展和区域经济发展。

（五）研究平台建设成就突出，支撑众多高水平科研成果产出

以科研基地（中心、系、所）与重点实验室为代表的研究平台建设，对于促进研究型大学的学科建设同样十分重要。通过科研基地（中心、系、所）的建设，学科在各类资源整合过程中不断得到加强。主要表现为：科研基地（中心、系、所）建设为学科教师的科研创新创造条件，从而提高学科的可持续发展能力；为学科调整和整合创造了有利条件，从而提高了学科的专业互补能力；科研基地的建设有利于促进产、学、研的结合，从而提高了学科的科研成果转化能力。

重点实验室也是支撑学科建设的重要平台，它主要面向前沿科学、基础科学、工程科学等，开展基础研究、应用基础研究等。国家重点实验室建设成就突出，促进学科建设水平大幅度提升。如北京大学的视觉与听觉信息处理国家重点实验室、蛋白质工程及植物基因工程国家重点实验室都取得了卓越的成就。视觉与听觉信息处理国家重点实验室于1986年6月经原国家计划委员会批准建设，1988年12月通过验收，是原国家计委在北京大学建立的第一个重点实验室。实验室建成后先后承担了上百项国家级、省部级、国际合作和横向合作项目，其中包括国家重点基础研究规划（973）课题、国家高技术发展计划（863）项目、国家"九五"科技攻关专题、国家自然科学基金重点项目或重大项目子课题等国家级重点项目30多项。蛋白质工程及植物基因工程国家重点实验室成立于1987年1月，1990年9月通过国家验收，开始正式运行并向国内外开放。近年来，这两个国家重点实验室的科学研究连续取得突破，多项成果发表在 *Nature*、*Cell*、*Science*、*Nature Genetics*、*Nature Biotechnology* 等国际顶级学术杂志上。在2011—2015年评估期内，共发表296篇第一作者及通讯作者单位的SCI收录科研论文，影响因子9以上的SCI收录论文共71篇，总影响因子达到2086，篇均SCI影响因子达到6.79，是上一个评估期（2006—2010年评估期平均影响因子为3.6）平均影响因子的近两倍。

复旦大学的专用集成电路与系统国家重点实验室、应用表面物理国家重点实验室，也取得非常突出的成就。专用集成电路与系统国家重点实验室是目前我国唯一专门从事集成电路设计研究的国家重点实验室，1995年9月实验室通过国家验收，2002年和2007年分别通过科技部评估。

实验室依托复旦大学微电子学与固体电子学、电路与系统两个国家重点学科，所属一级学科电子科学与技术也被列入全国重点学科，设有博士点、硕士点以及博士后流动站。"集成电路科学与工程"博士学位授权一级学科点于2020年试点建设，并启动博士研究生招生。近年来实验室承担各类研究课题274项，其中863计划、973计划、国家自然科学基金、国家攻关计划以及省部委项目146项；与国内外几十家研究单位和企业合作完成研究课题128项，创造了良好的社会效益和经济效益。实验室在国外刊物发表论文97篇，国内重要刊物发表论文408篇；出版中文专著13种，外文专著3种；获得批准的发明专利10项；主办国际学术会议6次，获得国家科技进步二等奖1项，省部级二等奖6项、三等奖6项。应用表面物理国家重点实验室（SKLSP）于1990年由著名物理学家谢希德教授提出成立，1992年12月底通过国家验收正式对外开放。实验室已通过"开放项目""高级访问学者"等项目，与国内外高校、实验室开展了多项国际国内合作项目。目前，学校正在努力实现为中国基础学科发展做出贡献的目标。

中国科学技术大学有火灾科学国家重点实验室、类脑智能技术及应用国家工程实验室，也成就斐然。火灾科学国家重点实验室是利用世界银行贷款和国内配套投资兴建的我国火灾科学基础研究领域唯一的国家级研究机构，1989年通过立项论证，1992年获准边建设边对外开放，1995年通过国家验收。在2003年、2008年、2013年、2018年四次国家重点实验室评估中，获两次优秀。实验室成为吸引、凝聚国内外优秀人才的重要基地，也成为人才培养的重要载体，极大地促进了科学研究的深入持续发展，为国家人才培养和科学研究创新做出了重大贡献。类脑智能技术及应用国家工程实验室是国家发改委2017年1月批准建设的，这是我国类脑智能领域迄今唯一国家级科研平台，居于全国领先地位。

第五章
建设高水平特色学科是大学水平提升之要

中山大学的眼科学国家重点实验室、光电材料与技术国家重点实验室也是成就杰出。眼科学国家重点实验室由原卫生部和教育部眼科学重点实验室发展而来，2006年获国家科技部批准，成为我国眼科领域唯一的国家重点实验室。近五年来，取得一些原创性突破：干细胞治疗眼病方面，利用内源性干细胞实现晶状体原位再生治疗婴幼儿白内障，论文发表在《自然》杂志（Nature 2016），被Nature Medicine评为2016年全球生命科学八大进展之一；诱导皮肤上皮干细胞重建功能性角膜上皮，为细胞治疗提供新的策略（Nature 2015）。在近视眼研究方面，发现户外活动是防控青少年近视的有效方法，论文发表在美国医学会杂志（JAMA 2015）。发表的有关中国青少年近视高发的研究成果，被英国《独立报》报道并被《参考消息》翻译转载为《中国学生近视高发亟待干预》，习近平总书记看到该文后，做出重要批示："共同呵护好孩子的眼睛，让他们拥有一个光明的未来。"在青光眼预防方面，提出颠覆传统的观点，证明不应在高危闭角型青光眼患者中广泛使用预防性激光治疗（Lancet 2019）。在医疗人工智能方面，建立了全球最大的常见致盲眼病影像学数据库（Science 2015），研发了白内障（Nat Biomed Eng 2017）和青光眼、黄斑变性及视网膜疾病（JAMA 2017）的人工智能诊断系统，开设了全球首个人工智能眼科门诊，并启动了全球首个多中心临床试验，作为唯一由中国团队完成的入选项目，被《科技纵览》（IEEE Spectrum）评选为"影响全球医学界的11大人工智能事件"。光电材料与技术国家重点实验室同样业绩斐然。该实验室主持的各类国家级、省级科研项目研究进展良好，取得了丰富的科研成果，2006年以来，获国家自然科学二等奖2项，省部级科技成果奖一等奖5项；发表科研论文900多篇，被美国《科学引文索引》（Science Citation Index，简称SCI）收录740多篇；申请发明专利160多项，获发明专利授权60多项。目前实验室在平板显示材料与技术、光伏电池与技术研究应用、半导体照明产业、稀土发光照明等领域与企业紧密合作，积极推动相关产业的全面技术升级与发展，形成了与社会需求接轨的技术和应用成果，成为满足国家重大发展战略需求和推动区域社会经济发展的重要力量。

同济大学的污染控制与资源化研究国家重点实验室、海洋地质国家重点实验室等也是成就非凡。污染控制与资源化研究国家重点实验室依托同济大学、南京大学环境科学与工程学科群，涵盖环境工程、环境科学和市政工程等3个国家重点学科和7个博士点。实验室1989年获国家计委批准，1995年通过国家验收，正式对外开放。自1995年至2000年，实验室科研综合竞争能力显著提升，主持了国家"水体污染控制与治理"重大科技专项项目、"973"和"863"计划课题、国家科技支撑计划项目、重大国际合作项目、国家自然科学基金重点项目和杰出青年科学基金项目、上海市和江苏省重大科技项目等大量重要研究任务。海洋地质国家重点实验室于2005年1月获准立项建设，2006年12月通过验收。实验室以古海洋学与古环境、大陆边缘演化与海洋沉积学、海底资源、深海生物地球化学和海底过程与观测等为主要研究方向，拥有包括稳定同位素比质谱仪等大型仪器设备，承担国家"973""863"计划和国家自然科学基金重大项目等一系列大型科研课题，发表大量具有国际水准的学术论文，逐渐成为以面向深海和海陆结合为特色、与国际深海研究前沿接轨的培养高层次人才和进行国际大洋发现计划（International Ocean Discovery Program，简称IODP）等深海基础研究的国家级基地以及我国深海科学教育的基地。实验室借助国际大洋钻探、海底观测等大型研究计划和平台，突出"地球系统科学"的理念，实现海洋与陆地结合、古代与现代结合、科学与技术结合的学科发展之路。实验室坚持国际化发展，依靠国内外的广泛合作和学科的交叉渗透，探索和发展海洋科学研究中的新思路、新途径和新方法。

近年来，国家对国家重点实验室和试点国家实验室给予进一步支持，实验室发展迅速。据统计，2016年国家下达国家重点实验室专项经费41.7亿元，国家（重点）实验室引导经费2亿元，为实验室的健康发展提供了强有力的经费保障。据国家统计局的统计，截至2017年底，我国累计建设的国家重点实验室达到503个，另外，还有数量庞大的企业重点实验室以及省部共建国家重点实验室。这些重点实验室大都依托高校建设，以特色学科和优势学科为基础，不仅在基础研究领域和应用方面做出显著成就，而且在授权发明专利、软件著作权、发表学术论文等方面成绩斐然，为中国大学学科建设提供了有效支撑。此外，这些重点实验室在人才队伍互通、技术共享、实验室建设与管理等方面也不断取得显著成就，与高校学科建设及其相关工作相辅相成。

（六）大力借鉴国际先进经验，国际影响力大幅提升

借鉴先进的教育理念和教育经验，促进我国高校学科建设能与国际先进水平的高校进行交流合作和平等对话，是实现我国学科建设的另一目标。在最近十多年的学科建设中，我国高校学科建设越来越注重国际化发展。例如，《国家中长期教育改革和发展规划纲要（2010—2020年）》明确指出，要"开展多层次、宽领域的教育交流与合作，提高我国教育国际化水平"。在"双一流"建设中，一流学科建设名称由"国家"到"世界"的变化，即充分反映了学科建设目标的升级、范围的扩大、标杆的提升。在"双一流"建设政策的导向下，高校学科建设势必更加关注国际评价，国际一流学科将成为学科建设的标杆，进一步影响高校学科建设的方向、举措，这充分体现出我国高校学科建设的长期目标是国际视野和世界一流。

总体来看，我国高校学科建设国际化因素增多，主要表现在：一是学科建设愈来愈重视构建国际化课程体系，在原有的课程体系中增设国际化元素的内容，使学生在专业背景下掌握国际政治、经济、文

化等知识，越来越重视国际化人才的培养；二是学科建设注重国际评价，逐渐形成了中国学科的国际声誉；三是强调培养的人才具有国际视野，了解他国文化，促进中国在国际组织进一步发挥作用；四是引进外籍教师逐年增多，教师队伍建设越来越国际化。

二、问题检视

我国学科建设在取得重要成就的同时，也存在一些亟待改进的问题。通过检视，我们认为学科建设主要存在五个问题。

（一）学科建设布局结构不够合理

学科布局可以从国家和学校两个层面分析。从国家层面看，目前重点学科集中在少数高校，尤其是东部一些高校重点学科密集度非常高，而且存在一个现象，那就是同一个一级学科或二级学科被同时建在多所学校或同一所学校的多个二级单位中。整体看上去繁荣发展，但多而不强，离散有余，高度不足。从学校层面看，部分研究型大学并没有真正建立起学校发展的总体规划，导致各门学科的建设规划都是"各自为政"，难以形成学科总体发展的合力，不仅造成教育资源使用效益不高的问题，而且在一定程度上还影响了各门学科自身的发展。此外，学科建设还普遍存在"盲目求热"的现象，不少学校在脱离本校实际条件的情况下，增设新的、热门的学科（专业），盲目追求办学规模的快速扩大。这样的情况，不仅不利于原有优势学科的继续发展，更无法促成原有优势学科与新增学科之间的交叉、融合，导致普通高校学科建设布局结构不合理，与社会经济发展需求不适应，所以在很大程度上影响了高等教育的良性发展。同时由于高等学校普遍新增热门学科，导致新增学科的毕业生供大于求，出现部分高校毕业生难以就业的情况。

"加强学科建设与布局结构调整既是高校内涵式发展的基本内容，

也是高等教育主动适应经济社会发展的重要举措和基本途径。"[①]在我国大力推动创新驱动发展战略的背景下,高等学校要加快自身发展,就必须遵循学科发展规律,与时俱进调整学科布局,优化学科结构,提高教育能力与质量。

(二)学科建设组织管理效果不佳

大学学科建设依赖于教学资源、研究资源和人力资源构成的组织管理。组织管理是对资源进行调配的活动,直接影响教学资源、研究资源和人力资源的配置,因此,组织管理将成为影响学科建设的重要因素。目前组织管理普遍存在的问题有:组织结构和形式单一,组织运行模式僵化,组织行政管理的障碍,考评机制、激励机制以及人员流动障碍。

(三)学科群体没有摆在突出位置

一般来说,各个学科并不是完全独立的,而是相互依存、交叉、渗透的。学科群不仅能够壮大学校原有优势学科力量,更能推动新兴学科的产生、发展与壮大。若单独发展一个学科,很难形成高校学科建设的良好"生态环境",难以发挥学科的群体优势。就目前而言,少数大学在重点学科建设,学科交叉、融合等方面的工作已取得较大成绩,部分大学已围绕相关重点学科,建设了一批高水准的学科群。但从中国大学的整体发展状况而言,各高校的学科群建设总体上仍然未引起足够的重视,不仅在同区域、同城大学之间没有建立起大学间具有合作关系的学科群,甚至高校在其学校内部都没有形成相应的学科群建设体系。因此,在建设好各个学科的基础上,大力加强学科群建设,注重学科之间的交流与融合,形成学科群体优势,以更好地发挥高校的整体实力,这是许多高校管理者已经意识到,需要努力解决的问题。

---

① 欧可平.重庆普通高校学科建设与布局结构调整的若干思考[J].重庆大学学报(社会科学版),2014(4):188.

（四）学科师资队伍结构不够合理

学科建设的核心是师资队伍的建设。衡量高校师资队伍建设成效的标准，包括年龄结构、职称结构、学历结构、学缘结构和知识结构等。当前许多高校学科师资队伍梯队中年龄断层现象明显（45-55岁年龄段教师偏少），数量与质量不匹配现象较为突出，结构不合理。在学科带头人方面，学科带头人数量不足，年龄老化，尤其是为了学科评估，一些学科梯队的组成存在一定的拼凑现象。

（五）学科建设环境不够理想

良好的环境，往往可以吸引优秀的人才，也可以吸纳丰富的社会资源，会激发研究者创造更多的科研成果，实现学科的快速发展。尽管我国大学都在努力寻求更好的发展，而且越来越注重大学内部学术环境，但在实践中大学内部学术环境还存在一些亟待改进的问题。比如，目前部分研究型大学还不够重视尊重人才、尊重知识的环境建设，造成了学科发展的人际关系不良，学术氛围不够浓厚，部分学者教授急功近利、心态浮躁，学术成果数量虽多而质量不高等问题，学术不端现象时有发生。

三、经验汲取

国外一流大学在其发展过程中，学科发展成就非常突出，以美国哈佛、耶鲁、麻省理工、普林斯顿、伯克利等一流大学为例，在学科建设方面呈现出秉承优良传统、注重推陈出新、坚持共荣共生、实施兼容并包等特点，并形成了平衡发展与重点突破模式，教学至上、研重于教与教研并重模式，有限发展与全面发展模式，等等，促进学科走向一流。总结国外大学学科建设经验，汲取其学科建设的先进理念，这是快速推进我国大学学科建设的有效方式。

(一)国外一流大学建设的特点

尽管每个国际一流大学的发展目标不同,学科建设方式也有所差异,但它们却展现出了一些共同的特点,主要有以下几个方面。

1. 秉承优良传统。这一特点以哈佛、耶鲁为代表。哈佛大学是建于殖民地时期的美国早期大学,完全仿照英国大学模式建立,最早设立文、法、医、神四大学部,以培养教会人士为目的,目的是对学生进行博雅教育,以使学生能在"神学和基督教教义上受到教育",并成为当时英国社会的上层人士那样的人。18世纪初,受欧洲启蒙运动和德国大学模式的影响,哈佛大学开始设置一些自然科学的课程,如天文、物理、化学、测量术、航海术、植物学、医学等,19世纪以后,又建立了商学院、教育学院、行政学院等。耶鲁大学与哈佛大学相仿,坚持学术的正统性,重视传统学科的价值,它在继承欧洲人文学科传统上更甚于哈佛,19世纪中期才有权授予哲学学位。20世纪后,布鲁斯特(Brewster Jr)校长仍然坚持发扬人文科学传统,维护人文科学的崇高威望,并大力改善理科教育,鼓励发展表演艺术。总体来看,两所大

图5-1　2009年,时任西安交通大学副校长程光旭访美期间
与耶鲁大学校长理查德·查尔斯·莱文(Richard Charles Levin)合影

学都非常注重传统学科的价值，重视人文社会科学的发展，大力发扬人文科学的优良传统，并且发展都非常成功。

2. **注重推陈出新**。这一特点以麻省理工学院为代表。麻省理工学院由于和哈佛大学同处一个地区，麻省建校之时，哈佛大学已有百年历史，作为一个后来者，麻省理工学院并没有被哈佛的盛名所影响，而是推陈出新，以自己的优势和特色与之分庭抗礼，一争高低，形成了独特的模式：工科独占鳌头，理工领域强劲；人文学科依托强大的理工背景，在文理交叉上寻找突破口，教学与科研内容中科技成分占很大比重；侧重发展交叉学科、边缘学科和应用学科，如语言学、政治学和电子学的结合，数学在经济学领域的应用，等等。总体而言，就是结合时代发展需求，积极融入社会经济发展实践，通过推陈出新实现自身的不断发展壮大。

3. **坚持共荣共生**。这一特点以普林斯顿大学（Princeton University）为代表。普林斯顿大学的成功在于求精不求全，在学科建设中，该校重视基础学科，追求学科之间的平衡、互补和互助，以达到共荣共生。普林斯顿大学认为，各自为是的发展就好像在一栋大楼里装修房子，每个人都在考虑如何使自己的房子更加美观、实用和豪华，而不去关注与毗邻的房间是不是协调，整个大楼的地基是不是稳固。所以，在学科建设上，普林斯顿大学慎而又慎，不涉猎所有领域，而是坚持以基础研究为主的方针。二战后一度被称为世界"数学之都"的普林斯顿大学迄今仍保持着这一名望，其物理学研究也是一流水平。

4. **实施兼容并包**。这一特点以伯克利大学（Berkeley University）为代表。多元是伯克利大学的特色，伯克利作为为数不多的可以与老牌私立名校抗衡的公立学校，源于其兼容并包的学科建设模式。伯克利不仅理、工、文、法、经、管、教、医等学科并驾齐驱，发展均衡，都具有一定的优势，而且农、林、矿产、环境、保健等学科也优势明显，同时还建有一定数量独具特色的学院。伯克利每个学科都具有一定的竞争优势。基础学科以特色研究与传统大学一争高低，一些人文学科甚至超过了哈佛、耶鲁等以人文见长的老牌名校，物理学、化学、生物学、地质学等理学学科举世闻名。如物理学方面，发明了世界上第一个回旋加速器，成为高能物理研究领域的领导中心，并开创了原子时代；化学、原子核的研究带来了16种新化学元素的发现；生物学方面，第一次分离出人类脊髓灰质炎病毒，率先使用原子示踪技术做出了完整的碳圈，并成功进行了存在于生物细胞之外的独立叶绿体的首次光合作用。可见，在学科建设方面，伯克利具有很大的优势，学科发展均衡且独具特色，它既不是只重视发展理工学科，也不是只重视人文社会学科，而是持有开放的态度，允许各类学科都可以发展。实施兼容并包方针为伯克利大学带来了强大发展动力，是伯克利大学学科走向多元繁荣的重要经验。

（二）国外一流大学学科建设的基本模式

总结国外一流大学的发展经验，主要形成了以下学科建设模式。

1. **平衡发展与重点突破模式。**普林斯顿大学学科建设的模式之一就是平衡发展，学校有效地维持在一个各部分都有机联系的整体之中。在专业设置、研究方向、课程安排上，各学院都考虑到要与大学其他各科系保持互为基础、互相补充、互相促进的关系。普林斯顿大学认为平衡的学科分布有助于维持良好的教学环境，任何科学研究都要与研究者所在系的学科大致相同，并有利于研究者改善教学质量，且不致破坏学校各学科间整体上的平衡。一些特别热门的科研题目，即使资金充裕，社会需要量大，也不能无限制地发展。而对于一些不太容易获得外界研究资助的学科专业，学校则利用自身的力量给予最大限度的扶植。

与普林斯顿大学平衡发展模式不同，斯坦福大学在学科建设上采取重点突破的策略。任何一所研究型大学都不可能在所有学科上均占优势，必须结合学校自身的特点，选择有优势、有特色的学科重点发展，并以此带动其他学科的发展。二战时期的斯坦福只不过是一所地处边远西部的私立二流院校，但学校突破所有学科均衡发展的传统做法，重点发展一些有条件的院系，把它们办成学术尖端，以改变学校的形象。最著名的就是特曼教授的"学术尖端"构想。选取化学、物理和电子工程三个突破口，经过重点建设，三个学科尤其是物理学成绩斐然。1952年，费利克斯·布洛赫（Felix Bloch）教授获得诺贝尔物理学奖，标志着斯坦福大学物理学进入一流大学的行列。尤其是建立高科技工业园硅谷，斯坦福大学因此成为名扬世界的一流大学。

2. **教学至上、研重于教与教研并重模式。**芝加哥大学（University of Chicago）第一任校长哈珀（Harper）从1892年就强调"研究工作是学校的首要工作"，期望通过富有创新性的研究工作，探索出一条开拓知识新境界的坦途。在优秀人才的选拔上，哈珀强调"以调查研究为主，以教学工作为辅"的选材原则，首先看重的是研究成果，而不是教学经验。同样，麻省理工学院也是教研并重模式，教学在科研中的作用和科研在教学中的作用，无论怎么强调都不过分。通过"实验进行教学"作为首任校长罗杰斯（Rogers）的教育信条，一直贯穿于麻省理工学院的实践中。利用科研进行教学，科研与教学紧密结合已成为麻省理工学院的特色。

3. **有限发展与全面发展模式。**普林斯顿大学从一个乡村学馆发展成为美国顶尖大学之一，很重要的一个因素就是坚持自己的道路，坚持有限发展，不赶时髦，不盲从权威，始终保持清醒的头脑。20世纪60年代，面临来自各方要求建立法学院和商学院的巨大压力，普林斯顿大学管理团队进行了认真的调研、论证，最终选择了"坚决抵制"。虽然普林斯顿大学至今没有医学院、法学院和商学院，但是这丝毫没有影响其世界一流大学的地位。麻省理工学院是一所重视科学、技术和管理的一流大学，它在宇宙科学、原子科学、航天技术、生物工程等领域的科学研究不仅居美国领先地位，而且引领着世界潮流。虽如此，它并不忽视人文学科的发展，不过这种发展也不是漫无边际的，而是"培植与工程、科学直接相关的学科"，充分发挥理工科的潜力，同时也为理工科的发展提供支持。有限发展模式造就了麻省理工学院与众不同的人文学科内涵，成就了其人文学科不输于其他学校的领先地位。芝加哥大学则始终秉承全面发展的理念，从建校开始就是按照哈珀校长的理想，即朝着一个由神学、法学、医学、工程、美术、教育和音乐等专门学院组成的综合性大学的方向发展，坚持全面发展模式，使其在多学科领域形成较强的学术实力，经济学、社会学、数学、物理学是芝加哥大学很有影响的特色学科。

图5-2 芝加哥大学校园一角

（三）国外一流大学学科建设的经验

1. 重视学科建设理念引领。"世界一流大学的学科水平之所以一流，源于其共同理念下衍生的特色理念以及由此生成的不同的学科建设模式。"① 理念的高远性与适用性对于学科建设有根本的引领作用，比如，一流学科的建设理念凸显其特色与创新并存的特点，一方面，各高校掌握重点学科领域的选择权，确保重点学科与院校特色相符合；另一方面，为打造世界前沿的先进学科，启动"卓越学科领域计划"，资助项目大部分为理工类学科前沿交叉学科项目，充分发挥学科交叉的创新性。

2. 重视基础性学科的布局。基础性学科的布局，一方面，世界一流大学的学科布局尤其重视基础学科，其学科布局特色大致可以概括为"求知高于求用、重基础研究、重学理研究、重人文学科"②；另一方面，世界一流大学在学科布局方面并非强调学科齐全，而是呈现出文理结合、理工兼具、学科交叉的特点。比如哈佛大学、麻省理工学院等，虽然都是世界一流大学，但是哈佛没有工学院，麻省则没有医学院和教育学院。

3. 加强学科建设保障机制完善。除了基础性条件外，学科建设的内、外部保障因素也发挥着重要作用。这些因素最重要的可归结为两点，一是资源及其管理能力。世界一流学科的建设极其重视优秀的人才资源、充分的资金资源以及专业的管理能力的建设。而专业的管理团队不仅解放了学者教师的时间与精力，使其专注于学术研究，还能提高管理的效率。比如哈佛大学将管理人员与教师队伍明确划分，学校专业专职管理队伍相当庞大，"行政管理和专业人员、办公室文员和技工等与

---

① 翟亚军，王战军.理念与模式：关于世界一流大学学科建设的解读[J].清华大学教育研究，2009（1）：17.
② 孙华，王颖.世界一流大学建设的经验检视：兼论我国"双一流"建设的理论路径[J].教育学术月刊，2019（8）：3.

学生的比例为1∶2"①。二是保障制度。制度是一所大学运行机制的根本保障，也是创建世界一流大学的最重要变量。包括大学与政府关系的相关制度、人员结构和激励机制等，对学科建设水平提升意义非凡。比如新加坡南洋理工大学，通过一系列补贴制度和优惠政策在全球范围延聘最优秀的人才；政府由对大学的直接管理和领导转变为宏观的外部监督，避免对大学过多干预；教职员工全部实行合同管理，每三年进行一次考核评估；等等。这些制度体系的实施对于我国有很多借鉴意义。

第四节 学科评估

学科评估是对学科发展状况进行的教育测量和判断，通过学科评估，有利于准确认识学科发展的基本状况，能够为科学决策和适时改进提供重要参考。

一、学科评估理论

学科通过评估，获得一系列有助于实现科学管理的重要依据和资源，从而全面提高科学研究的质量。②尽管学科评估已经在全社会范围内广泛开展，但我国的学科评估活动发展比较迟缓，特别是对学科评估的理论认识还需要进一步深化。

（一）学科评估模式

准确认识评估理论，是深化学科评估改革的重要基础。目前，关于学科评估的模式主要有以下几种：一是目标达成模式。该模式是20

---

① 孙华，王颖.世界一流大学建设的经验检视：兼论我国"双一流"建设的理论路径[J].教育学术月刊，2019（8）：3.
② 朱东华.学科评估理论及方法[J].科学学研究，1990（3）：21—25.

世纪30年代由美国课程专家泰勒（Tyler）经过八年研究提出的，它是以目标的达成程度作为评价方式的一种理论，认为评价活动就是考查行为结果与目标的差异性。二是目标游离模式。该模式是20世纪60年代由美国教育学家、心理学家斯克里文（Scriven）在对目标导向模式进行批判的基础上提出的。斯克里文认为评价只关注预设目标是不科学的，实质上会受计划设计者的影响，所以，评价应该关注预设目标之外的实际情况。他提出了目标游离模式遵循的步骤：说明、当事人、受评价者和评价的背景、资源、功能、输送系统、消费者、需要与价值、标准、历程、成果、概括、成本、比较、重要性、建议、报告、后摄评价。三是CIPP模式。CIPP模式即由背景评价（Context Evaluation）、输入评价（Input Evaluation）、过程评价（Process Evaluation）、结果评价（Product Evaluation）四个要素组成的评价活动，它是由美国斯塔弗尔比姆（Stufflebeam）于20世纪60年代末、70年代初提出的，他认为目标评价模式并不是完全适合的评价模式，应该实施一种改良式的评价方式。因此，他提出评价应该从背景、输入、过程和结果四个方面进行，以确定是否满足人们的需要。四是第四代评价。第四代评价（Fourth Generation Evaluation）是由美国著名教育评价专家古贝（Guba）和林肯（Lincoln）针对前期教育评价中存在的"浓厚的管理主义倾向""忽视价值多元性"和"过分强调科学实证主义的方法"等问题而提出的，他们认为评价本质上是一种心理建构的过程，要求评价活动要以"回应—协商—共识"为主线，即从利益相关者的基本需求回应出发，通过相互协商形成评价标准，再对评价结果商讨以取得共识。

（二）国外学科评估方法

学科评估在国外起步较早，随着评估体系的不断发展完善，学科评估基本形成了三种方法。

1. **注重教学质量和人才培养的评估方法。**这类评估体系以英国高等教育质量评估及美国专业认证体系为代表。英国高等教育质量保证机构（Quality Assurance Agency for Higher Education，简称QAAHE）是一个独立、半官方的高等教育评估机构，它的使命是制订评估标准并改善英国高等教育的质量。其主要针对的是评估英国高等学校的总体教育质量与水平以及学科教学质量与标准，提高公众对高等教育的质量及其判定标准的信任。[①]QAAHE还制订发布了在高等教育中保证学术质量和学术标准的实践准则、高等学校认证和学科基准水平的框架体系。QAAHE将学科划分为医学、化学、工程、法律、教育研究等约50类，并将每类学科按资质框架规定的普遍标准进行具体化，制订了分学科的基本教育要求，即学科基准。学科基准以学习产出为主，内容包括该学科的定义和相关信息陈述，学习某学科应掌握的知识与技能，教学方式及考核方法，学生完成该学科学习时应该达到的最低学习绩效标准，等等。评估组至少由三名学科专家和一名评估主席组成，评估组参照相关学科基准，对被评学科进行判定，分为"可信赖的"（confidence）、"有限信赖的"（limited confidence）或"不可信赖的"（nonconfidence）三个档次。

在美国，通过认证进行评估是突出特征，认证是一个严格审核高校教育质量的自愿、非政府性过程。专业认证由行业协会组织开展，针对职业性专业的教育质量进行评估，目的是确保毕业生接受良好的职业预备教育。美国专业认证机构为非政府性的行业协会，基于行业标准制订和定期修订认证标准，始终关注专业教育应为毕业生从事该领域的专业工作做好准备。美国的专业认证主要关注那些为进入某特定专业或职业做准备的教学计划项目的质量，对专业师资、课程设置、

---

① QAAHE（2004a）.The Quality Assurance Agency for Higher Education: an introduction［OB/OL］. Retrieved on Mar.2004 at http://www.qaa.ac.Uk/aboutus/qaalntro/intro.asp.

实验设备、教学管理、教学资料、专业建设等进行严格评估。比如以某一所学校的具体专业或专业学院为认证对象，这些专业都属于应用型学科，侧重于对学生进行技术和技能的培养，包括硬的应用性科学和软的应用性科学，前者如机械工程、建筑、医药等，后者如法学、商学、公共管理、新闻传播等，一般不涉及基础的传统自然科学、人文、社会科学等学科。

2. **注重科研的学科评估方法**。注重科研的学科评估方法主要有英国的RAE及美国的ESI评估体系。RAE（the Research Assessment Exercise）是由英国官方组织（高等教育基金管理委员会）和专业机构负责实施的对英国高等教育机构的研究质量进行的系统而全面的测评，大约每五年进行一次。因为高等学校发展历史的不同和整体水平的悬殊，办学又各有特色，所以以学校为评估单元很难体现公平性。为了解决这一问题，英国在高校科研评估过程中以学科为评估单元，然后按照各学科科研质量进行排名，其实就是进行学科科研质量的评估。其主要目的是根据评估结果确定政府对大学的经常性科研拨款，以提高政府拨款的透明度和选择性，促进大学科研水平的不断提高。这项评估自1986年至今已进行了6次。RAE的评估结果按优劣分级，并呈送各高等教育基金委员会，作为分配高校主要科研基金的依据之一。2008年的RAE评估体系设有研究成果、研究氛围和学术声誉三个指标，权重分别为70%、20%和10%；每个指标又划分五等，分别代表"世界领先水平""国际较高水平""达到世界水平""达到国内水平"以及"尚达不到国内水平"，各等级对应不同分值，最后加权成为综合评价结果。

ESI（Essential Science Indicators）学科评估是由世界著名的学术信息出版机构——美国科技信息研究所（Institute for Scientific Information，简称ISI）于2001年推出的一项文献评价分析工具，是一个基于SCI、SSCI

和AH&CI所收录的全球1.1万余种学术期刊的1000多万条文献记录而建立的计量分析数据库。根据学科发展特点等因素，数据库设置了22个ESI学科。只有近11年来论文总被引次数排列在前1%的学科，方可进入ESI学科排行。

3. 注重院校整体发展的综合评估方法。美国的院校认证是对高等院校教学、科研、人才培养等进行综合评估的典型代表。这种院校认证是针对高校作为一个整体的质量进行综合评估，目的是确保高校为学生提供良好的学习环境和可靠的教育质量。认证对象是教育机构整体，主要从院校的教育教学、管理、财务、招生、学生服务、教育资源、学生学业成就等多方面来进行评估。院校认证是为了证明整所学校的教育质量和整体实力，其特点是根据学校的整体工作模式和学校的预定发展目标，采用定性方法评估学校，以尊重高校的多样性和自主权。院校认证主要分为院系层面评估（Department Level Assessment）和学生

表5-2 国外学科评估模式

国外学科评估模式	典型代表	评估内容	评估目的	评估结果
注重教学质量和人才培养的评估模式	英国QAA	以学习产出为主	制订评估标准并改善英国高等教育的质量	可信赖的 有限信赖的 不可信赖的
	美国专业认证	为进入某特定专业或职业做准备的教学计划项目的质量		——
注重科研的学科评估模式	英国RAE 美国ESI	研究成果、研究氛围和学术声誉	促进大学科研水平的不断提高	世界领先水平 国际较高水平 达到世界水平 达到国内水平 尚达不到国内水平
注重院校整体发展的综合评估模式	美国院校认证	院系层面评估：学院（系）的发展情况；学生层面评估：对学生产出的调查研究	提高人才培养、学科发展、科学研究等综合学术水平	无条件通过 基本通过 延期认证 不通过

层面评估（Student Level Assessment）。其中，院系层面的评估主要是学院（系）的发展情况，包括本科生和研究生的培养，以及对围绕学术发展的各种软件和硬件条件的评价。评估范围不仅包括人才培养，还包括科研等学术事务，是一个综合评价的过程。评估主要着眼于该学院或系的未来学术发展，目的是提高人才培养、学科发展、科学研究等综合学术水平。学生层面的评估一般由院校研究生办公室承担，主要是对学生产出的调查研究，包括考试成绩、基本技能、就业情况、学习成果、校友调查等针对学生个体的评估。评估结果一般为"无条件通过""基本通过""延期认证""不通过"等。另外，从微观层面看还有包括项目评价、核心课程评价、学生评价等针对学术的评估，有包括教师资格条件、教师调查、学校氛围调查等针对教师的评估，以及针对财政、设备、资助的调查研究等项目的评估。

（三）国内学科评估方法

近年来，我国针对高校排名所进行的高校评估迅速发展，产生了强烈的反响。其中，自2002年开始，教育部学位与研究生发展中心实施的学科评估在我国有着权威性和重要的影响力。该学科评估之所以影响较大，不仅在于评估机构的政府色彩，而且其评估结果已成为政府教育管理部门以及高校制订学科发展政策的主要依据。

该中心按照国务院学位委员会和教育部颁布的《学位授予与人才培养学科目录》，对全国具有博士或硕士学位授予权的一级学科开展整体水平评估，主要指标包括师资队伍与资源、人才培养、科学研究和社会服务四个一级指标。该学科评估基于各高校自愿参与评估学科所申报的材料和公开的数据，运用主观评价与客观评价相结合的方法，依据评估指标体系，对参与评估的学科做出评估结果。其中，2016年开始、2017年结束的第四轮学科评估，全国共有7449个学科参评，评估结果的公布与前三轮不同，采用位次百分位的方式，即"将排位前70%的学科分为9档公布：前2%（或前2名）为A+，2%—5%为A（不含2%，下同），5%—10%为A-，10%—20%为B+，20%—30%为B，30%—40%为B-，40%—50%为C+，50%—60%为C，60%—70%为C-"。根据这一学科评估结果，各高校的学科实际上被分成了10个层级，A、B、C三档各三个层级，第10个层级为参与评估中的排位在70%以后的学科以及没有参加评估的学科。第四轮学科评估的结果在高校学科建设方案制订或者省（市、区）教育管理部门制订规划的依据作用开始显现出来，如某省优势学科新一轮遴选条件规定：获得国家第四轮学科评估B等级以上的省属高校优势学科将自动进入下一轮。

学科评估是学科建设中的重要环节，是教育行政管理部门履行有关职能的重要手段，对于推动学科建设的良好有序发展起到了一定的激励和引导作用，因此，我国学科在建设中也需要大力开展评估活动。当然，目前各种学科评估方法也存在一些明显的问题，根据媒体报道的问题进行总结，主要表现有三点：

一是把学科评估简化为学科排名。这种评估方法一定程度上忽略或者抹杀了学科的丰富内涵，如学科建设的持续性，学科建设对高校、国家及地方的战略意义，学科建设的努力程度等都被忽视。所以，学科排名可以参考，但不能围着排名转。

二是把学科评估等同于大学评估。目前我国针对大学的评估，从评估机构来看可以划分为两部分，一部分是政府的，另一部分是中介机构和民间的。政府性的大学评估又可分为大学设置评估和大学办学水平评估两类。随着学科在大学发展中的地位越来越突出，特别是随着大学排名越来越得到社会的普遍认可，导致社会上把大学建设和学科建设等同。我们认为，不能把学科评估等同于大学评估，如果模糊了学科和大学的界限，忽视了大学建设的其他方面，如大学文化、大学理念、大学人才培养、大学教师专业发展等，就容易导致大学办学活动违背大学发展的本质和规律。

三是进行学科评估的无差异性及固化性评估。在多元化价值评估理论的指导下,学科评估应该实施差异性评估。一方面,学科之间其实还是有明显的区别,文科与理科在评价体系及方法上应有所区别,应当分类分层次进行,如一流学科和一般学科在评价的指标体系以及方法上均应有所区别,而不能等同评价,否则就会出现评价科学性不足的现象;另一方面,学科评估还存在固定在几个有限的指标上的问题,如大多数评估指标体系将论文发表作为主要指标,占比过重,结果导致许多大学把发表论文作为学科建设的主要追求。单一的指标并不能说明整体水平,尤其是论文数量的上升并没有快速缩减国内高校与国际高校之间的差距,也没有缩小我国科研实力与科技发达国家的差距。所以,积极实施多元化评估,已成为大学学科评估的潮流。

二、学科评估原则

随着高校评估越来越频繁,评估指标存在的问题也显现出来,各高校期盼有符合我国国情的评估体系。构建符合我国国情的评估体系,就是立足我国国情开展学科评估,需要牢牢把握中国特色社会主义高校发展的时代特征,进一步引导高校实现内涵式发展,突出中国特色和优势,紧紧围绕国家重大需求和高等教育重大发展要求,做好学科评估体系建设。尽管学科评估体系的建立是一项复杂的活动,需要不断深入探索,但也有一些原则可以遵循。我们认为,有以下几个基本原则:

(一)去行政化

政府开展的评估要坚持去行政化原则,防止将评估当成一种评判、影响甚至框定学科发展的手段。教育部学位与研究生教育发展中心开展的评估表面上看是第三方,其实政府在评估过程中的行政监督色彩还是很浓厚的。建议政府要把工作的重心转移到加强评估立法，促进信息化建设，完善评估机构准入制度等法律、制度建设上来。在《国家中长期教育改革和发展规划纲要（2010—2020年）》中，"管办评分离"被作为教育体制改革，转变政府职能的重大举措正式提出。2013年党的十八届三中全会通过的《中共中央关于全面深化改革若干重大问题的决定》，再次强调"深入推进管办评分离"。"管""办""评"各有其权力主体，各安其位是管办评分离的基本主旨。"管"的权力主体是教育行政管理部门，"办"的权力主体是大学，"评"的权力主体是多元的，政府、社会或大学都可以成为学科评估的权力主体。因此，建立真正意义上的第三方评估机构非常必要。

（二）坚持尊重学术

尊重学术就是学科评估必须围绕学科，对学科评估保持一份敬畏，以服务于学科持续发展为目的。政府对学科评估保持敬畏，就是要求政府在评估中扮演好自己应该扮演的角色，安其位，负其责；社会对学科评估保持敬畏，就是要明白学科评估不是人人可以为之的活动，学科知识、评估技术、评估伦理都是学科评估者所应必备的；大学对学科评估保持敬畏，就是当大学面对五花八门的学科评估时，要保持理性，坚守使命，使评估为我所用而不是被评估牵着鼻子走。

（三）坚持特色发展

针对大量专业性质的行业、专业特色型高校的评估，不能仅仅考虑其在学科评估中的排名，要针对不同类型院校设立单项考核指标，要从国家发展的战略需求、区域发展需求、学科发展努力程度、行业贡献度、企业合作项目、毕业生分布、累计毕业生数、从事相关行业毕业生数、用人单位评价、校友捐赠等方面，进行多维度、全方位的特殊评价，要尊重其学科发展的规律及特征，促使评估更加充分地发挥引导学科特色发展的作用。

(四)坚持综合性评价

目前,我国的学科评估是以国务院学位委员会和教育部颁布的《学位授予和人才培养学科目录》中的博士或硕士学位授予权一级学科为基本评估单元的,而学科分类无法体现出各学科的经济社会发展的实际需求。参评第四轮学科评估的95个学科,规模差异较大,最多的学科有240个高校参评(大学科),最少的学科参评高校数量仅有8个(小学科),学科数量严重不均等,百分位式的排名实质上也就存在着极大的不均等。总之,学科评估中应该参考国内外各种学科分类,给予新兴学科、交叉学科更多的发展空间,要综合考虑国民经济和社会发展对某个学科的实际需求,注重学科发展生态及发展趋势等。

三、中国特色学科评估的构建方法

根据现有学科评估方法的实践经验和理论认识,我们建议构建具有中国特色的学科评估,可以采取以下方法:

(一)师资队伍评价

针对师资队伍建设的评估,不能片面评价高层次人才的引进数量,而需要从学术梯队建设和学术环境等方面进行全面评价。一是评估要重视师资队伍建设的顶层设计和目标规划。学科评价需要从教师本身入手,促进教师自觉提升综合素质,推动地方高校主动优化师资队伍结构,加强师资培养,调动教师积极性。二是重视建立健全制度,促进师资队伍建设各环节均衡发展。评估要促进现有人事管理制度改革,理顺引进、培养、使用、监督之间的关系,通过各环节的均衡发展,实现师资队伍建设的良性互动,才能最大限度地开发宝贵的教师资源。三是要重视学科建设环境评价,促进学科创造良好的教学、科研环境,更要促进高校创造良好的外在教学、科研环境,实现筑巢引凤。

（二）人才培养评价

针对人才培养的评估，评估学生培养质量不仅仅关注就业单位、就业能力及薪资水平，还要关注持续发展能力，以及校友的知名度和社会影响力。评估不但要重视研究生培养质量，还要重视本科生的培养质量，关注不同专业、不同类型人才培养的特殊规律及方法，体现人才培养质量的差异性。

（三）学术论文评价

针对学术论文的评价，应当加重科研成果转化应用的指标及权重，尤其是通过高校服务而产生的成果，要纳入评价范畴。当代科学的新成果越来越多地出现在各个学科的交叉地带，学术论文评价还要合理分配"归属度"权重，这有利于鼓励学科间的交叉合作，推动和促进交叉学科的发展，符合当下科学研究的发展趋势。

（四）评价指标体系设置

在评价指标体系设置方面，重视分级分配指标体系建设，进一步强化学科多元发展。尽管第四轮评估已将学科分为九大类三级指标，但分类评价还是比较粗糙的，这种用单一标准评估所有学科的办法，并不利于高校特色发展，尤其是针对非"211工程"普通高校学科，其结果将会加深"强者愈强，弱者愈弱"的局面。因此应建立"分层分类"评估体系，以突出学科特色，促进普通高校优势学科以及相关行业产业的发展。

总之，学科评价体系是一个复杂的系统，是一个不断创新的系统，是一个与国情实际相结合的系统，只有对我国的学科发展进行科学的把脉，才能克服目前评估体系存在的问题，并指导学科健康发展。为了学科评估建设，应该从我国未来发展和建设教育强国需要出发，明确学科评估核心指标，制订科学合理的评估指标体系，从而更好地服务于"双一流"建设。

第五节 发展之策

根据学科特点来划分，我国大学可分为综合性大学、行业型大学、特色性大学等类型。在此，我们对这三种类型大学的学科发展经验做以分类归纳总结。

一、综合性高水平大学发展之策

综合性大学，指囊括多学门、跨学科学术知识领域的大学，一般设有多所学院，学科门类齐全，利于校内学科互补合作，各取所长。综合性大学推进学科建设，需要从以下几个方面着手。

（一）狠抓人才培养工作，既要推进素质教育，更要创新培养模式

综合性大学推进一流学科建设，必须狠抓人才培养工作。一是要深化教育改革，全面革新教育思想、教学制度、教学组织、教学方法和教学手段，深入改革课程体系、结构、内容，使教学内容和教学方法紧跟当代科技的飞速发展。二是要转变人才观念，推行以综合素质和创新精神、实践能力作为衡量人才的主要标准，建立考核评价的科学指标体系，给学生成才以正确导向。三是要实行完全的学分制和弹性学制，因材施教，对优秀本科生的培养实行导师制，与研究生培养有机衔接，促进大学生中的尖子人才脱颖而出。四是要改革教学方式，研究生的授课方式，不能再沿用本科生的"灌输式"课堂教学方法，要实行启发式和讨论式教学，激发研究生独立思考和创新的意识，培养学生自主学习的能力。五是要改革实验教学，适度减少演示性、验证性实验，增加学生自己设计、自己动手的综合性、研究性实验。各类实验室都对学生开

放，允许学生结合课外科技活动，利用实验室资源，进行科技开发，着力提高学生的实践实力。

（二）大力提升科学研究水平，既要加强基础研究，更要开展技术创新

综合性大学要大力提升科学研究水平，重点是科研创新，既要加强基础研究，真正实现"0"到"1"的创造，注重知识创新，又要面向经济建设主战场，大力开展技术创新，把学校建设成为知识创新和技术创新的"发源地"。具体包括：一是要保持一支稳定的从事基础科学研究的队伍，紧跟世界科技前沿，开展有重大应用前景的基础研究，解决重大科学问题和国家发展"卡脖子"技术。二是积极争取中央部委以及省级委、厅、局（如计委、经贸委、科技厅等）支持，依托校内重点学科、重点实验室、博士点，与重点企业合作，建立工程技术研究开发中心，对一些共性、关键性和前沿性重大技术专题组织攻关，促进科技成果的转化和高新技术产业化进程。鼓励教师主动走进企业，围绕企业发展中需要解决的实际问题，与企业联合申报科技开发课题，参与企业的"难题"攻关。三是要努力扩大国际和国内的科技交流与合作，要争取承担某些学科或技术的国际或国内学术会议；争取和国际上著名大学、研究机构、权威专家建立起经常性的交流与合作关系。

（三）深化体制机制改革，既要加大资金扶持力度，又要加大政策支持强度

学科建设是一项复杂巨大的工程，需要政府和社会各界以及学校自身等多方面的合力。综合性大学学科建设需要得到政府的大力支持，高校希望政府教育行政管理部门要深化体制机制改革，深化简政放权、放管结合、优化服务，推进政校分开、管办评分离的改革精神，加大政策和资金扶持力度，全面引导大学学科建设朝着具有中国特色的现代化大学迈进。财政的大量投入是保障我国公办高校和学科弥补短板、加快发展的主要途径，建立良好的绩效导向以及科学合理的预算管理体制，使得经费充分发挥其使用效能，从而激发高校办学活力，为学科建设的发展营造良好的环境。

二、行业型高水平大学发展之策

行业型大学，是指以某一行业为办学定位和办学特色的大学，包括政法类、师范类、农林类、医药类、地矿油类等多科性大学，也包括音乐学院、美术学院等单科性大学，其特点体现在办学的专业性和精尖性，教师的科研活动和毕业生就业有强烈的行业背景支撑。这类高校推进学科建设，应主要采取以下措施。

（一）既要重点突破，更要注重学科整体协调

行业型大学学科建设应自觉地以科学发展观为指导，紧紧结合学校实际，推动行业型大学的科学发展。一是既要优化学科布局，更要注重人才培养环境。建设一流学科是行业型大学的客观要求，学科建设要围绕行业背景、学科定位、学科建设目标、学科方向、学科梯队、学科建设的成果、学科建设的差距等进行评估检查，既对学校目前所拥有的学科优势进行全面评估，又要注重发现学科建设存在的薄弱环节，并针对薄弱环节对学科布局持续优化，完善与调整学科建设的规划。二是根据学校的办学定位，将学科建设规划范围扩展到未来可能会产生的新学科和交叉学科中，进一步构建学校的学科体系。

（二）既要加大学科带头人建设，更要重视青年骨干培养

行业型大学的创新源泉高度依赖高层次师资力量，保持主干优势学科教师队伍的规模和质量，是行业型大学的师资队伍建设之道。在师资队伍建设上，要具有宽阔的国际视野和胸怀，通过引进学科带头人，保证传统优势学科的地位，提升重点建设学科的水平。学科带头人建设，

还需要从教师编制、教师科研组织方式及专业培训、教师待遇等方面着手规划。行业型大学还要注重培养中青年骨干教师，通过改善教学环境、举办各种教育培训等，帮助中青年教师完善职业生涯规划，提高学校的师资队伍力量和水平。比如艺术类院校在师资队伍建设过程中，由于专业的特殊性，师资队伍在培养方式上也会有所不同。艺术类教师队伍建设主要包括教师个人素养、专业能力、教学技巧、科研水平、培训需求、职称意愿等方面，目的是培养出高水平、高层次的艺术类人才。再比如，随着我国医疗卫生事业的发展，高等医学院校师资队伍数量不足、科研水平不高、教学效果不理想等问题较为突出，已成为制约高等医学院校发展的瓶颈，面对这样的困境，务必采取有针对性的策略，建设出一支高水准的医学师资队伍。

三、特色性高水平大学发展之策

我们以师范类大学为例，谈谈特色性高水平大学的发展之策。我国现有师范类高校200多所，约占全国高校总数的7%。百年大计，教育为本；教育大计，教师为本。教师对国家民族以及教育的发展具有重要的作用。师范院校在"双一流"建设中，不仅承担着高校的基本职能，还承担着培养卓越教师和未来教育家、引领和推广先进教育理念的重要使命，是推进教育现代化和提升人才培养的基础性工程，直接关系国家教育发展水平与质量。所以，师范院校的职责就是为国家培养足够数量的优质教师。"一流的教育需要一流的教师，一流的教师需要一流教师的教育。"[①]师范类高校学科建设的重点，首先要放在师范生相关专业的学科上，比如数学、物理、化学、生物、英语、中文、历史、地理、政治、音乐、体育、美术等相关学科。师范类高校强化一流学科建设的策略有以下几个方面。

---

① 郝文武.师范院校应努力建设好一流教师教育[J].教师教育研究，2018（4）：1.

(一)既要立足国内现实，更要具有世界眼光

全面小康社会的建设、两个一百年目标以及中华民族伟大复兴的实现，都需要以高等教育强国战略的实施和教育现代化作为智力支撑。师范类高水平大学是我国高等教育的重要组成部分，师范生的培养质量决定着基础教育的质量，进而决定着民族的整体素质。据此，师范类高水平大学更应该开展一流学科建设，提高科学研究水平，从而促进师范生培养质量的提升。在一流学科建设上需要世界眼光，必须确立世界一流的标杆，坚持世界眼光和开放办学。可从三个方面入手：一是坚持更加包容、开放的学术环境，积极跟踪世界教育变革的趋势与潮流，运用世界最先进的教育理念和技术手段，加速实现传统师范学科的资源整合与升级改造，引进国际高端学术人才和科研团队，建立"不为所有，为我所用"的人才机制。二是学习借鉴西方发达国家一流学科建设、评价、成果转化的经验，建立更加公平、公正和彰显学术研究本质的学术制度，从而从根本上调动师范类高校学者尤其是青年学者的积极性。比如在课程设置方面，美国所有的未来教师，无论其专业方向是什么，都必须学习教育专业课程，因而这也是师资培养计划中的一个重要组成部分；日本培养中小学教师的教育专业课程分为必修和选修两种，必修课包括教育学、心理学、道德教育、教育实践和研究方法，选修课包括教育史、教育哲学、教育制度学等，共占总课时的13%。美、日等发达国家师范教育要求学生所修的教师职业发展方面的课程在总学时中所占的比例要比中国师范教育所要求的高。在今后的教育改革中我国应适当增加教育专业课程比重，不断突出师范教育的特点。[①]三是要善于和勇于冲破传统师范院校办学思维的束缚，学会和适应在参与国际竞争中争取国际国内学科与学术资源，将开放办学和竞争性获取资源作为一种常态。

---

① 赵厚勰.中国与西方发达国家师范教育课程设置的比较[J].新课程研究：教师教育，2008(10):8.

（二）既要遵循学科规律，更应致力中国特色

师范类高水平大学建设一流学科，不能脱离我国国情，必须彰显中国特色，具体可从以下几个维度上体现。一是指导思想上必须贯彻党的教育方针，即把立德树人作为教育的根本任务，全面实施素质教育，培养德智体美全面发展的社会主义建设者和接班人，必须坚持社会主义方向。二是学科布局上必须坚持教育为社会主义现代化建设服务、为人民服务。三是教育规模上必须适应中国人口众多、需求大的实际情况。四是学科内涵要根植于中华优秀传统文化的土壤，接受其浸润与涵养，孕育其生机与活力，彰显一流学科的中国特色。五是师范类高水平大学应高度重视与人文精神和传统文化相关学科的建设，为学生营造浓郁的传统文化氛围，通过一流学科平台培育学生独特的中国气质。

（三）既要适应高等教育发展新常态，又要引领社会经济发展

经过改革开放四十年的高速发展，我国经济进入了以"增速放缓、结构优化、动力转化"为特征的新常态。新常态对高素质复合型人才的要求空前高涨，这对进入大众化阶段的我国高等教育的质量提出了更为严峻的考验。党的十九大报告指出，高等教育要"走以提高质量为核心的内涵式发展道路"。师范类高水平大学一流学科建设要顺应高等教育的发展趋势，积极推进内涵发展。内涵发展的核心就是提高质量，也就是提高基础教育师资培养的质量，师范类大学的所有工作都必须围绕这一目标来开展。内涵发展的重要路径就是特色发展，强调教师教育特色，这是师范大学相对于其他高校最大的优势和特色。内涵发展的根本出路就是创新发展，创新发展就是紧跟高等教育改革的步伐，探索新时期师范教育的新特性，坚持需求导向，紧紧围绕国家和区域基础教育的切实需要开展工作，使一流学科建设真正服务于基础教育的水平提升和可持续发展。

（四）既要遵循教育共性发展，更应坚守教师教育属性

师范类大学主要是以为基础教育、职业教育和高等教育培养优秀教师、未来教育家以及国家急需的各类人才为己任，使命光荣，责任重大。师范院校在发展中要坚守教师教育属性，主要应从以下几方面着手：一是师范类大学在高水平大学和学科建设过程中，要继续坚守、强化师范性和教师教育特色，推进教育观念、教育内容、教育方法手段、教育管理、教师素质现代化。二是组建教师教育学科群。以教师教育相关学科为支点，组建教师教育创新特色学科群，形成以教师专业发展和教师教育制度研究为主线的教师教育学科链。三是积极推进国家教师教育创新平台建设和国家深化教育体制改革试点项目，大力开展免费师范生学科专业能力拓展及创新实验中心建设，全面优化整合教师教育资源中心，努力打造全国知名的中小学教师专业能力培训和教学技能培训与开发平台，努力成为教师教育人才培养模式创新的示范学校和优秀教师培养的重要基地。四是加大教师教育队伍建设力度。要按照习近平总书记所提出的好老师的四个标准，培养一批专业水平高、精通学科、熟悉教师教育的高水平教师队伍。五是继续提升学校服务和引领基础教育的能力和水平，把一流学科建设的成果运用于实践，不断拓展教师教育创新实验区建设，实施以"提升基础教育师资队伍水平、改善办学环境、提高教学质量"为主要任务的教育共建工程。

第六节　发展之势

我国学科建设经历了重要的阶段性发展变化，特别是"双一流"大学建设计划的实施，推动高校学科建设呈现出新的发展态势。总体来看，我国学科发展呈现出以下态势。

第五章
建设高水平特色学科是大学水平提升之要

一、学科布局发展之势

在我国社会主义市场经济体制确立之后，竞争意识逐渐深入到社会发展的各个领域，特别是1995年《"211工程"总体建设规划》和1999年《面向21世纪教育振兴行动计划》的颁布，通过"竞争优选"的方式选拔"211工程"和"985工程"院校之后，"竞争优选"的学科发展方式就在我国高等教育中盛行起来。"竞争优选"通过竞争，选出高水平的学科，政府给予资金等多方面扶持，是体现公开公平的必要程序。"竞争优选"的结果就是"强者愈强，弱者愈弱"，拥有一流学科的高校会在强势学科方面一直占优，处于主导地位，使得学科两极分化进一步加剧。而学科发展应当是协调共进，重点突出，择需布局，这样才能满足政府、学术和市场之间的需求，这也是我国学科建设的一大趋势。

"择需布局"从国家层面来说，首先，学科布局应该坚持的基本原则就是要满足国家重大战略需求，对于代表未来重要发展方向，对民族、国家和人类有着重要影响的关键学科进行重点布局，重点投入，做大做强，这需要前瞻性眼光和具有战略性的顶层设计。其次，学科布局还应遵循学术自身发展的规律，学科的发展有自身的逻辑，对于一些在短期内难以见效，但对未来和整体发展至关重要的基础性学科，应该从国家的宏观层面给予重点支持和投入。

从高校层面来看，国家学科布局应该有利于形成我国高等教育分层分类的生态系统，学科布局需要与高校的类型、能力和特色有效地对接。引导高校特色发展，分层分类地发展，既要有重视基础学科为主的大学，也要有以应用学科见长的大学；既要有瞄准世界一流的学科，也要有满足市场需求的学科；既要有对接国家重大战略需求的学科，也要引导部分大学服务地方区域社会经济的发展。

二、学科驱动发展之势

2015年，我国学科建设是在政府的推动下，从不同层面确立了国家级、省级等重点建设学科，在人、财、物等方面给予大量投入，但是投入学科的资源被无序离散地配置在不同类型的要素上，出现了要素堆积、效益低下的现象，违背了我们在大学开展学科建设的初衷，使得学科建设无法可持续地深入。所以，在新一轮世界一流学科建设进程中，制度创新尤为重要。

其一，政府在学科建设方面的遴选机制、投入机制、评价机制的创新，既不能"一把尺子量天下""一杆秤"评价，全国也不能搞行政"特权"评价。政府不但要吸引大学和各类学科建设资源集聚到国家最需要的领域，解决最迫切的问题，还要使学科建设经费使用的效率最大化。转变"只见物不见人"的投入方式，重视智力的价值，在评价上不再是单一的论文标准，而是启用结合人才培养、科学研究、社会服务与文化传承创新并重的第三方机构，进一步下放学科建设过程中的大学自主权。

其二，大学在学科建设管理制度上要创新，应当明确学科建设的组织边界，建立基于学科组织的评价机制，引导学科面向重大战略和重大问题协同发展，避免散、小、弱，进一步明晰学科组织在运行过程中的学科权力，让学科摆脱从表格中拼凑数据的虚拟组合，使学科组织真正成为一个大学的基层学术实体，成为围绕共同科学使命而自觉集聚的有机体。

三、学科队伍发展之势

稳定的学科教师队伍是学科建设的基础。但由于以往少数学科队伍可能是基于报材料、报表申报等功利性目的而捏凑在一起的组织，有

"被动组合"的情况，更呈现出一种"被动的、离散的、虚拟性"特点。虚拟形式存在的不确定性，使其中一部分学科组织得以维系的纽带不是基于共同领域科学问题的研究，也不是增长学科知识的组织使命，而是成功申报某种级别与类型资助的现实需要与获取外部资源的兴趣，这使得虚拟形式的无序状态成为一些学科建设者无序投入和非理性投入的理由。所以，要积极改变这种状态，尤其要从通过凝练学科建设方向，培养学科带头人的领导和管理能力；要明确学科的使命和规划，把一流的学者们都组织协同起来，以联合攻关为目的，而不是为了申报、完成指标的临时组合，长期分工合作，运转有序，自我发展，为解决科学重大问题奠定基础；形成并坚持学科传统，积累学科无形资源，以促进学科持续发展等方面入手，继而实现学科组建向"自组织"转变。

四、学科方向发展之势

随着现代科学技术迅猛发展，新的学科不断涌现，主要发展为两种态势：一是学科之间相互交叉渗透。"学科交叉的本质是一种科研行为，从'交叉'活动的方式、过程和结果来看，发生在学科之内或者学科之间，对象只涉及这一学科群的'交叉'活动，可称之为'学科交叉'。"[1]二是学科高度分化延伸出许多尖端科学，派生出许多新学科和边缘科学。学科建设也要注重创新，而交叉学科的发展则是创新的具体表现。未来学科的发展，在学科的交融与协调共进方面将会形成一大亮点。

具体来说，学科建设既高度分化又高度综合，意味着多学科的交叉融合，而新学科的培育则是以学科的交叉融合为生长基础。要努力通过

---

[1] 杨永福，洪成友.科学发展中的学科交叉研究史例探析[J].自然辩证法研究，1999：59-63.

多学科的交叉,发现和培育新的学科生长点,联合多学科的教师研究力量承担重大科研项目。要打破学科的壁垒,形成多学科交叉的局面,促进学科的协调发展、共同繁荣。要面向国家重大需求,瞄准国际学术前沿,凝练出一批前瞻性的学科方向,组建优势学科群,推进交叉学科建设,开展国际合作,为创新人才成长提供充足的发展之势。

总之,学科建设只有把握趋势才能更好地发展,只有结合实际、不断推陈出新,我国的学科才能真正迈向一流。

第六章 振兴教师教育是教育强国之根

教师教育是教育事业的"母机"。振兴教师教育，全面提升教师素养，为基础教育培养高素质、高水平教师队伍，是师范院校的应有职责和神圣使命。

教师教育是在终身教育思想的指导下，根据专业发展需求进行的职前培养、入职教育和在职教育等连贯、持续的专业教育。促进师范教育向教师教育转型，是师范院校新的时代使命，也是我国师范院校的主要发展趋向。当前我国教师教育资源存在严重的区域失衡，师范院校间也存在极大差异，亟待从我国国情出发，分层次、逐步变革教师教育模式。

教师教育特色主要指教育机构在职前学生培养、教师培训等过程中长期形成、社会公认，并具有优良特征的办学品格与个性风貌。师范院校是培养教师教育专业人才的主要载体，坚持弘扬教师教育特色，加强教师教育学科建设，引领基础教育改革创新，进一步做好师范生、教育硕士和教育博士培养工作，做大做强教师培训，建成高水平教师教育创新与培训基地，努力培养知名教育家、教学名师，是师范院校教师教育发展之道。

推动卓越教师培养，是当前教师教育最核心、最紧迫的任务。构建分层次、多类型，全面而又系统的卓越教师培养路径，在开放、协作和高效能的体系中进行，这是卓越教师的培养之道。

第六章
振兴教师教育是教育强国之根

> 教育是国之大计，党之大计。教师教育是培养教师的关键学科，是提升教师队伍建设的源头活水和提升教育质量的动力源泉。改革开放四十年，我国教师教育事业取得巨大成就。新时代背景下，振兴教师教育，全面提升教师素质能力，为基础教育培养一支高素质专业化创新型教师队伍，是师范大学的神圣使命和应有坚守，这是师范大学的发展之道。

第一节 特性表征

从教师教育的概念演变来看，教师教育一词是由师范教育发展演变而来的。1681年，法国天主教神父拉萨尔（Lassalle）创建训练小学教师的"教师讲习所"，这是世界上第一所正式的教师训练机构，拉开了世界师范教育的序幕。二百八十多年后，随着20世纪60年代全球"教师专业化运动"浪潮的推进，1966年，联合国教科文组织和国际劳工组织联合发表《关于教师地位的建议》（*Recommendation Concerning the Status of Teachers*），主张把教师工作视为一种专业，强调教师职业本身是一种与医生、律师、工程师等一样具有不可替代性的专门性职业，应有专业精神、专业资格、专业知识、专业技能与特定培养机构。这一建议首次以官方形式确立教师的专业地位。

在我国，"师范"一词的出现也比较早。最初，师范教育是指培养教师的学校或培养教师的活动，它成为师范学校或师范教育的代名词始于清朝末年。1896年梁启超的《变法通议》中有一篇《论师范》，其中阐述了设立师范学校的观点，"故师范学校立，而群学之基悉定","故欲革旧习，兴智学，必以立师范学堂为第一义"，这是"师范"一词具有现代意义的早期出处。

我国的师范教育则发轫于1897年创立的南洋公学师范院和1902年创立的京师大学堂师范馆。1904年，清政府出台"癸卯学制"，创立专门的师范教育体系，开启了教师培养专业化的征程。从此，我国长期广泛应用"师范教育"一词，强调

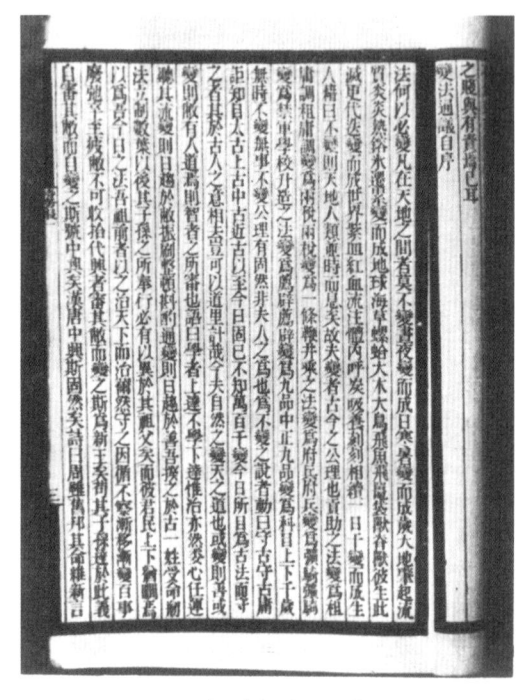

图6-1 梁启超《变法通议》一书自序

师范教育是对有一定文化基础的人进行专门职业训练的专门场所，具有一定的封闭定向性。1956年后，我国师范教育形成了完备的教育体系，即：培养小学教师的中等师范学校、培养小学和初中教师的高等师范专科学校和师范学院、培养初中教师和高中教师的师范大学的三级师范体系，至此，全国共有中、高等师范学校653所。直到1978年，党的十一届三中全会召开，党的工作重点转移到社会主义建设上来，师范教育也经过拨乱反正和初步调整、改造、整顿、提高，开始步入正轨，进入师范教育制度建设的大发展时期，这一年，全国共有中、高等师范学校1203所，招生约30.2996万人。

1965年，法国教育学家朗格朗（Lengrand）提出的"终身教育"的思想为师范教育的发展注入新鲜的血液，他认为人的一生都要不断地学习，教育要贯穿于人的一生，同时教育要包括个人和社会生活的各个方面。这种终身学习、终身教育的思想在世界范围内好评如潮，形成一种

国际性的思潮,并且引发了师范教育的变革。在这种背景下,西方发达国家率先将"终身教育"的思想引入师范教育领域,开始关注教师的职后培训阶段,试图将教师教育的职前职后阶段统一起来,由此提出了"教师教育"的概念与理念。国外师范教育领域的这种改革,为我国师范教育的变革提供了重要参考,我国首次在政策文本中使用"教师教育"一词是在2001年颁布的《国务院关于基础教育改革与发展的决定》中,以"教师教育"代替了长期使用的"师范教育",教师教育从此登上历史舞台。"教师教育"取代"师范教育"体现了两方面的理念:一是专业化发展理念,体现了教师专业化的改革新进程;二是终身教育的理念,对教师的职前培养、入职培训和在职研修三部分内容进行通盘考虑,整体设计,体现了教师教育连续发展的理念。

就师范类院校而言,由"师范教育"向"教师教育"的转型主要表现在三个方面:一是师范院校升格为综合性大学,从三级师范大步迈入二级师范管理体制;二是综合性大学参与教师培养与培训;三是坚持独立设置的师范大学、师范学院内在品质的综合大学化。

一、教师教育的特性

"教师教育"是在终身教育思想的指导下,根据教师专业发展需求进行的职前培养、入职教育和在职教育等具有连贯性、持续性的专业教育。其中,职前培养是基石,在职教育是关键。教师教育的特性主要体现在三个方面。

(一)教师教育是促进教师发展的活动

自古代社会,从最初教师仅凭个人的经验式教学到教师职业的建立,从无组织化教学到班级授课制的建立,教师教育发挥了重要的作用。师范教育向教师教育转型,历经百余年发展,对教师专业化要求不断提升。其中,美国教师专业化运动规模之大、构想之新,引起了国际教育界的关注。自20世纪80年代以来，美国连续发表了《以21世纪的教师装备起来的国家》《明日之教师》《明日之学校》《明日之教育学院》等报告，从政策、制度、原则、目标、培养方案、培训课程等方面对教师专业化发展做出规划，极大地推动了美国教师专业化的程度。在我国，进入21世纪以来，社会主义市场经济体制渐趋成熟，竞争机制的引进打破了人才培养的封闭模式，开始朝着专业化方向发展。我国相继发布了中小学幼儿园、中等职业学校及特殊教育教师专业标准，针对不同体系的教师确定了基本规范要求和基本行为准则，成为教师培养、准入、培训、考核等工作的重要依据，极大地提升了教师的专业素养。

（二）教师教育是一种专业性的教育活动

教师教育是针对教师这一专门职业所进行的教育活动，也是一种专业性的教育，它需要特定的教师教育机构、专业的教师教育学科制度和有效的教师资格制度。为了推动教师的专业化发展，1993年，《中华人民共和国教师法》以法律形式确定教师资格制度为我国教师职业许可制度，随后教师制度不断完善，形成了相对完备的教师资格认证体系。21世纪以来，国家先后出台教师教育课程标准、师范专业认证标准，2018年，教育部等五部门联合印发的《教师教育振兴行动计划（2018—2022年）》提出设置"教师教育学"二级学科，加强教师教育的学术研究和人才培养。同年，《中共中央 国务院关于全面深化新时代教师队伍建设改革的意见》提出，要着力培养造就一支党和人民满意的高素质专业化创新型教师队伍，把教师培养提升到了新的高度。这一系列政策举措，必将进一步提升教师专业素养的建设，促进教师专业化更加走向深入。总之，从我国教师教育的发展趋势来看，教师教育作为专业教育的制度体系逐步健全。

（三）教师教育是一种连续性的教育活动

教师教育与师范教育的显著区别在于教师教育具有连续性，它不仅要加强对从事教育教学活动教师的职前师范教育，而且还要关注教师的职业发展，及时为教师工作中的知识更新、技能发展提供教育培训。特别在终身教育理念的影响下，教师教育包含职前教育、入职教育、职后教育三个重要部分，三者之间已经形成了相互联系、有机贯通的连续整体。职前教育是准教师为从事教师职业接受系统化训练的过程，是教师职业生涯的基础，主要指学历教育，包括本科阶段的师范教育、研究生阶段的全日制教育硕士及教育类学术型研究生进行的学科教育与教师专业教育，从而将学生培养成为一名准教师。入职教育是教师教育中承上启下的过渡环节，上承职前培养、下启继续教育，是新任教师继获得教师资格证书、获聘为学校教师后首先接受的专业指导与训练，以便适应、胜任即将从事的教育教学工作。职后教育主要指为促进教师专业发展，对在职教师实施的继续教育，针对已经在中小学幼儿园工作多年的教师，开展基于实践的理论提升与理论指导下的反思实践，持续提升教师专业素养。21世纪以来，随着信息化的发展，无论是在校学生，还是已经工作的教师，他们获取知识的来源更为广阔，内容更加丰富。因此，教师教育也必须转变为一种主动的、持续的专业发展活动，教师职前培养与职后培训由分离逐步走向一体化，不断促进教师教育的连续发展。

二、教师教育的模式

教师教育模式是指教师培养在特定机构中实现的典型形式。[①]从教师教育模式的具体内容来看，主要涉及两个层面的问题：一是宏观层面的问题——"谁来培养教师"，即由哪种类型的院校实施教师教育；二是微观层面的问题——"怎样培养教师"，即培养教师的课程体系与教育内容、培养方式与手段。

---

① 靳希斌，王炳明．我国教师教育模式变迁探析［J］．集美大学学报（教育科学版），2008（4）：3．

（一）教师教育宏观模式

教师教育宏观模式是指由哪些主体参与培养的模式，分为定向型（封闭式）教师教育和非定向型（开放式）教师教育两种模式。定向型教师教育模式主要指传统师范院校的职前教师培养模式，例如国家公费师范生和地方院校定向师范生。该模式强调师范院校实施定向招生、定向培养、定向就业制度，主要是师范生毕业后到中小学和幼儿园任教。整个师范院校以教师培养培训为唯一功能。非定向型教师教育模式主要指师范院校向综合化发展，例如师范大学的非师范生以及综合大学的毕业生，受聘到中小学和幼儿园任教，该模式强调大力发展非师范专业，促进非师范专业招生人数与师范专业占比均衡，或超过师范专业。另外，综合性院校参与到师范生培养与职后教师培训当中。从宏观层面来看，目前我国教师教育主要存在以下发展模式。

1. 师范院校的教师教育向综合化发展的模式。师范院校的教师教育向综合化发展的模式是以师范生培养和教师教育为主。师范院校的教师教育走向综合化发展，有其深刻的社会背景和内在根源。21世纪初，师范院校面临教师待遇低、每年高考时高分考生不愿报考、研究生优质生源较少、师范专业科研实力弱等问题，于是师范院校开始积极走综合化发展道路，力争把自身建设成为一所综合性大学。例如，北京师范大学2012年在学校第十二次党代会上提出"21世纪中叶把学校建设成为世界一流大学"；华东师范大学2010年按照《华东师范大学改革和发展规划纲要（2010—2020年）》确定的目标，将学校定位为"综合性研究型大学"，并提出"力争在2020年前后进入世界知名高水平研究型大学行列，21世纪中叶建成世界一流大学"；陕西师范大学2005年提出要建立"以教师教育为主要特色的综合性研究型大学"；等等。通过师范院校教师教育综合化发展的具体路径进行总结归纳，发现主要有以下几种模式：一是院校合并模式，通过院校合并实现多学科教育和综合化发展。例如，西南师范大学和西南农业大学2005年合并组建为西南大学，定位为发展成综合性大学。二是升级模式，师范院校通过升级升格发展成为综合性院校。例如，榆林师范高等专科学校于2003年发展为榆林学院的综合性院校，商洛师范高等专科学校、安康师范高等专科学校这两所师范类院校于2006年分别发展为商洛学院、安康学院的综合性院校；此外还有怀化学院、汉江师范学院等均是由升格发展而来的。三是内生发展模式，师范院校在保留师范名称的前提下，经过设置非师范专业，发展综合性学科，逐渐向综合化方向发展。例如北京师范大学、华东师范大学、东北师范大学、华中师范大学、陕西师范大学等。

　　这些师范院校，前期都是师范教育占绝对比重，但是实施综合化发展模式之后，师范生比重都有不同程度的降低，综合化特征明显增强。综合化的目的就是强化教师教育特色需要高水平综合性学科的浸润和高水平科学研究的支撑，提升学校的整体办学实力。

　　2. **综合性院校开展教师教育的模式**。面对新世纪越来越激烈的人才竞争，提升教师教育质量、推动教师教育多元化发展成为教师教育的另一重要改革方向。20世纪90年代以后，我国教师教育体系逐渐向综合性大学开放，综合性大学逐步参与到教师教育当中。1999年《中共中央国务院关于深化教育改革全面推进素质教育的决定》开启了我国综合性大学参与教师教育的序幕。2015年教育部颁布的《中小学教师资格考试暂行办法》规定，师范类专业毕业生不再自动获得教师资格证，进一步破除了政策对师范大学的保护，也为综合性大学参与教师教育提供了政策空间。通过对目前综合性大学参与教师教育的模式进行研究，发现综合性大学参与教师教育的模式主要有两种类型：一是20世纪90年代中期以来师范院校通过升格合并成综合性院校，但通过继承和组建师范学院、教师教育学院、教育学院等专业学院，秉承传统师范教育优势，以教师教育为新职能开展教师教育工作。二是高水平综合大学于21世纪初纷纷建立教育学院、教育研究院等专业学院，开展教师教育，如北京大学、浙江大学分别成立教育学院，清华大学、厦门大学分别成立教育研究院，等等，这种教育模式的发展都是为了适应国家教育改革和经济社会发展需求的变化。

综合性院校开展的教师教育具有这样一些鲜明的特点：教师注重宏观教育政策和教育管理研究工作，参与教师教育的积极性相对不高；综合性大学教师教育处于初步探索阶段，教师教育改革和发展尚未取得显著成效；与其他学科相比，教师教育在综合性大学的地位往往不高。

（二）教师教育微观模式

教师教育的微观模式，是指从事教师教育的高校依据教师的知识结构和基础教育改革需求，系统构建师范生课程体系、教学组织形式等，以培养出符合要求的教师教育人才的模式。

1. 师范院校职前教育培养模式。改革开放四十年来，随着我国适龄儿童人口的不断增长，基础教育规模不断扩大，中小学教师需求数量不断增加，质量要求不断提升，相应地，培养中小学教师的师范院校也不断增加。全国现有高等师范院校200多所，教师教育主要采用学科教育与教师教育融合培养模式，即学科专业教育由各学科院系负责，教师教育则由教育学院、心理学院等教育类院系负责。随着国家教育水平的整体提升，基础教育对中小学幼儿园教师的综合素质与业务能力要求也逐步提高，在一系列教育政策的指引和推动下，各师范大学开始进行教师教育的改革与探索，进行人才培养模式的探索与创新。例如，北京师范大学"4+2"模式，指学生在完成四年的本科专业学习、获得专业学士学位之后，通过适当的筛选，直接进入教育专业硕士阶段学习两年；华东师范大学"4+1+2"教育人才培养模式，即在四年本科教育之后，进行一年的教育实践，然后再返回学校进行两年的硕士培养；陕西师范大学"4+2+1"模式，就是四年本科，继续深造的三年硕士教育中两年攻读文化理论课，一年在中学实习；等等。这些学校将学科教育与教师教育进行分离式培养，本科阶段主要实施学科教育，研究生阶段实施教师教育，有效夯实了学科基础知识，旨在培养具有广博知识与专业素养的高素质教师，保证学生高水平学科素养和教育素养。这些模式有效处理了教师教育"师范性"与"学术性"的关系，是高水平师范大学教师教育改革的趋势。此外，还有学科教学论和课程与教学论专业研究生的培养、教育专业博士生的培养等，均属于师范院校教师教育模式。

2. 综合性院校的职前教育培养模式。综合性院校在参与教师教育的过程中，也形成了具有自身特点的教师教育模式，虽然选择教育学的本科生、硕士生培养数量少，从事学科与教学论的专任教师数量少，但综合性院校有其他相关学科为教师教育提供强有力支撑的特点。其模式主要包括：一是科研型培养模式。以全国重点综合性大学为主，如北京大学、清华大学、南京大学、厦门大学等，这类大学一般以教育学院、教育研究院为主体开展教师教育工作，主要进行教师教育管理、教师职业发展等方面的教育研究，利用综合性高校学科门类多、基础学科强、学科之间互为支撑与融合的优势，设置跨学科、交叉学科或一体化学科的综合化课程，培养新型高质量师资人才。同时注重教育硕士、教育博士等专业学位研究生和教育学术研究生的培养，人才培养层次较高。二是分散型教师教育模式。实施这种模式的综合性院校一般具有教师教育的传统优势和完整体系，师范生分散在各个学科院系，学科院系与教育院系合作开展教师教育。例如，苏州大学就是几十年前由原本的师范院校再次改制或合并而成的综合性大学，该校师范生用三年左右的时间学习学科专业模块课程，用一年左右的时间学习教育类模块课程，学科教育和教师教育交义进行。宁波大学是1996年由原宁波大学、宁波师范学院和浙江水产学院宁波分院合并而成的,该校师范生前三年在相关学院学习学科专业课程,第四年进入教育学院学习教育理论,开展教育实践。三是集中型教师教育模式,全校的教师教育工作主要由教育院系承担。例如,青岛大学设置师范学院,集中承担教师培养任务;2004年,集美大学以原集美大学师范学院教育系和集美大学现代教育技术中心为基础,组建集美大学教师教育学院,集中负责教师的培养研究工作。

总之,改革开放四十年来,我国教育快速发展,但目前我国教育资源仍然存在严重的地区不平衡性,包括西部与东部的不均衡,大城市与小城市的不均衡,城市与乡村的不均衡。尤其是经济欠发达地区对教师的基本需求远未饱和,数量缺口还比较大,这些地区师范院校培养教师的任务还很艰巨。就目前全国200多所师范院校的发展基础而言,在教师教育转型背景下,也存在着极大的差异性,急需兼顾我国国情,分层次地、逐步地变革当前的教师教育模式,这是当前我国教师教育的发展之道。

第二节 特色彰显

《国家中长期教育改革和发展规划纲要(2010—2020年)》提出:"促进高校办出特色。建立高校分类体系,实行分类管理。发挥政策指导和资源配置的作用,引导高校合理定位,克服同质化倾向,形成各自的办学理念和风格,在不同层次、不同领域办出特色,争创一流。"这从政策规划层面,强调大学突出办学特色,已经成为一个时期内的重要任务。对于师范大学而言,师范大学坚持教师教育特色,既是服务国家、谋求发展的逻辑起点,也是践行教育使命的必然要求。

一、教师教育的特色

教师教育特色主要指师范院校在职前学生培养、教师培训过程中长期形成的、社会公认的，具有优良特征的办学品格与个性风貌。它主要体现在以下几个方面。

（一）弘扬师范精神

师范精神是师范大学在办学中所持有的一种育人理念，是教师教育活动最为显著的精神信仰，是师范大学从事教师教育的灵魂。其中，北京师范大学的校训"学为人师、行为世范"堪称师范精神的典型代表。

图6-2 北京师范大学校训碑

可以看出，仅仅八个字却体现出了主体化、奉献性和人文化等特征。在此基础上，一些师范大学结合自身的实际情况，又对师范精神做了具体化的表述，如陕西师范大学提出的"西部红烛精神"，就是凝聚全校师生教育情怀、培养人类灵魂工程师的"师范精神"；东北师范大学的"强师报国，求实创造"精神，这是源自七十多年办学历史中红色基因的血脉相承。

（二）师范生培养占据主导地位

在一所高校中，师范生的培养所占据的位置直接影响这所学校的办学特色。如学校在发展规划、队伍建设、经费投入、资源配置等方面要优先发展教师教育，确保教师教育在学校中的战略重要地位。一般来说，师范院校师范生的培养占据主导地位，所以，师范院校的教师教育特色会更加明显，而一些综合性院校尽管也参与教师教育，但是其师范生的培养不占据主导地位，所以，教师教育特色不明显。《中共中央国务院关于全面深化新时代教师队伍建设改革的意见》明确提出要"确保师范院校坚持以师范教育为主业"，更加强调师范院校要坚持教师教育特色发展战略，坚守师范教育主阵地，高举师范教育大旗，师范院校的教师教育特色，将被进一步加强。

（三）学科建设与基础教育有密切联系

教师教育与基础教育有天然的联系，教师教育引领基础教育改革发展，师范生的培养要与基础教育密切结合，与此同时，基础教育对教师教育改革发展有支持促进作用。师范院校培养的毕业生主要在中小学任教，所以，一般来说，师范类院校的专业设置主要与基础教育学科相关，设有汉语言文学、英语、思想政治教育、历史学、数学与应用数学、物理学、化学、地理科学、生物科学、教育技术学、美术学、音乐学、体育教育、学前教育、小学教育、特殊教育等专业，这些专业设置与中小学课程设置对应，以满足毕业生在中小学的从教需要。

(四)重视教师教育基本理论及教师教育技能教育

教师的教育教学活动,除应具备专业知识外,还需要大量的教育教学理论进行指导,尤其是为师范生授课的教师,更需要扎实的教育教学技能作为支撑。因此,推进教师教育,需要有大量的教师教育基本理论研究与技能训练活动。只有如此,才能培养出高水平的教师,也才能彰显师范大学教师教育的特性。所以,重视教师教育基本理论研究及教师教育技能教育,是教师教育的另一重要特性。

总体来看,坚持弘扬教师教育特色是师范院校的责任与使命,应面向基础教育现实需求,坚持问题导向,积极开展教师教育模式改革,进一步做好师范生、教育硕士和教育博士的培养工作,引领基础教育改革创新,做大做强教师培训,建成高水平的教师教育创新与培训基地,加强教育学相关学科建设,大力培养国内外知名的教育家、有影响力的教学名师,是教师教育活动的主要内容。

二、教师教育特色的彰显

师范院校是教师教育专业人才培养的主力军,是教师教育的核心组织。不断强化师范院校的教师教育特色,是提升我国教师教育水平的关键。总结四十年来师范院校发展改革的经验,强化教师教育特色的主要策略有以下几点。

(一)加强师范专业建设,优化教师教育课程体系

师范大学肩负着为基础教育培养卓越师资的重任,师范大学的建设水平决定着基础教育的发展水平。师范专业是教师教育人才培养的基础,培养满足国家需求和促进基础教育发展的教师,是其应有的职责。然而,近十几年来仍然存在教育改革的制度阻力和组织制约、师范传统被弱化、培养质量有所滑坡、教学方式落后和实践能力培养不足等问题,因此,迫切需要全面加强师范专业建设和教学改革。师范大学要根

据办学定位和办学特色，建设满足基础教育不同学段和不同学科的师范专业，把师范专业作为学校的优先建设专业。师范大学应改革职前教师教育课程设置，着力解决课程设置和教学方式陈旧、教育实践环节薄弱等问题，建立适应时代发展的教师教育课程教学体系。具体措施包括：一是构建各类专业课程体系，首先是依据学生的志趣、爱好等确定师范生的课程学习领域，分为学科专业知识、通识文化知识、教育理论知识和个人实践等，其次将各个学习领域课程模块化，并且以多样化的课程满足学生的个性化选择。二是改革教育类课程体系，改变以教育学、心理学、教学法为代表的传统教育类课程体系，在教育学、心理学、教学法课程建设的同时，从教师职业特点、职业需求和职业发展特性出发，加强课程与教学论、学校管理学、学生心理健康指导、教育科学研究方法等课程建设，增强学生教学反思与研究、教学组织与管理能力。三是加强选修课课程体系建设，合理确定选修课与必修课的比例，积极鼓励教师根据自身研究特长开设选修课程，把最新研究成果、社会发展需求、国际发展新趋势融入课程内容中，把学科前沿知识、教育改革和教育研究最新成果充实到教学内容中。四是加强教师教育的实践环节，加强师范生基本职业技能训练，如加强语言与书面表达能力训练、教育教学工具运用训练、教学设计能力训练等，提升师范生教育教学能力。

（二）强化特色学科建设，凸显教师教育优势

长期以来，师范大学主要从事有关教师教育的科研教学活动，已经形成了完善的教育学科研教学体系，奠定了进行教师教育的科研教学基础。强化教师教育特色学科建设，是师范大学的理性选择。教育学一级学科下包括教育学原理、课程与教学论、教育史、比较教育学、学前教育学、高等教育、职业教育等二级学科。但是，过去四十年，许多师范大学的教师教育并没有作为二级学科进行建设，只是教育研

究中的一个方向。更有甚者，许多师范大学还未设立该研究方向，把教师教育作为教育学学科的逻辑起点、知识体系尚未明晰，学科制度尚未形成。

现代大学制度是以学科为轴心的办学体系，特别是在国家"双一流"建设背景下，师范大学要想赢得竞争优势，必须强化教师教育学科建设。从实践经验来看，国内一些著名师范大学始终把强化教师教育特色作为主要办学目标，如北京师范大学提出"以教师教育、教育科学和文理基础学科为办学特色……努力建设世界一流大学"的发展目标，华东师范大学提出"拥有若干一流学科，多学科协调发展，引领中国教师教育发展的世界知名的高水平研究型大学"的发展目标，陕西师范大学提出努力实现"以教师教育为特色的综合性研究型大学"的战略目标，都是强化教师教育特色的具体体现。

（三）推动教师教育体制改革，促进教师教育资源整合

建立教师教育体制是保证教师教育有效进行的先决条件，为此，推动教师教育体制改革成为改革的重要内容。有学者指出："师范院校教师教育改革应以校内体制革新为突破口，探索建立'文理学院+教育学院'体制。"[①]从实践来看，师范大学已经在积极推进教师教育体制改革，如为了推动教师教育资源整合，北京师范大学于2009年成立教育学部。之后，华东师范大学、东北师范大学、西南大学等学校也相继成立教育学部，体现了教师教育资源整合的策略。为了强化教师教育特色，打造教师教育品牌，华中师范大学、南京师范大学等学校成立了教师教育学院。陕西师范大学为了统筹学校教师教育资源，2008年设立了教师教育办公室，负责顶层设计，系统规划学校教师教育改革发展的整体布局。华南师范大学为了统领全校教师

---

① 张斌贤，董静."教师教育学院现象"与师范院校的发展战略[J].高等教育研究，2012（10）：36.

教育工作，统筹全校教师教育资源，促进教师教育职前职后一体化发展，成立了教师教育学部。所有这些，都是从体制上为教师教育改革发展创造条件。

（四）搭建教师教育研究平台，提升教师教育实践能力

教师教育研究平台是推进教师教育走向深化的重要抓手，是不断创新教师教育理论和促使教师教育理论深入实践的重要载体，是彰显教师教育特色的关键路径。所以，一些师范大学都建有功能专业、优势突出的教师教育平台。如北京师范大学、华东师范大学等为了打造教师教育特色，建设了包括各类研究所、研究院、研究中心、实验室等在内的一大批教师教育研究平台。一些师范院校还搭建了教学实训基地、教学研究中心、主题培训工作坊等支撑教师教育发展的平台。陕西师范大学为了强化教师教育特色，从自身地缘格局出发，组建高水平研究平台，学校集合一大批高水平科研人员集中研究西部地区教育，形成一大批基于民族教育、西部贫困地区教育、边疆安全教育的科学基地和平台，为国家战略决策提供政策咨询，为西部地区教育发展存在的难点问题提供解决方案，在国内外产生了重要影响。

（五）满足社会发展实际需求，改进教师教育社会服务能力

在大学教育越来越走向世俗化的今天，社会服务已经成为大学不可缺少的功能，甚至已经成为大学与人才培养、科学研究并驾齐驱的三大功能之一。社会服务能力既是彰显学校办学能力的重要表现，也是增强学校社会影响力的重要方式，更是评价高校办学水平的重要指标。所以，师范大学应充分利用教师教育优势资源，服务地区教育发展，强化社会服务体系建设，切实把教师教育应用于社会、服务于社会，从而提升自身的社会影响力和美誉度，增强教师教育发展的源泉及动力。社会服务体系建设的具体措施包括：一是要建立开展社会服务的指导、咨询和联络机构，积极推进学校与社会的联系，与中小学等基础教育机构对接，把科研成果向社

推销和生产转化,把社会科研需求向学校科研机构进行信息传递。二是要改革评价指标,通过评价考核的方式,推进校内机构积极开展社会服务,实现社会服务的多层次、全方位发展格局。三是社会服务内容要瞄准五大方向,精准发力。具体是:(1)要提升对中小学教育的服务能力,积极组织研究人员深入中小学,充分研究中小学发展中存在的实际困难,帮助优质学校进一步创新发展,帮助薄弱学校改进补强短板。(2)要加强与所属区域各级政府部门的联系,与政府部门联合构建研究机构,积极为政府部门的教育决策提供咨询,并协助政府部门进行教育发展规划,帮助其分析国家教育政策导向,了解国际国内教育发展前沿。例如,西北师范大学与甘肃省政府密切合作,为甘肃省培养免费师范生,为国家民委、教育部及甘肃省政府提交咨询报告37份,为甘肃省乡村教师支持计划、兰州市教育事业发展"十三五"规划纲要等一系列政策的制定提供了重大智力支持。(3)要开展教育科研服务,把科研成果积极向当地教育系统转化,解决科技成果向现实生产力转化不力、不顺、不畅的痼疾,以及创新和转化等各个环节衔接不够紧密的问题。(4)学校要积极为贫困区域培养当地急需的教师人才,为其提供学历教育和非学历教育。(5)国家要求图书馆、博物馆、体育馆等公共文化场馆向社会公众免费开放,高校应充分利用自身的教育资源,协助公共文化场馆开展文化活动,保障公民基本文化权益,发挥教育的社会公益性作用。

第三节　卓越教师培养

大力提高教师培养质量是教师教育改革发展最核心最紧迫的任务。长期以来,我国教师培养普遍存在缺乏针对性、课程教学内容和教学方法相对陈旧、教育实践质量不高、教师教育师资队伍薄弱等问题。为全面提升教师培养质量，2014年，教育部出台《关于实施卓越教师培养计划的意见》，并在全国高校确定了80个卓越教师培养计划改革项目。卓越教师培养是一个系统化工程，需要构建分层次、多类型，全面、系统的培养路径，在一个开放、协作和高效能的体系中进行，这是卓越教师的培养之道。

一、构建多元化的培养目标

卓越教师是一个内涵丰富的概念，一般来说这些教师可能是骨干教师、专家型教师、教育家型教师、名师、特级教师等，是在学科教学、学生培养和学科研究方面具有较高造诣，能起示范和带动作用的教师，其理想规格是"专业精神朴实高尚""专业知识融会贯通""专业能力卓著出色"，卓越教师培养就是要以这些理想规格为目标。根据这一规格要求，我们从以下三个维度对卓越教师培养目标做以分析。

（一）品德维度：师德和人格高尚

品德是教师从事人才培养活动时具有的行为方式理念及价值追求，通过内在的价值理念及道德规范指引教师教育教学活动，是教师成为卓越教师最为重要的教育内容。在卓越教师培养中，品德培养是最重要的目标，要着重塑造师范生师德和高尚的人格。具体要求包括：卓越教师应热爱祖国，热爱教育事业，热爱学生；具有强烈的人文主义精神和全球意识，有理想信念、有道德情操、有仁爱之心，身心健康，志趣高雅；大学毕业之后要能够在工作岗位上教书育人、为人师表、无私奉献，并成为先进教育理念和社会主义核心价值观的践行者与发展者。

（二）专业维度：理论与实践素养俱佳

在卓越教师培养中，专业是师范生展现卓越性的根本，必须强化卓越教师的专业能力建设。具体要求是：卓越教师必须具备扎实深厚的学科专业知识和完善的知识结构，能够熟练运用多种教育教学方法，因材施教；正确理解个体生命的意义和多元文化的存在价值，具备从事教育教学研究的理论素养和开展教学实践的国际视野；具有前瞻性的教育改革与教学创新思维，教育教学实践能力突出，能够产出有影响力的教育理论和实践研究成果；卓越教师还应具备优秀的教育信息化素养与运用国际话语体系从事教育教学交流与合作的能力。

（三）发展维度：职业规划与反思能力卓越

职业规划与反思能力是师范生成长为卓越教师并能够为教育事业做出更大贡献的又一重要能力，特别是在当今社会知识发展越来越迅速的情况下，职业规划与反思能力将直接影响职业生涯，因此必须重视卓越教师的职业规划与反思能力。卓越教师要能够对自己的职业规划与专业发展合理定位，树立远大而崇高的教育职业目标，拥有持续不断的专业发展动力，善于借助各种专业发展手段提升自己的职业品位；具有较强的职业自我反思意识和专业自我发展意识，能够在整个职业生涯中不断提高自身的专业水准和教育教学艺术。

二、实施多类型的培养路径

社会对教师的需求是多样的，教师个体也存在着差异，这种多样性、差异性决定了教师教育质量的提升需要通过多种方式。可见，为了提升人才培养质量与水平，构建分层次、多类型，全面而系统的卓越教师培养路径是十分必要的。

（一）注重学科支撑的优势

学科优势是卓越教师培养的重要基础，要实现高层次的卓越教师培养目标，就必须充分发挥师范大学长期以来在文理基础学科、教育学科和心理学科建设方面的比较优势，把学科建设形成的师资队伍、研究平台和科研成果优势，与培养卓越教师的实践改革融为一体，构建公共基础课程、学科专业课程、教师教育课程比例适当、结构合理、理论与实践深度融合的课程体系。以高水平的学科建设成果为卓越教师培养提供专业保障和支持，以卓越教师培养计划改革项目的实施需求，带动学科建设不断迈上新的台阶，促进教师教育学科建设与卓越教师培养水平的同步提升。

（二）强化本科教育的质量

针对中学教育改革发展对高素质教师的需求，高校要重点探索本科教育问题。本科教育质量是卓越教师培养的基石，要培养一批信念坚定、基础扎实、能力突出，能够适应和引领中学教育教学改革的卓越教师。一方面，高校以本科师范生为对象，培养学生具备扎实的学科专业知识和基本的教学专业能力，形成师范生开展学科教学的实践能力和从事中小学教育教学工作的职业情感；另一方面，高校以文、理基础学科的本科非师范生为对象，通过多种方式，全面夯实本科教育的学科专业基础，为实施研究生教师教育提供良好的生源保障。

（三）突出研究生教育的创新

研究生教育是卓越教师培养的另一路径和提升方式，实施研究生层次的教师教育，是满足我国中小学教师队伍建设高端需求的必然选择。近十几年来，我国基础教育师资队伍的学历层次有了较大提高，中小学教师中具有研究生学历教师的比例大幅度提升。高校在卓越教师培养中以攻读教育硕士和教育博士的研究生为主要对象，着力培养学生具备系统的教育教学理论知识和学科教学实践应用能力，强化教育理论运用和实践创新能力的养成，帮助学生树立和践行成为卓越教师的价值追求，使其成长为能够适应和引领中学教育教学改革的卓越教师，或教育家型教师。

三、推进教学方法的综合改革

卓越教师不是某一素养突出，而是多种素养甚至是基于多种素养形成的综合能力很强，它是一个多方面、综合性、整体性的能力特性与品质。这就意味着卓越教师的培养不是一个简单的措施和方法，而是一个系统而复杂的工程，需要在一个开放、协作和高效能的体系中进行，因此，大力推进卓越教师教育教学的综合改革是十分必要的。归结起来，综合改革主要包括以下内容。

（一）建设三位一体协同育人体系

培养主体的多元化和培养过程的实践性是卓越教师成长的重要保障。培养主体的多元化，解决了卓越教师成长过程中知识断裂化、碎片化的弊端。培养过程的实践性，解决了卓越教师成长知识技能转化方面的难题。在卓越教师培养中，要按照"平等参与、深度融通、共同受益"的原则，构建师范大学、地方政府和中小学三位一体的卓越教师培养共同体，通过高校与政府教育行政管理部门、中小学共同制订培养目标、设计课程体系、建设课程资源、组织教学团队、建立教育实践基地、开展教学研究、评价培养质量，形成高校主导、政府协调、中小学主动参与的培养体系，对实现多元培养主体的有效协同，实现人才培养理论与实践相互促进、相互提升，具有十分重要的意义。

大学作为卓越教师培养的实施主体，主要负责培养对象的专业教育，以提升其职业境界，培育其教育家志向。大学要优化教师教育课程模块，丰富教师教育课程资源，更新教师教育课程内容，形成教育理论课程与教学实践技能相沟通、相衔接的课程体系。大学要引入选拔分流机制，借助专业表现、课程考核与心理测试等手段，促进具有卓越教师发展潜质的学生全面发展。大学要为优秀本科毕业生提供教育硕士、教育博士阶段的教育机会，构建高品质的卓越教师在职教育体系。

地方教育行政管理部门作为中小学教师队伍建设的责任主体和组织机构，在卓越教师培养中主要承担"赋权、搭台、督导、问责"四个方面的职能。具体包括：在政策上支持师范大学选拔更加优秀的生源；协助师范大学搭建教育实习实践平台，督导卓越教师培养单位参与中小学协作任务；委托第三方组织实施针对卓越教师培养的评价活动，向培养单位反馈卓越教师培养改革实施意见。

中小学作为培养卓越教师教育实践能力的参与主体，是卓越教师培养的直接受益者，主要负责实践教学的组织落实工作。具体任务包括：选派中小学一线优秀教师担任实践教学导师，为实习生提供高水平的教育教学指导；与师范大学共建教师教育实践模块的课程资源，通过优质课例共享、教学交流研讨等形式协助改进实践教学质量；与师范大学合作开展针对实习生的教学研究训练、观摩实践、同课异构活动与微型课题研究，协助培养师范生的教学创新能力与教学元认知能力；参与对师范生实习、研训效果与专业发展水平的考核，承担本学科的各种教学实践任务，使学生形成乐于探究、勇于变革、追求卓越的基本素养。同时，中小学教师根据基础教育改革的实践和要求，参与大学的教师教育人才培养工作，可以受聘为大学兼职教师、基础教育实践导师，参与大学师范专业培养方案修订和课程建设，为大学教师教育改革发展提供咨询和建议。

（二）大力创新教师教育课程体系

课程体系是培养卓越教师的知识载体和实施培养活动的推动工具。提升教师教育质量，离不开课程体系的创新。近年来，我国教师教育课程从所谓的"老三门"即教育学、心理学、学科教学法逐步发展成为模块化、系列化的课程设置，课程内容进一步充实，课程结构趋于合理。但是，教师教育课程建设仍然存在国际化进程缓慢、课程设置的针对性和应用性不强、教学效果还有较大提升空间等不足。围绕卓越教师的基础素养、核心素养与发展素养提升，在全面落实国家教师教育课程标准要求的基础上，要以立德树人为根本任务，注重师范生师德教育，要以建设具有鲜明区域特色和学校文化特征的教师教育课程群为着力点，不断提升课程资源品质，努力为学生个性化成长创造良好的条件。要把教育基本理论课程群、学科教学论课程群、教育实践课程群与教师专业发展课程群向全体师范生开放，降低必修课课程学分，提高选修课课程比例。要积极推进教师教育网络课程建设，建设教师教育类慕课（Massive Open Online Course，简称MOOC），开展"国际优质网络公开课纳入公选课"试点工作，可以考虑将哈佛大学、耶鲁大学、斯坦福大学等国外优质教师教育网络课程纳入学校公选课，丰富课程内容，深度融合信息技术与学科教学，提升信息化教学水平和课程教学质量。实施情景教学、案例教学、研究型教学、翻转课堂等多样化教学方式，增强师范生学习兴趣，提高学习效率，着力提升师范生的学习能力、实践能力和创新能力。

（三）着力提升教师教育教学能力

卓越教师个性化培养目标的实现，不仅要依靠体制机制的保障，更重要的是还要有一支高素质的从事教师教育工作的师资队伍，能够有能力、有水平、有技术培养卓越教师。从卓越教师培养过程来看，现阶段，教师教育课程任课教师特别是学科教学论教师队伍建设滞后的问题还比较突出，如学科教学论教师数量较少、教师管理面临困惑、教师晋升评价特殊性体现不明显等。加强教师教育课程任课教师队伍建设，提升这支队伍的实力和水平，是实施卓越教师培养计划必须首先解决的一个突出问题。

从现实角度看，应以实施卓越教师培养计划改革项目为契机，政府要制定鼓励高校与中小学、教研机构、企事业单位和教育行政管理部门积极探索"协同教研""双向互聘""岗位互换"等教师发展的政策，建立相应的保障机制，建设"数量足够、专兼结合、结构合理、素质优良"的学科教学论教师队伍，形成稳定长效的师资队伍共同体，建立和落实高校中青年教师到中小学从事至少一年学科教学和教育管理实践的工作制度，以丰富他们的中小学教育教学实践经验。下沉基础教育一线锻炼，是尽快提升高校学科教学论教师队伍整体实力的重要突破口。师范院校要积极利用高等学校教师教学发展中心的业务平台，大力促进学科专业课程任课教师教育理论素养的提升与教育实践能力的改善，发挥好学科专业教师在卓越教师培养过程中的示范和引导作用。师范院校可以面向国内外高水平大学聘请专家学者，参与教师教育理论课程教学工作，鼓励在学术研究上有突出成绩的学科专业课任课教师开设学科教师教育类课程，为卓越教师培养提供良好的师资保障。

四、推动教育模式的持续创新

人才培养模式是从事人才培养活动的一整套资源配置方式和运行方式，具有完整性、系统性、复杂性、集合性特性，对人才培养具有全面、系统影响作用，甚至起着决定作用。创新培养模式是卓越品质形成的重要条件，实施卓越教师培养需要创建符合教师教育特色的人才培养模式，具体措施包括以下几点。

（一）构建本硕博一体化教师教育人才培养模式

在教师教育人才培养中，一方面，中小学对教师的知识水平及学历要求越来越高，迫切需要一大批具有硕士学位、博士学位的毕业生到基础教育一线，实施本硕博一体化的教师教育人才培养模式是适应中小学教师需求的有效举措。另一方面，教师教育是培养教师专业人才的过程，教师专业的发展与成长是一个不断进行的过程，或者说是一个知识深化和累积的过程。实施本硕博一体化的人才培养模式，更有利于促进教师的专业发展，便于教师更快成长为专业性人才。因此，构建本硕博一体化教师教育人才培养模式是未来教师教育的必然要求。本硕博一体化教师教育人才培养模式构建，建议高校按照"厚基础、宽口径、高素质、强能力、重创新"的培养理念和文理渗透、通专结合的原则，深入实施教师教育人才培养模式改革。本科低年级阶段主要按学科大类培养，高年级和研究生阶段主要进行专业培养。要实施卓越中小学教师和卓越幼儿园教师培养计划，组建卓越教师实验班，着力培养卓越教师，为造就更多的未来教育家奠定基础。

在非师范本科毕业生中择优选拔一些学生，组建卓越教师实验班。在校内各非师范专业创新实验班遴选"推免生"攻读全日制教育硕士，在硕士阶段，探索多样化高端教师教育人才培养模式。采取小班授课、精英教学的方式，强化师德培养，注重与本科教育的有机衔接，多渠道提升人才培养国际化水平，建立"三位一体"协同育人机制，构建本硕博一体化培养体系，培养造就师德高尚、理念先进、专业卓异、能力过硬、成长力强的精英教师。

教育博士培养阶段，以优秀教育硕士毕业生和具有基础教育一线教育教学实践经验的优秀教师及管理者为招生对象，培养高端的研究型教师和未来教育家。

（二）实施多元化的制度保障机制

卓越教师还需要有丰富的知识和宽广的视野，这是卓越教师实现后续发展能力，提升持续发展水平的重要保障。师范类大学在卓越教师培养中，需要不断推进与高水平综合大学联合培养，建立海外游学制度，设立"卓越游学奖学金"，专项资助卓越教师班学生赴国（境）外参加交换生与联合培养项目的课程学习，拓展学生国际视野。需要建立教师专业能力中心，设立专项研究课题，组织学生开展科学研究，指导学生开展各级各类大学生创新性实验计划项目，支持学生参加国内外学术会议，切实强化科研能力训练，以形成和提升学生学术素养。注重第二课堂的积极作用，设立"导师制专家导引室"，聘请校内外知名专家学者，定期在图书馆或其他公共场所与学生面对面讨论学习和生活问题，使学生增长见识，开阔视野。

第四节　实践案例

陕西师范大学地处我国西部的古都西安市，作为教育部直属师范大学，长期以来，学校坚持为基础教育服务办学方向，积极服务西部地区教育和经济社会发展，铸就了扎根西部、甘于奉献、追求卓越、教育报国的"西部红烛精神"，形成了鲜明的教师教育特色，对教师教育改革发展具有重要借鉴作用。

一、扛起西部基础教育旗帜

陕西师范大学的前身是陕西省立师范专科学校。陕西省立师范专科学校1944年建校，1954年更名为西安师范学院，1960年与陕西师范学院合并，定名为陕西师范大学。建校之初，学校就审时度势，从师范院校的使命出发，明确提出学校要为本省培养中学师资，以缓解国家、社会面临的中学师资不足的问题。这一办学方向的确立，奠定了该校此后七十余年办学目标的基调。中华人民共和国成立后，陕西师范大学的办学目标虽几经调整，但始终坚持把为基础教育培养高质量的优秀教师作为学校办学的根本任务。在学校召开的第七次党代会上，进一步明确提出使学校"成为在国际上有影响的全国一流师范大学"的奋斗目标。2005年学校第九次党代会提出转型发展战略和建设以教师教育为主要特色的综合性研究型大学的发展目标。2011年学校第十次党代会提出，要推进转型发展，主要任务是加快以教师教育为主要特色的综合性研究型大学建设步伐。2018年，学校第十一次党代会再次明确强调，要把学校建设成为以教师教育为主要特色的综合性研究型大学，同时乘势而上，开启特色鲜明世界一流大学建设的新征程。

图6-3　中国共产党陕西师范大学第十一次代表大会召开

　　七十多年来，陕西师范大学始终高举教师教育大旗，始终坚持与民族命运起伏共振，与国家教育事业发展紧密相连，牢记师范大学的责任与使命，坚持为基础教育服务，用理想、信念和情怀，扎起了西部教育大旗，形成了特有的"西部红烛精神"——扎根西部、甘于奉献、追求卓越、教育报国。

　　学校先后为国家和社会培养各类人才30余万人，毕业的师范生绝大多数扎根西部及少数民族地区，许多毕业生成为当地基础教育领域的教学骨干和教育管理者。例如，据不完全统计，陕西省90%以上的中学都有陕西师大的毕业生，80%以上学校均有校领导或名师毕业于陕西师范大学。特别是2007年国家实行师范生免费教育政策（2018年国家调整为"师范生公费教育政策"）以来，该校积极招收公费师范生，旨在改变中西部及经济落后地区，特别是农村基础教育教师队伍薄弱的现状。

图6-4　中央电视台报道陕西师范大学"西部红烛精神"

截至2018年，学校累计招收公费师范生26 466人，占本科生招生总数的49.52%（如图6-5所示），其中近90%生源来自中西部地区。同时，该校也是国家师范生培养的主要高校之一，如在教育部直属师范大学公费师范生招生总数中，陕西师大招生数占到了四分之一。

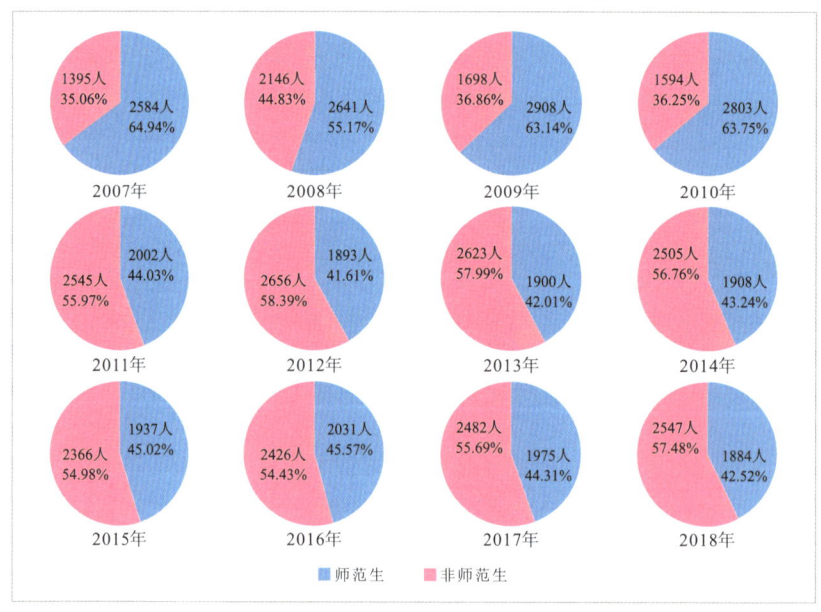

图6-5　陕西师范大学公费师范生招生情况

学校还为西部地区培养了一大批中小学校长和名师。可以说，在西部有重点中学的地方，就有陕西师大的毕业生，有陕西师大毕业生的地方，就有高质量的基础教育。全国基础教育领域涌现出的优秀模范教师，有不少就毕业于陕西师大。2007年教师节，时任中共中央总书记胡锦涛、国务院总理温家宝在中南海召开全国优秀教师代表座谈会，在会上发言的五位教师中，陕西省山阳县中学教师仰孝升是陕西师大物理系1979级校友，广东省顺德启智学校教师申承林是陕西师大教育系1996级校友。仰孝升说："从走上三尺讲台那天起，我便坚定了一个信念：扎根山区，让自己所教的每一个孩子都能得到全面发展，成为国家建设和家乡发展的有用人才。"这是仰孝升的心声，更是所有陕西师大人的心声。学校1988届毕业生程彩玲毕业后到新疆乌鲁木齐八一中学执教，一干就是31年，带出了1300多名学生，2009年，她获得全国模范教师及全国"巾帼建功立业标兵"称号[①]，是陕西师大代代学子心中的楷模。

图6-6 陕西师范大学红烛校史馆

---

① 张哲浩，杨永林.陕西师大：以"西部红烛精神"锻铁成钢[N].光明日报，2019-02-25.

从总体上来看，陕西师范大学毕业生在西部基础教育领域的贡献，真正支持陕西师大扛起西部基础教育旗帜的荣誉。

二、创新教师教育培训模式

职后教育是教师教育的重要组成部分，与职前教育共生互动，共同促进教师的专业化发展。特别是处于当今知识更替速度越来越快的社会，教师需要不断补充新知识、学习新理念及新内容。因此，加强职后教师教育培训，拓展教师教育活动，切实为教师发展服务，是师范大学的又一使命。陕西师范大学在强化职前教师教育的同时，更重视提升职后教师教育的质量与水平，使其成为实施教师教育的重要内容。

（一）切实加强基础教育与教师教育资源建设

学校依托"教育部陕西师范大学基础教育课程研究中心""西北基础教育与教师教育研究中心""陕西省基础教育资源研发中心""陕西师范大学教师教育资源中心"等机构与平台，大力建设基础教育与教师教育优质资源，促进优质教育资源的共建和共享。目前，已经出版了系列教师教育教材，建设了高中10个主要学科的教学视频资源，研发了200多门符合中小学农村骨干教师全学科全学段的数字化学科课程资源，建设了基础教育资源研发网站——积学网，及时汇集全国各地基础教育研究的最新动态和最新成果，成立了陕西省高等教育MOOC中心（陕西师范大学中心），搭建在线开放课程平台，积极开展开放课程研究和应用服务，创办基础教育教学参考系列期刊，提升基础教育研究能力，为职后教师培训提供了资源支撑。

（二）积极开展职后教师和教育管理干部培训

学校依托"教育部西北高校师资培训中心""教育部西北教育管理干部培训中心""教育部高校辅导员培训与研修基地""陕西省中

小学教师培训基地""陕西省教师教育指导中心",全面开展基础教育教师和教育管理干部培训。近三年来,学校共承担和完成教育部"国培计划"示范性项目25项,中西部项目64项,幼师国培项目19项,陕西省级项目41项,其他省(市、区)级项目、地市(县)级项目、教育基金会项目和社会类项目160余项,累计培训全国除港澳台以外的31个省区市中小学师资和教育管理干部43 600余人。目前,学校已经成为教育部中小学骨干教师培训基地和陕西省中小学教师培训的龙头基地,较好地发挥了部属师范大学服务基础教育教师队伍建设的示范作用。

三、全面提升服务基础教育的能力

为基础教育服务,既是高等师范院校的重要职能,也是我国教育事业发展赋予高等师范院校的光荣使命。近十年来,陕西师范大学将教师教育的学科专业优势与国家发展基础教育的战略需求紧密结合,以提升中小学教师在职培训质量为抓手,以课题研究为载体,以优质资源建设为保障,以改革创新为动力,不断丰富和完善服务基础教育工作体系,取得了阶段性的工作成绩。

(一)深入开展基础教育研究

学校先后组织专家教授承担各级各类教师教育与基础教育研究课题近400项,有54项研究成果获得陕西省基础教育教学成果奖,其中"基于新课程的西部地区教师发展实践探索"荣获全国基础教育课程改革教学研究成果一等奖,"诱思探究教学的理论和实践""大学与普通高中联合培养创新人才的实践——'春笋计划'""社会主义核心价值观融入小学教育实践机制探索""基于创新素质提升的'学思维'综合活动课程的开发与实践""大学与中小学共生发展的'U—F—S'模式探索"等五项成果获国家级基础教育教学成果二等奖。

学校积极深入各市县中小学开展教学改革,促进教育质量提升,多次被评为陕西省基础教育科研工作先进单位。作为教育部基础教育课程研究中心,学校多次组织专家学者深入基础教育教学一线,就"课堂结构处理""教学目标创设""高效课堂""师生互动组织与控制""师生情感体验与交流"等问题,帮助和指导中小学教师开展相应的教学研究活动,有效提高课堂教学效果。这些做法促进了中小学教师教学和研究水平的提高,实现了基础教育理论研究与实践应用相结合,开辟了大学专业人员与中小学教师协作研究、共同发展的新途径。具体成果情况如表6-1、表6-2所示。

表6-1 陕西师范大学承担陕西省基础教育重大招标课题统计表

年 份	课题数量	年 份	课题数量
2009	7	2015—2016	2
2010	4	2016—2017	7
2012—2013	6	2018—2019	8
2014—2015	3	合计	37

表6-2 陕西师范大学基础教育教学成果奖获奖情况统计表

名 称	年 份	一等奖	二等奖	三等奖
全国基础教育课程改革教学研究成果奖	2010	1		
国家基础教育成果奖	2014		2	
国家基础教育成果奖	2018		3	
陕西省基础教育教学成果奖	2008	1	7	1
陕西省基础教育教学成果奖	2009	9		
陕西省基础教育教学成果奖	2011	4	1	1
陕西省基础教育教学成果奖	2012	5	2	1
陕西省基础教育教学成果奖	2013	1	2	
陕西省基础教育教学成果奖	2015	5	5	
陕西省基础教育教学成果奖	2016			
陕西省基础教育教学成果奖	2017	6	2	1
合计		32	24	4

(二)建设西部教师教育共同体

多年来,陕西师范大学积极创新教师教育机制体制,通过建设教师教育创新实验区、教师教育协同创新中心、西北教师教育联盟,开展对口支援西部师范院校,促进学校与教育行政管理部门、中小学以及兄弟院校等形成合作共同体,协同培养基础教育卓越教师。

1. 共建教师教育创新实验区。早在1995年和1996年,学校就分别与陕西省旬邑县和陇县签订了校县共建教育发展工程协议,探索构建师范大学为基础教育服务的帮扶模式。学校分别在两县实施"四个一工程",即共同建设一所示范高中、一所示范初中、一所示范小学和一所示范幼儿园。其具体举措还包括:在两县定向招录高中毕业生,定点专门培养去当地工作的教师,充实师资队伍;对两县教师义务进行继续教育和培训;多次组织专家教授以讲师团的形式到两县为中小学教师举办讲座和报告;将先进的教研成果在两县推广应用;等等。坚持了十年之后,学校2005年又与两县续签共建协议。校县共建模式开辟了贫困地区教师教育的创新实验区,被《光明日报》《中国青年报》分别报道。

在校县共建取得成功经验的基础上,2008年起,学校先后与陕西、青海、宁夏、新疆、西藏等省区教育厅以及甘肃省天水市政府、陕西省安康市政府等,签订了共建教师教育创新实验区协议。通过实验区共建活动,学校在实验区建立了300多个优质师范生教育教学实践基地,聘请了750多名中学教师,与大学教师一起共同承担公费师范生教育实习的指导工作;每年选派学生支教,开展教师置换培训和送教下乡,实施教育教学合作交流和对口援建工作等,有效地促进中小学教师的专业发展。学校还通过开展科学研究与信息咨询,为甘肃省天水市,陕西省旬邑县、汉阴县等实验区教育行政管理部门制定地区教育发展规划,并就解决教育实践问题的工作策略进行深入研究,以创新性成果引领基础教育的改革与发展,形成了高师院校、地方政府、教育行政管理部门、中小学长效合作机制,充分实现了校内外教师教育办学资源的相互补充和相互支撑。2016年,学校与陕甘庆阳革命老区签署基础教育质量提升协同创新计划,倾情、倾智、倾力支持和帮助庆阳基础教育事业发展。

2. **建设教师教育协同创新中心**。为了发挥部属师范大学教师教育领域的引领示范作用,2013年,陕西师范大学作为牵头高校,延安大学、宝鸡文理学院、陕西理工学院、陕西省教育科学研究所作为协同单位,联合陕西省教育厅、相关中小学共同组建教师教育协同创新中心。通过开展教师教育系统的理论与实践问题联合攻关、教师教育学科的共建和教师教育优质资源共享平台的搭建等,为我国深化教师教育体制改革,建设有利于卓越教师脱颖而出的制度体系,提升教师教育发展水平,提供核心理论支撑和具有示范意义的实践模型。

3. **组建西北教师教育联盟**。高等教育的大众化和国际化给中国西部,尤其是西北地区高等教育的发展带来了巨大的机遇和挑战。为了缩小区域教育差距,在教育部的支持和推动下,2013年,由陕西师范大学牵头,西北五省区21所高校成立了西北教师教育联盟。联盟在教师教育理论和实践研究、学科建设、人才培养、为基础教育服务等方面进行深度合作与交流,已连续组织开展了五届西北五省区高等院校师范生教学能力大赛,建立了西北地区中小学教师网络研修社区,构建了中小学教师在职培训合作新体系。所有这些,对促进西北地区高等院校教师教育资源共建和共享,提升西北地区教师教育办学水平和核心竞争力有着积极的意义。

4. **建立西部师范大学教师教育创新与发展联盟**。为建强做优西部教师教育,推动西部教师教育改革发展,加强西部师范院校协同创新,构建西部教师教育新高地,为西部基础教育培养造就高素质专业化教师队伍,提升西部基础教育质量,陕西师范大学牵头成立"西部师范大学教师教育创新与发展联盟"。联盟将打造新时代西部教师教

图6-7 2020年12月，西部师范大学教师教育创新与发展联盟在陕西师大成立

育高地，协同建设西部一流师范院校、一流教师教育学科、一流师范专业和一流教师教育课程，形成开放、协同、联动的西部现代教师教育体系。联盟实施西部师范大学师资队伍提升计划和西部教师教育师资队伍提升计划，促进西部师范大学教师队伍建设，提升西部师范大学教师教育师资、基础教育师资的学历层次和水平。联盟协同开展师范专业认证研究，支持西部师范院校开展师范专业认证工作。

5. 对口支援西部师范院校。地方高等师范教育如何发展，关系着地方经济、社会、文化的协调发展，非常重要。为助力西部师范院校迈上发展新台阶，响应国家西部大开发战略和教育部"对口支援西部地区高等学校计划"，陕西师范大学2007年5月开始对口支援青海师范大学。陕西师范大学按照"整体规划、分步实施、点面结合、重点突破"的总体思路，周密部署，突出重点，扎实推进对口支援工作，不仅帮助青海师范大学取得了巨大的发展成就，而且极大地增强了自身发展能力。例如，2008年，青海师范大学被教育部批准为开展硕士研究生推荐免试工作的高等学校，获得硕士研究生推荐免试资格；2009年，青海师范大学被国务院学位委员会专家组评为教育硕士专业学位培养工作优秀办学单位；2013年，青海师范大学获批博士学位授权一级学科，成为博士学位授予单位；2014年，青海师范大学入选教育部"卓越教师培养计划"，获得中国史、地理学两个博士后科研流动站。在教师队伍建设中，青海师范大学有享受国务院政府特殊津贴专家20人，国家有突出贡献的中青年专家1人；拥有1个国家级教学团队，1个教育部创新团队，9个省级教学团队；5人入选教育部新世纪优秀人才计划，17人入选"西部之光"访问学者。在对口支援"发挥优势，量力支持，相互学习，加强交流"的工作方针指导下，通过支援学校和受援学校双方的共同努力，青海师范大学在师资队伍建设、教学、学科与科研水平等方面快速提升，办学实力显著增强。

四、着力强化教师教育队伍建设

作为培养教师的高等师范院校，加强教师教育学科自身队伍建设，是保证教师专业化和教师教育专业化的基础，也是有效提高职前教师培养质量与在职教师培训水平的关键。为了促进教师专业能力的提升，2009年陕西师范大学成立教师专业能力发展中心，并将其建设成为国家级教师教学发展示范中心，研发搭建了包括基本能力、教学能力、教育能力、教研与自我发展能力以及教学改革和创新能力五大教师专业能力实训平台，全面提升教师教育者的专业能力。

学校按照"引培并举"的原则，提出了优先建设三支教师教育者团队的思路，其中学科教师教育者团队承担学科教师教育课程教学、学科实践教学指导、学科教师教育研究，通识教师教育者团队承担教育学、心理学、教育心理学、教育政策与法规等教师教育课程教学和研究以及其他通识教育课程的建设，理论教师教育者团队承担教育理论教学和研究，以此搭建一支年龄结构合理、学术梯队完整、专业底蕴深厚的能够引领和服务基础教育改革发展的高水平教师教育者团队。

同时，学校按照"专兼结合"的思路，提出建立高校教师教育者、基础教育学校教师、教育行政管理部门管理者共同参与教师教育与基础教育的三位一体教师教育者学术共同体，高校教师教育者参与基础教育学校的教学、教研、教改活动，基础教育学校教师参与高校教师教育类课程设置与教学活动，教育行政管理部门管理者及基础教育学校教师参与教师教育研究活动，尤其是建立大学教师教育者到省外中学（幼儿园）从事一年的学科教学和教育管理实践的工作制度，建立教师教育者协同体之间平等、对话、合作的教师教育运行范式，实现教师教育者团队的整体专业发展。[①]

[①] 李铁绳，袁芳，郝文武.教师教育者专业发展的社会学分析[J].高教探索，2016（5）：102-107.

第七章

推进思想政治教育引领是大学发展之魂

中国高等教育最鲜明的特色、最本质的特征就是坚持党的全面领导。在中国共产党领导下，中国高等教育取得了举世瞩目的伟大成就，已建成世界上最大的高等教育体系，教育质量和教学水平不断提高，为社会主义现代化建设事业做出了巨大贡献，形成了世界高等教育史上的中国品牌和中国质量。

习近平总书记指出，中国高等教育要"为人民服务，为中国共产党治国理政服务，为巩固和发展中国特色社会主义制度服务，为改革开放和社会主义现代化建设服务"。这为新时代我国高等教育改革发展提供了根本遵循和行动指南，既是扎根中国大地办好大学必须遵循的基本原则，也是走好中国特色社会主义高等教育发展之路的现实需求，更是中国高等教育在开启全面建设社会主义现代化国家新征程中高质量发展的科学指导。

党委领导下的校长负责制是中国特色社会主义高等教育最重要的制度安排，这一制度为全面贯彻党的教育方针，坚持社会主义办学方向，培养社会主义事业合格建设者和可靠接班人提供了坚强的组织保证，也为加强高校党的建设、完善中国特色现代大学制度提供了指路明灯，为推动现代大学治理体系的构建激发了内生动力。高校基层党组织是高校坚持立德树人、实现事业发展、维护安全稳定和履行社会职责的重要组织保证。不断建立健全高校基层党组织是新时代加强和改进高校思想政治工作的必然要求，肩负着铸魂育人的重要使命和责任。

> 高校是教书育人的主要场所，思想价值理念教育是高校教书育人的重要内容。加强思想政治教育，是大学教书育人活动中需要解决的首要问题，它关系到为谁培养人、培养什么样的人这一根本问题。加强高校思想政治教育，是我国政府长期重视和着力推进的工作，特别是改革开放以来，我国高校思想政治教育取得了快速的发展，同时，正反两方面的经验也充分证明，加强高校思想政治教育是保障高校坚持正确办学方向，培养社会主义事业建设者和接班人的根本基石，加强高校思想政治教育是政府及高校义不容辞的职责。进入新时代以来，国家和社会对高校人才培养有了新的要求，要求高校要采取新理念、实施新内容、探索新方式，进一步强化思想政治教育，提升人才培养的思想政治水平和专业质量。

第一节 发展历程

高校立身之本在于立德树人，只有培养出一流人才的高校，才能够成为中国特色、世界一流大学。高校思想政治工作是学校各项工作的生命线，事关"办什么样的大学、怎样办大学""培养什么人、怎样培养人、为谁培养人"等根本问题，事关党对高校的领导，事关中国特色社会主义事业后继有人，是一项重大的政治任务和教育战略工程。只有做好思想政治工作，高校才能牢牢抓住全面提高人才培养能力这一核心，完成培养德智体美劳全面发展的社会主义事业建设者和接班人的重大任务，更好地服务大局，不断增强为国家核心竞争力提供源源不断的人才的能力。

改革开放以来,党对思想政治工作进行了卓有成效的探索,做出了一系列重大决策安排。各地各高校认真贯彻党中央决策部署,把思想政治工作摆到重要位置,在加强中不断改进,使高校思想政治工作取得了长足进步。

一、发展方向

高校思想政治工作最重要的特征就是坚持以党的马克思主义创新理论为指导,最重要的任务就是坚持用中国化马克思主义理论指引高校思想政治工作发展方向。

(一)用理论创新成果教育师生

党的马克思主义理论创新成果是推动思想政治工作创新发展的动力源,是确保思想政治工作沿着正确方向健康发展的指南针。改革开放以来,党始终坚持把马克思主义同中国具体实际相结合,紧密结合时代条件和实践要求进行理论探索,取得了一系列重大理论创新成果,先后形成了邓小平理论、"三个代表"重要思想、科学发展观、习近平新时代中国特色社会主义思想,形成了中国特色社会主义理论体系,为坚持和发展中国特色社会主义提供了思想武器和行动指南,也为高校思想政治工作不断向前发展提供了理论指导和根本方向。中国特色社会主义理论体系内涵十分丰富,涵盖了政治、经济、科技、文化、教育、社会、生态文明、国防、外交、统一战线、党建等各方面,对思想政治工作创新发展具有重要指导意义。

四十年来,高校思想政治工作始终把坚持正确的政治方向放在首位,以党的创新理论为指导,高举中国特色社会主义伟大旗帜,坚持马克思主义理论创新进程与马克思主义理论发展最新成果的同步,将党的理论创新最新成果及时运用于高校思想政治工作体系和教育教学体系,转化为师生的世界观、人生观和价值观;坚持中国特色社会主义建设实

图7-1　中英文版《习近平谈治国理政》在上海发布

践与高校思想政治工作主题的统一,"以中国特色社会主义建设的伟大成就及时充实教育教学内容,以中国特色社会主义建设过程中提出的重大理论和现实问题为解疑释惑的重点,以中国特色社会主义共同理想凝聚力量"①,始终围绕党的中心工作确定自己的根本任务和工作重心,始终坚持越是改革开放越是要加强高校思想政治工作,确保高校思想政治工作沿着正确方向推进。

(二)保障高校社会主义办学方向

四十年来,党对高校的领导和高校党建工作不断加强,党中央、有关部委先后印发了《中共中央关于加强高等学校党的建设的通知》(1990年)、《关于新形势下加强和改进高等学校党的建设和思想政治工作的若干意见》(1993年)、《中国共产党普通高等学校基层党组织工作条例》(1996年、2010年)、《关于坚持和完善普通高等学校党委领导下的校长负责制的实施意见》(2014年)。从1990年开始,召开了27次全国高校党建工作会议。党对高校的领导体制和高校党建工作机制不断建立健全,党委领导下的校长负责制作为高校的根本领导制度固定

---

① 冯刚.德育新视野[M].北京:当代中国出版社,2011:40-41.

下来，学校党委对学校工作实行全面领导，履行管党治党、全面从严治党、办学治校的主体责任，高校领导班子和党员队伍建设不断加强，师生党员队伍不断壮大，高校基层党组织建设不断健全，高校成为坚持党的领导的坚强阵地。

改革开放以来，高校把意识形态工作作为党的一项极端重要的工作抓紧抓实，不断强化政治意识、阵地意识和底线意识，严格落实意识形态工作责任制，大力实施马克思主义理论研究和建设工程，推进统一使用马克思主义理论研究和建设工程重点教材，加强校园网络安全管理，加强对课堂、报告会、研讨会等的规范管理，壮大主流思想舆论，马克思主义在高校意识形态领域指导地位的基本制度不断巩固和加强。在此基础上，深入开展社会主义核心价值体系教育，从教育教学、实践养成、文化熏陶、制度保障等方面统筹推进，建构起培育和践行社会主义核心价值观的长效机制，广大高校师生坚定信仰、积极践行、模范践行社会主义核心价值观，搭建起"三全育人"的有效格局。

（三）立德树人根本任务更加明确

改革开放以来，高校思想政治工作坚持围绕落实立德树人根本任务，不断充实调整思想政治教育内容，建强工作阵地，创新方法途径，更新技术手段，逐步构建起较为科学完善的高校思想政治工作任务、内容、方法体系。

1. **构建起完善的任务内容体系**。高校思想政治工作始终着眼于培养又红又专、德才兼备、全面发展的中国特色社会主义事业合格建设者和可靠接班人，坚持对学生进行马克思主义理论、中国特色社会主义理论体系和习近平新时代中国特色社会主义思想教育，党的路线、方针、政策教育，理想、道德和纪律教育，社会主义核心价值观教育、社会主义民主法治教育，引导学生树立正确的世界观、人生观、价值观。在新时期，着眼于培养担当民族复兴大任的时代新人的新要求，强化思想理论教育和价值引领，注重加强理想信念教育，培育和践行社会主义核心价值观，弘扬中华优秀传统文化、革命文化、社会主义先进文化。

2. **构建起完善的课程体系**。高校思想政治理论课先后经历三次大的改革和调整，形成了"85方案""98方案""05方案"。思想政治理论课的课程体系、内容结构不断调整、充实和完善，学科、教材、队伍等方面的建设不断加强，教学质量、育人效果不断提升，课堂教学主渠道作用和阵地作用不断凸显。实施高等学校哲学社会科学繁荣计划，明确哲学社会科学课程负有思想政治教育的重要职责，深入发掘各类课程的思想政治教育资源，积极推进课程育人。

3. **构建起完善的日常思想政治工作体系**。高校思想政治工作因时而进、因势而新，工作方式方法、途径载体不断推陈出新，实现了转型式发展。校园文化由改革开放之初的"开展丰富多彩的有感染力的内容健康的课外活动"发展成为高校思想政治教育重要途径。社会实践的重要性不断强化，成为高校人才培养体系的重要环节。心理健康教育由20世纪90年代的"谈心、咨询"等活动发展成为高校思想政治工作的重要组成部分，心理健康教育课程成为必修课，全国高校均建立了心理健康教育机构，深入开展心理咨询和心理辅导，建立多级心理危机干预体系。网络思想政治教育从无到有，蓬勃发展，已经成为高校思想政治工作的重要阵地，"两微一端"、大数据技术、"互联网+"在高校思想政治工作中得到广泛运用。创新创业教育、职业生涯辅导、家庭经济困难学生资助、学生宿舍园区服务等，成为隐性思想政治工作的重要载体。

（四）思想政治工作队伍专业化建设质量加强

经过多年努力，专业化培养、多样化发展、规范化管理的中国特色高校思想政治工作队伍建设格局基本形成并不断完善，以党政干部和共青团干部为核心、以辅导员和班主任为骨干、以思想政治理论课教师和哲学社会科学课教师为主体的高校思想政治工作队伍基本形成，为加强思想政治工作提供了有力的组织保证和人才支撑。

1. 明确了思想政治工作队伍的身份、地位和重要作用。教育部、共青团中央印发《关于加强高等学校学生思想政治工作的意见》指出，"高等学校的学生政治工作干部，既是党的政治工作队伍的一部分，又是师资队伍的一部分，担负着全面培养学生的重要任务"，"思想政治教育工作队伍是加强和改进大学生思想政治教育的组织保证"，要"成为大学生健康成长的指导者和引路人"。习近平总书记在全国高校思想政治工作会议上特别强调，长期以来，高校思想政治工作队伍兢兢业业、甘于奉献、奋发有为，为高等教育事业发展做出了重要贡献。实践证明，这是一支不可或缺的队伍，也是一支值得信赖的队伍。

2. 思想政治工作队伍规模不断壮大。由改革开放之初的以马列主义理论课教师为骨干，专兼结合、兼职为主、"双肩挑"，逐步发展到专职为主，以学校党政干部和共青团干部、思想政治理论课和哲学社会科学课教师、辅导员和班主任为主体，并且强调所有教职员工都负有对大学生进行思想政治教育的重要职责。在专职力量配备上，提出专职思想政治工作人员和党务工作人员不低于全校师生人数的1%，每个院（系）至少配备1至2名专职组织员。按师生比不低于1∶200的比例设置专职辅导员岗位，师生比不低于1∶350的比例设置专职思想政治理论课教师岗位。青年教师晋升高一级专业技术职务，须有一年担任辅导员或班主任工作经历并考核合格。

3. 建立了思想政治工作队伍选拔、培养和管理机制。明确辅导员具有双重身份，落实双重待遇，实现双线晋升，积极推动辅导员队伍专业化、职业化建设。实行思想政治理论课教师任职资格准入制度，制订落实辅导员和思想政治理论课教师队伍培训计划，建立思想政治教育工作队伍培训研修基地，在全国构建起三级培训体系。选拔推荐了一批思想政治工作骨干攻读学位、出国研修，组织参加社会实践、挂职锻炼、学习考察等活动。开展辅导员年度人物评选、辅导员职业能力大赛、思想政治理论课教师择优资助计划、年度影响力人物评选等活动，树立、宣传、推广了一批先进典型，产生了广泛的示范引领作用。

二、发展成果

改革开放的四十年，是高校思想政治工作实践蓬勃发展的四十年，同时又是高校思想政治工作理论探索取得丰硕成果的四十年。四十年来，围绕高校思想政治工作基本问题、基本规律、内涵理念、学科建设等重要议题积极探索创新，取得了许多开创性成就。

（一）不断深化对中国特色社会主义教育事业根本问题的回答

为谁培养人、培养什么人、如何培养人，是我国社会主义教育事业发展过程中必须解决好的根本问题。高校思想政治工作的所有方面都是围绕这一根本问题展开的。改革开放以来，党紧紧围绕这一根本性问题，对高校思想政治工作进行了深入研究和探索，形成了丰硕的理论成果。

1. 明确回答了高校思想政治工作"为谁培养人"的问题。党始终坚持把高校思想政治工作与党和人民的事业紧密结合起来，与中华民族伟大复兴紧密结合起来，从确保中国特色社会主义事业兴旺发达、社会主义中国长治久安的战略高度，强调高校思想政治工作的根本目的在于培养中国特色社会主义事业的合格建设者和可靠接班人，其根本性质与方向就是坚持为人民服务，为中国共产党治国理政服务，为巩固和发展中国特色社会主义制度服务，为改革开放和社会主义现代化建设服务。

2. 深刻回答了高校思想政治工作"培养什么人"的问题。党始终坚持马克思主义关于人的全面发展理论，深刻洞察时代发展与社会进步为人的发展所创造的条件、提出的新要求，强调高校思想政治工作要有丰富的内容，要注重联系学生思想实际，有针对性地回答一些综合性、深层次的理论和认识问题，教育引导学生正确认识世界和中国发展大势，正确认识中国特色和国际比较，正确认识时代责任和历史使命，正确认识远大抱负和脚踏实地，着力培养又红又专、德才兼备、全面发展的有理想、有道德、有文化、有纪律的社会主义事业建设者和接班人，指明了高校思想政治工作的目标和任务。

3. 科学回答了高校思想政治工作"如何培养人"的问题。党基于对人的全面发展规律、思想道德建设规律的深刻把握，不断完善思想政治工作理念，丰富思想政治工作内容，拓展思想政治工作阵地，创新思想政治工作方法，着力增强思想政治教育的针对性、实效性和亲和力、感染力，推进高校思想政治工作治理体系和治理能力现代化建设，着力提升高校思想政治工作质量。

（二）不断深化对高校思想政治工作基本规律的探索

思想政治工作是一门科学，有其自身固有的客观规律。改革开放四十年来，党不断深化对思想政治工作规律的认识。邓小平同志强调，要"用中国的历史教育青年"，要按照各个人在成长过程中所表现出来的才能和品德，"尽可能使每个人按不同的条件向社会主义和共产主义的总目标前进"。党的历届领导人都非常重视高校的思想政治工作，江泽民同志强调，要"坚持学习科学文化与加强思想修养的统一""坚持学习书本知识与投身社会实践的统一""坚持实现自身价值与服务祖国人民的统一""坚持树立远大理想与进行艰苦奋斗的统一"。胡锦涛同志强调，要坚持教育与自我教育相结合、政治理论教育与社会实践相结合、解决思想问题与解决实际问题相结合、教育与管理相结合、继承优良传统与改进创新相结合。习近平总书记强调，思想政治工作从根本上说是做人的工作，必须围绕学生、关照学生、服务学生，做好高校思想政治工作，要因事而化、因时而进、因势而新，要遵循思想政治工作规律，遵循教书育人规律，遵循学生成长规律，要用好课堂教学这个主渠道，不断提高工作能力和水平。党对于高校思想政治工作的持续深入探索，深刻揭示了高校思想政治工作的原则和规律，为高校思想政治工作提供了科学的方法论。

（三）不断丰富创新思想政治工作理念内涵

思想政治工作理念是思想政治工作在哲学层面的思考认识，是对一定时代思想政治教育运动发展的本质表征、思维范式、现实指向和理想原则的高度概括。思想政治工作理念创新是思想政治教育学科建设、理论深化和实践发展的思想引领。

回顾改革开放四十年来高校思想政治工作的发展历程，高校思想政治工作理念在实践中不断升华、在创新中不断丰富发展，形成了丰硕的理论成果。现如今，"以人为本""素质教育""全面发展""文化育人""实践育人"等思想政治工作理念已经深入人心，"坚持教书与育人相结合""坚持教育与自我教育相结合""坚持解决思想问题与解决实际问题相结合""坚持教育与管理相结合"等思想理念已经成为指导高校思想政治工作的原则性要求。

（四）不断完善马克思主义理论学科体系支撑

改革开放以来，马克思主义理论学科建设不断发展，经历了一个从小到大、从低级到高级，逐步形成独立、完整的学科体系的发展过程。1984年，教育部先后印发了《关于在十二所院校设置思想政治教育专业的意见》《关于在六所高等院校开办思想政治教育专业第二学士学位班的意见》，决定采取正规化的方法培养大专生、本科生和第二学士学位生等各种规格的思想政治教育工作专门人才，首批批准南开大学等12所院校增设思想政治教育本科专业，批准清华大学等6所高校开设思想政治教育专业第二学士学位班。1987年9月，国家教委印发了《关于思想政治教育专业培养硕士研究生的实施意见》，决定从1988年开始培养思想政治教育专业硕士研究生。复旦大学、南开大学、武汉大学等10所院校次年起开始招收思想政治教育专业硕士研究生。1990年，国务院学位委员会与国家教委联合下发《授予博士、硕士学位和培养研究生的学科、专业目录》，在法学门类政治学一级学科下设"马克思主义理论教育"和"思想政治教育"两个硕士学位授权点。1996年，武汉大学、中国人民大学、清华大学首批获批"马克思主义理论教育与思想政治教育"博士学位授权点。

2002年，中国人民大学、武汉大学、中山大学的马克思主义理论与思想政治教育学科点被确立为国家级重点学科。2005年12月，国务院学位委员会和教育部印发了《关于调整增设马克思主义理论一级学科及所属二级学科的通知》，决定增设马克思主义理论一级学科及所属二级学科。新增设的马克思主义理论一级学科设置于"法学"门类，下设马克思主义基本原理、马克思主义发展史、马克思主义中国化研究、国外马克思主义研究、思想政治教育五个二级学科。2008年又增设了中国近现代史基本问题研究二级学科。2012年6月，国务院学位委员会印发了《关于进一步加强高校马克思主义理论学科建设的意见》，提出要将马克思主义理论学科建设成为我国哲学社会科学领域的优势学科。2015年7月，中宣部、教育部联合印发《普通高校思想政治理论课建设体系创新计划》，提出重点建设一批教学科研皆强的马克思主义学院。经过认真遴选，目前已经分两批立项重点建设21所马克思主义学院。2017年2月，中共中央、国务院印发的《关于加强和改进新形势下高校思想政治工作的意见》提出，强化马克思主义理论学科的引领作用，支持有条件的高校在马克思主义理论一级学科下设置党的建设二级学科。2017年9月，教育部颁布《高等学校马克思主义学院建设标准（2017年本）》，设计了两级指标体系，有55项具体要求。经过四十年的努力，马克思主义理论学科建立了基本合理、覆盖面广的学科点布局,形成了层次比较齐全、结构比较合理、相对独立的学科体系,培育了一支老、中、青相结合的学术队伍,推出了一批本学科的重要理论著作,在推进马克思主义中国化、繁荣我国哲学社会科学、巩固马克思主义在意识形态领域的指导地位等方面发挥了极其重要的作用。

三、发展动向

党的十八大以来,以习近平同志为核心的党中央把高校思想政治工作摆在突出位置,做出了一系列重大决策部署,提出了一系列新思想新论断,推动高校思想政治工作开创了新的局面。党的十九大做出了"中国特色社会主义进入新时代"的重大判断,这一重大判断赋予高校思想政治工作新的理论遵循、目标任务、内容形式以新的时代内涵,为推动高校思想政治工作创新发展、科学发展提供了时代坐标和科学依据。高校思想政治工作必须坚持以习近平新时代中国特色社会主义思想为指导,立足新起点、勇担新使命,以更宽广的视野、更高远的境界、更科学的思维进行整体思考和全局谋划。

(一)在人才培养体系中构筑高校思想政治工作体系

习近平总书记2018年在北京大学考察时提出,要把形成"高水平人才培养体系"作为高校应当抓好的三项基础性工作之一。"人才培养体系涉及学科体系、教学体系、教材体系、管理体系等,而贯通其中的是思想政治工作体系。加强党的领导和党的建设,加强思想政治工作体系建设,是形成高水平人才培养体系的重要内容"。高校思想政治工作体系与人才培养体系的内在核心是相通的,其根本任务都是为了立德树人。高校思想政治工作体系的构建,必须围绕落实立德树人根本任务,立足于培养"又红又专、德才兼备、全面发展"的中国特色社会主义建设者和接班人,主动融入高校人才培养体系整体建设之中,与智育、体育、美育相互融通、有机融合，融入教书、管理、服务等各条战线，打通第一课堂、第二课堂。要完善思想政治工作目标体系，从坚持社会主义办学方向，落实"四个服务"，培养担当民族复兴大任的时代新人的战略高度，定位和分解高校思想政治工作的目标。要完善高校思想政治工作实践体系，健全大学生思想政治教育、教师思想政治工作方法路径，加强主渠道、主阵地、主课堂建设，"构建内容完善、标准健全、运行科学、保障有力、成效显著的高校思想政治工作质量体系"。要完善思想政治工作保障体系，建强工作队伍，健全工作机制，强化工作责任，在发展目标、工作机制、动力机制、资源配置机制、评价机制等诸多方面保障高校思想政治工作科学发展。

（二）在合力育人、协同育人中实现价值引领

思想政治工作是一项系统工程，需要统筹宏观、中观、微观各个层面，协调系统内外各方面要素，协同发力，同向同行，着力构建一体化育人体系。高校党委要把思想政治工作摆在重要位置，建立党委领导、部门协作、齐抓共管的工作格局，书记、校长要带头抓思想政治工作，班子成员要履行思想政治工作"一岗双责"，结合业务分工抓好思想政治工作和党的建设工作；加强高校党的基层组织建设，提高党的基层组织做思想政治工作的能力，发挥战斗堡垒作用。要统筹推进思想政治工作系统内各方面的资源和力量，充分发挥课程、科研、实践、文化、网络、心理、管理、服务、资助、组织等方面的育人功能，全面统筹办学治校各领域、教育教学各环节、人才培养各方面的育人资源和育人力量，推动全体教职员工把工作的重心和目标落在育人成效上，推动将高校思想政治工作融入人才培养各环节，推动实现知识教育与价值塑造、能力培养有机结合。要统筹协调学校、家庭和社会的育人资源，构建家校联动、校地联动的齐抓共管、协同配合机制。要构筑全国、省级、高校三级联动机制，切实推动高校思想政治

工作供给侧结构性改革，形成全国上下"一盘棋"，切实打通全方位育人、全过程育人的"最后一公里"。

（三）解决思想问题与解决实际问题更加紧密结合

思想政治工作不是空洞的说教，不能就思想问题谈思想问题，必须从人的实际情况、现实需要出发，既讲道理又办实事，既以理服人又以情感人。2018年9月，"千禧宝宝"踏入大学校园，大学生群体开始以"95后""00后"为主体，他们成长的环境、获取信息的渠道、思维的方式以及认同心理、接受规律等，均与以往大学生有明显的差异，这一代大学生思想活动的独立性、选择性、多变性和差异性日益增强。高校思想政治工作要立足大学生群体性特征，着眼大学生成长中的困惑、学习生活中的困难、现实中遭遇的困境，关注他们的思想状况和具体诉求，提高工作的精细度、精准度，在帮助学生解决实际困难过程中廓清思想认识问题，有的放矢地开展工作。要畅通大学生利益诉求反映渠道，建立快速响应机制，积极为大学生成长成才创造条件；要加强学生就业指导和生涯发展教育，帮助大学生顺利完成学业，教育引导大学生树立正确的就业观念，引导他们自觉把解决自己学习成长中的困惑和问题与国家的前途命运结合起来，到祖国最需要的地方建功立业；要坚持育心与育德相统一，加强人文关怀和心理疏导，规范开展心理健康教育与咨询服务，在关心呵护和暖心帮扶中开展教育引导，促进学生心理健康素质与思想道德素质、科学文化素质协调发展；要加强对家庭经济困难学生的资助工作，进一步完善资助体系，实现扶贫与扶智、扶志相结合，切实在管理服务工作中教育人、引导人，使思想政治工作接地气、入人心、出实效。

（四）在高校思想政治工作中增强文化的力量

习近平总书记曾经指出："要化解人与自然、人与人、人与社会的各种矛盾，必须依靠文化的熏陶、教化、激励作用，发挥先进文化的凝

图7-2　陕西师大马列理论读书社组织学生学习"共和国勋章"获得者的敬业爱国精神

聚、润滑、整合作用。"①教育作为一项文化活动,本质上来讲就是以社会主流思想文化教育引导学生精神成人、人文化成的过程。新时代高校思想政治工作的重要任务,就是要教育引导师生坚定中国特色社会主义道路自信、理论自信、制度自信、文化自信。其中,"文化自信是更基本、更深沉、更持久的力量"。文化的核心是价值观,增强文化自信的关键内核是培育和践行社会主义核心价值观。教育引导学生增强文化自信是高校思想政治工作的一项重要任务。高校思想政治工作应深入开展中华优秀传统文化、革命文化、社会主义先进文化教育,践行和弘扬社会主义核心价值观。高校思想政治工作是政治性、科学性、人文性的高度统一,是具有文化底蕴、体现文化内涵的一项系统工程,因而也表现出强烈的渗透、融入、过程性特点。高校要大力加强校园文化建设,培育大学精神,优化校风学风,建设优美环境,结合精神文化、制度文

---

① 习近平.之江新语[M].杭州:浙江人民出版社,2007:149.

化、行为文化和物质文化等文化类型,从凝聚价值理念、完善制度安排、注重日常养成、丰富文化载体等方面入手,着力增强高校思想政治工作的文化力量,让师生在潜移默化中滋养心灵、涵育品行,达到春风化雨、润物无声的效果。

(五)在加强思想政治教育基础理论研究中提升工作质量

马克思指出:"批判的武器当然不能代替武器的批判,物质力量只能用物质力量来摧毁;但是理论一经掌握群众,也会变成物质力量。"[1]科学理论在实践发展过程中扮演着重要角色,是指导实践创新发展的重要支撑。新时代高校思想政治工作的创新发展要在理论与实践的相互促进、协调发展中不断前进。

首先,要进一步深化思想政治教育基础理论。改革开放四十年来,思想政治教育基础理论研究取得了较大发展,形成了较为科学的学科研究体系。但是,为了进一步提升思想政治教育学科的科学性,一些学科基本理论问题仍然需要深入研究。比如,就思想政治教育学科的基本范畴而言,学术界虽然已经形成了较为完善的范畴体系,但是对于具体范畴的科学理解仍需要进一步深入研究,一些具有交叉学科特性的范畴如何在体现一般蕴涵的基础上展现学科特性,在实践发展过程中形成的重要认识是否能够、如何归入思想政治教育的研究范畴,这些都需要进一步研究深化。

其次,坚持问题导向,关注思想政治教育实践领域的重点、难点问题。面对新的世界局势以及我国的国情和党情,高校思想政治工作也面临着新问题、新情况、新挑战。比如,结合中国发展大势,如何把握当今时代的青年,如何创新高校思想政治工作方式,如何提升高校思想政治工作实效,等等,这些问题都需要理论研究重点关注,以此深化高校

---

[1] 中共中央马克思恩格斯列宁斯大林著作编译局编译.马克思恩格斯选集:第1卷[M].北京:人民出版社,2012:9.

思想政治工作基础理论。

再次，将理论创新成果积极运用到高校思想政治工作实践当中。理论创新与实践发展是密切相关的，理论创新是为了更好地指导实践。在高校思想政治工作创新发展过程中，要深刻把握理论创新的重要性，深入理解和有效运用理论创新成果，推动思想政治教育理论成果的实践转化，使思想政治教育理论成果成为育人实践的有效武器。

最后，注重将实践成果和工作经验上升为理论认识。思想政治教育学科具有突出的实践性，四十年来，思想政治工作积累了宝贵的经验，这些是提升思想政治工作科学性、完善思想政治教育理论的重要财富。在未来的思想政治工作创新发展中，要积极总结经验，并将其内容充实到思想政治教育基础理论当中，使思想政治教育理论研究既能继承历史经验，又能结合时代特征，使基础理论能够更加有效地为高校思想政治工作实践服务，进而推动高校思想政治工作和思想政治教育基础理论协调、全面发展。

第二节　新发展要求

"新时代"作为对我国现阶段发展状况的重大政治判断，既表明我国通过长期努力，综合实力得到显著提升，各领域取得了突破性发展，也意味着在新的起点我们不可避免地面临着新问题新使命。新时代，高校思想政治工作也同样面临着新形势和新要求，肩负着新使命和新任务。培养担当民族复兴大任的时代新人和实现教育强国的重大目标，是新时代高校思想政治工作的重大课题。为了实现这一具有时代价值和现实意义的目标，高校思想政治工作需要转变教育理念、改革教育方法、创新教育路径，不断提高思想政治工作的实效性，为实现社会主义现代化强国和"两个一百年"的奋斗目标提供人才支持。

一、新形势

党的十九大提出全面建成社会主义现代化强国的宏伟目标，提出了科教兴国战略、人才强国战略、创新驱动发展战略等七个战略，每一个战略都与高等教育密切相关。另一方面，党的十九大立足新时代，提出"建设教育强国是中华民族伟大复兴的基础工程，必须把教育事业放在优先位置，深化教育改革，加快教育现代化，办好人民满意的教育"①。可以说，党的十九大从国家发展、国际竞争、现代化建设和人民中心这四个战略维度，把教育的地位、作用和使命提升到了前所未有的新高度，为教育发展明确了新的历史坐标。

高等教育战线一定要立足新时代、把握新形势，切实增强忧患意识，强化使命担当。

图7-3　陕西师大教育学院师生收看党的十九大开幕式

---

① 习近平. 习近平谈治国理政：第3卷[M]. 北京：外文出版社，2020：35-36.

（一）坚持和把握正确政治方向，培养担当民族复兴大任的时代新人

中国特色社会主义不仅需要当代人的坚守，也需要下一代人的接续。"培养什么样的人"，这是关系到中国特色社会主义事业是否后继有人的根本问题。习近平总书记在全国教育大会上指出："我国是中国共产党领导的社会主义国家，这就决定了我们的教育必须把培养社会主义建设者和接班人作为根本任务，培养一代又一代拥护中国共产党领导和我国社会主义制度、立志为中国特色社会主义奋斗终身的有用人才。"[①]

纵观党的历史，党历来重视培养什么人的问题，思想政治工作目标始终与党的奋斗目标相一致，与各个历史时期的具体目标相衔接。革命时期，党就提出"有计划地培养大批的新干部，就是我们的战斗任务"；中华人民共和国成立后，提出培养又红又专的社会主义建设者，确立马列主义、毛泽东思想在意识形态领域的领导地位；改革开放以来，提出培育有理想、有道德、有文化、有纪律的"四有"新人，培养德智体美劳全面发展的社会主义建设者和接班人。每一个时期思想政治教育的目标，都是与时代进步紧密契合的。党的十九大提出了新时代需要什么样的建设者的重大时代命题，实现"两个一百年"的奋斗目标，实现中华民族伟大复兴的宏伟事业，既要能够造就出时代新人，更要靠时代新人来完成。今天在校学生的人生黄金期贯穿"两个一百年"奋斗期，时代新人不仅是对青少年提出的要求，也是对全体人民、对所有社会主义事业建设者提出的要求。当前，中国特色社会主义进入新时代，中华民族正迎来从站起来、富起来到强起来的伟大飞跃。实现中国梦是前无古人的崭新事业，新时代需要新的人才，新事业需要新的人才。

因此，必须牢记使命、守住根本，在事关坚持社会主义办学方向的问题上站稳立场，全面贯彻党的教育方针，牢牢把握对意识形态阵地

[①] 习近平. 论党的宣传思想工作[M]. 北京：中央文献出版社，2020：343.

的主导权，巩固团结奋斗的共同思想基础。不仅塑造青年一代的价值取向，而且要培养能够引领社会风气的时代先锋，不断提高全体人民的思想觉悟、道德水准和文明素养，真正培养出对国家、对社会、对人民的有用之才。

（二）正确认识国际国内形势，培养具有国际视野的时代新人

当前，世界正处于百年未有之大变局中，处于新的大发展大变革大调整时期，面对日趋激烈的国际竞争，一个国家在发展中能否抢占先机、赢得主动，越来越取决于国民素质，取决于创新人才的数量和质量。特别是新一轮科技革命与产业变革的孕育兴起，深刻改变了国际战略竞争格局，各国纷纷大力推动教育体制改革和内容创新，厚植人力资源根基。我国日益走近世界舞台中央，迫切需要教育领域进一步扩大开放合作，以更强的竞争力支撑综合国力。同时，伴随着我国国际地位的不断提升，国际社会期待听到更多的中国声音，看到更多的中国方案。中国发展越是融入全球，越是走近世界舞台中央，就越要求教育承担起更多全球使命、人类使命。如果我们不能抓住这一"弯道超车"的宝贵机遇，就可能错失在国际竞争中占据制高点的良机。

改革开放以来，我国的物质文明、政治文明和精神文明建设都取得了举世瞩目的成就，我国经济已转向高质量发展阶段，迫切需要教育战线进一步提高人才培养和社会服务能力。当前，我国迫切需要解决人民日益增长的美好生活需要和不平衡不充分的发展之间的矛盾。如何引导高校师生在注重业务知识学习的同时，培育高尚的思想道德修养，树立服务国家发展战略的崇高理想，根据国家建设和社会发展的需要，把自身的成长发展与国家建设的需要统一起来，加强对学生的马克思主义世界观、人生观和价值观教育，是新时代高等教育中带有全局性的重大问题，也是高校思想政治工作面临的紧迫任务。

无论是培养具有国际视野、大德大爱大情怀、知晓国际规则、参与国际事务的复合型人才,还是提炼具有中国标识的治理理念、提供打有中国烙印的公共产品,都需要教育战线主动作为。我们既要兼收并蓄、加强合作,努力吸收人类文明有益成果,也要强化教育自信,提高我国教育国际影响力,为我国履行大国担当、推动建设新型国家关系、推进构建人类命运共同体做出积极贡献。

(三)全面回应时代呼唤,推动高等教育迈向新时代

教育部发布的《2019年全国教育事业发展统计公报》显示,2019年,全国共有普通高校2688所(含独立学院257所)。其中,本科院校1265所,高职(专科)院校1423所。有研究生培养机构828个,其中普通高校593个,科研机构235个。各类高等教育在学总规模4002万人,高等教育毛入学率51.6%。回顾改革开放初期的1978年,我国高校数量为598所、本专科在校学生共85.6万人,毛入学率为1.55%。这组数据告诉我们,高等教育规模、机制和理念正是依靠中国共产党坚强有力的领导,经历着由小到大、由大到强的历史性转变,开创了中国特色社会主义高等教育的壮丽事业。

随着高等教育的改革发展,高校思想政治工作也面临着新课题、新任务:在深化教育教学改革和管理体制改革的过程中,广大师生的自主性、选择性、参与性不断提高,民主意识显著增强,教师、学生发展的竞争也更加激烈;伴随着各项改革的逐步深入,高校的办学模式呈现出多样化和特色化的发展趋势,与之相适应的有特色的高校思想政治工作体系亟待构建,高校思想政治教育如何与专业教育有机结合的问题不断凸显;伴随办学规模的扩大和后勤社会化的发展,学生的学习、生活场所趋于分散,如何采用灵活多样的工作思路和方法以保证思想政治工作的覆盖面等问题需要认真研究和解决;教育工作既是人民群众的现实关切,也是国家民族未来发展的希望所在,从"有学上"向"上好学"的转变,对高等教育工作提出了更高要求。

（四）科学识别意识形态领域挑战，提升社会主义理想信念教育成效

高等学校一向是意识形态斗争的前沿阵地，西方资产阶级的价值观和政治思想必然会对高校思想政治工作产生重要影响。伴随着经济全球化的迅速发展和我国对外开放的不断扩大，意识形态领域的斗争从远距离变成近距离甚至零距离，西方敌对势力凭借其经济与科技优势，对我国加紧进行意识形态渗透，妄图实现对我国的"西化""分化"；世界高科技的迅猛发展特别是网络技术的普及，使网络成为高校学生获取信息的重要来源，但是网上不健康的甚至反动的信息又可能对广大青年学生的身心健康造成危害；随着我国开放程度的不断扩大，世界范围内政治制度博弈和价值观较量日趋激烈，西方哲学、经济学、社会政治和文学艺术等方面各种思潮的渗入，对我国高校师生思想的侵蚀不可忽视；高校需要面对的各种可预见和难以预见的安全风险挑战明显增多，各方面风险可能不断积累甚至集中显露；等等。在这样的背景下，如何巩固和加强马克思主义在高校工作中指导地位的基本制度，牢牢掌握高校思想教育引导的主动权，引导师生坚定"四个自信"，有效抵御西方国家意识形态方面的渗透；如何准确把握帅生的思想政治动态，树立底线思维，增强风险意识、忧患意识，准确把握各种影响校园稳定的问题，打牢防护栏、织好安全网，防患于未然；如何进行价值取向和行为方式的正确引导，帮助和教育师生坚定共产主义理想信念，以高度的政治敏锐性和政治鉴别力抵制一切错误思潮的侵蚀，所有这些，都成为高校思想政治工作面临的重大课题。

（五）把握新时代思想政治工作新特征，提高思政教育的前瞻性

进入新时代，我国高校思想政治教育工作呈现出教育目标更加鲜明化、时代任务更加明确化、教学内容更加丰富化、教育对象更加多

样化的鲜明特征。高等教育承载着推进社会主义现代化建设、实现中华民族伟大复兴的中国梦的伟大目标，这一目标比历史上任何时候都更加具体，对高校思想政治工作也提出了更加鲜明的教育目标。随着思政课改革的不断深入和思政课程建设的广泛开展，一系列传承中华优秀传统文化、呈现马克思主义中国化最新成果、提升文化自觉和文化自信的精品教材与优秀课程不断产生，习近平新时代中国特色社会主义思想的教育教学内容极大丰富。新时代，思想政治工作的受众呈现出"一"与"多"的新特征，这其中既包含社会主义核心价值观的"一"与学生具体价值判断标准的"多"，也包含思想政治教学内容和教科书体系的"一"与学生具体知识需求的"多"，还包含学校教学和课堂教学形式的"一"与学生接受知识、探索外界途径的"多"。引导师生在正确认识社会主义内涵的基础上，发展符合学生成长和认知需求的思政工作模式，成为当下思想政治工作中的一个鲜明特点。

同时，高校思政工作还要顺应社会发展潮流，紧跟时代进步节奏，与时俱进、与时同行，"要遵循思想政治工作规律，遵循教书育人规律，遵循学生成长规律，不断提高工作能力和水平"[1]。既不能过分强调新时代所有教育理念的地位和作用，否定传统教育理念中合理的部分，也不能只停留在原有的教育理念上，忽视或排斥新时代思想政治教育理念。要在坚持马克思主义基本原理的前提下适度转变思想政治教育理念，使高校思想政治工作符合新时代青年大学生思想活动的发展规律和显著特点，并且融入时代发展的环境中，以遵循青年身体成长和心理健康发展规律为基础，提高思想政治教育的前瞻性和有效性。

---

[1] 习近平. 习近平谈治国理政：第 2 卷 [M]. 北京：外文出版社, 2018: 378.

二、新要求

习近平新时代中国特色社会主义思想，从理论和实践两个层面系统科学地回答了新时代坚持和发展什么样的中国特色社会主义、怎样坚持和发展中国特色社会主义这一重大时代课题，也对高校思想政治工作提出了新要求。

（一）明确高校思想政治工作的发展方向

习近平总书记在全国高校思想政治工作会议上指出："我们的高校是党领导下的高校，是中国特色社会主义高校。办好我们的高校，必须坚持以马克思主义为指导，全面贯彻党的教育方针。"①这既是对全党提出的政治要求，也是加强高校思想政治工作的行动指南。社会主义核心价值观是当代中国精神的集中体现，是保证经济制度、政治体制和社会稳步运行的重要精神支撑，是引领中国社会发展的精神

图7-4 陕西师大马列理论读书社学生学习党的十九届五中全会精神

---

① 习近平. 习近平谈治国理政：第2卷[M]. 北京：外文出版社，2018：377.

旗帜，体现了马克思主义理论的核心要旨，借鉴吸收了人类文明发展的有益成果，尤其体现了中华优秀传统文化的时代价值。为此，高校要充分发挥思想政治理论课的主渠道和日常教育主阵地的思想引领功能，通过弘扬和践行社会主义核心价值观，毫不动摇地坚持思想政治工作的正确方向。具体而言，新时代高校思想政治工作应强化"四个意识"、坚定"四个自信"、牢记"四个服务"，通过有实效的思想政治工作，引导大学生树立中华民族复兴的伟大理想，培养当代大学生的责任心、使命感和奉献精神。高校德育应与智育协同一致，帮助大学生培养认知能力、合作能力、创新能力和职业能力，引导大学生建构起合理的能力结构。

当前，人才培养能力是衡量高等教育水平和质量的重要标志，人才培养能力实质上体现在青年大学生综合素质的培养效果层面。高校思想政治工作要坚持立德树人的根本任务，将德智体美劳全面纳入育人全过程。高校要按照习近平总书记提出的"有理想信念、有道德情操、有扎实学识、有仁爱之心"的"四有"好老师要求，进一步加强教师队伍建设，强化师德建设，统筹运用各种手段，引导广大教师坚持"四个相统一"，真钻研、真行动、真改变，努力做党和人民满意的好老师；教育青年学生关心国家命运、服务国家战略、勇担社会责任、掌握过硬本领，为实现"两个一百年"奋斗目标和中华民族伟大复兴中国梦而不懈奋斗。

一方面，高校要高度重视社会主义核心价值观的理论研究。要以思想政治理论课为核心，对社会主义核心价值观的理论渊源、认同机制等进行深入研究，要将相关研究成果应用于高校社会主义核心价值观教育实践，为高校落实社会主义核心价值观教育提供理论支撑，不断拓宽社会主义核心价值观研究的广度和深度。在提升社会主义核心价值观理论研究水平的同时，注重社会主义核心价值观与各关联学科教学研究的结合，不断丰富其内涵和外延，提升高校社会主义核心价值观教育实效。另一方面，要构筑高校社会主义核心价值观传播的长效机制。在思政课、党团建设、校园文化建设、学生工作中开展社会主义核心价值观主题活动，使青年学生能够在活动中深刻体会社会主义核心价值观的理论意义和实践意义，从而提升对社会主义核心价值观的政治认同和价值认同。以专业知识传授为着力点，对学生开展科学系统的知识教育。专业知识的掌握是青年学生实现自我价值的过程，引领学生构建知识体系，求得真学问、练就真本领，使其成为理想信念坚定、科学知识丰富、实践能力突出的社会主义建设者和接班人。再则，要牢牢把握高校意识形态工作领导权话语权。思想政治工作是党的意识形态工作的重要组成部分，要将意识形态工作融入教育教学的各环节各方面，特别是要把巩固马克思主义在我国意识形态领域的指导地位作为高校思想政治工作的根本任务；要贯彻"两个巩固"的任务，以理想信念教育为核心，用社会主义核心价值观武装师生，使师生进一步做到"四个自信"；要加强对意识形态的管理，区分政治原则问题、思想认识问题、学术观点问题，旗帜鲜明地反对和抵制各种错误观点，确保高校思想政治工作走在正确的方向上。

（二）明确高校思想政治工作的主体责任

习近平总书记指出："办好我国高等教育，必须坚持党的领导，牢牢掌握党对高校工作的领导权，使高校成为坚持党的领导的坚强阵地。党委要保证高校正确办学方向，掌握高校思想政治工作主导权，保证高校始终成为培养社会主义事业建设者和接班人的坚强阵地。"[①]高校党委要以习近平总书记的讲话为指导，强化自身的主体责任，坚持对高校思想政治教育的思想和组织领导，坚持思想领导的科学性和组织领导的协调性，进一步做到高校思想政治教育的科学化。

贯彻落实高校党委在思想政治工作中的主体责任，首先在于坚持正

---

① 习近平. 习近平谈治国理政：第 2 卷［M］. 北京：外文出版社，2018：379.

确办学方向的主体责任。坚持办学的社会主义方向,是坚持正确办学方向的基础。要坚持为人民服务的办学方向,提高办学质量,加强自身建设,努力提高教学水平,逐渐将满足学生学习科学文化知识的需求与满足学生就业的需求结合起来;要坚持为中国共产党治国理政服务。大学要培养全面发展的人才,做到科学文化水平与思想道德素质同时提高,这样才能在遇到困难时发挥本领克艰化难,在实际工作中做到一心为民,为社会发展准备充分的智力资源和后备支持,为巩固和发展中国特色社会主义制度服务。通过加强党史国史教育和对国情与世界局势的分析,使学生明白中国特色社会主义制度的优越性,进而坚定道路自信;要为改革开放和社会主义现代化建设服务,高校教育要做到凝聚共识,为社会发展贡献力量。其次,坚持思想引领的主体责任。思想引领是高校党组织的重要任务。坚持思想引领,除了坚持正确的政治方向,还需要党委和基层党员发挥思想带头作用,加强思想道德建设。党员的思想引领,能够起到模范带头作用,是保障高校坚持正确发展方向的重要前提。最后,坚持协调管理的主体责任。对思想政治工作进行协调管理,指思想政治工作的机制需要多方面发挥作用,高校党委要成为协调高校思想政治工作的总领,协调与思想政治工作有关的各个部门,形成齐抓共管的格局。

(三)明确高校思想政治工作的创新路径

高校思想政治工作要坚持与时俱进,不断创新工作方法和思路,"沿用好办法,改进老办法,探索新办法",不断提高思想政治工作的亲和力、针对性。

创新做好高校思想政治工作,首先要把课堂教学作为高校思想政治教育的主渠道。习近平总书记把推动思想政治理论课创新摆在突出位置,强调"思想政治理论课是落实立德树人根本任务的关键课程。青少年阶段是人生的'拔节孕穗期',最需要精心引导和栽培"[1],"要用

---

[1] 习近平.思政课是落实立德树人根本任务的关键课程[J].求是,2020(17):1.

好课堂教学这个主渠道，思想政治理论课要坚持在改进中加强，提升思想政治教育亲和力和针对性，满足学生成长发展需求和期待，其他各门课都要守好一段渠、种好责任田，使各类课程与思想政治理论课同向同行，形成协同效应"[①]。要认真落实中共中央办公厅、国务院办公厅《关于深化新时代学校思想政治理论课改革创新的若干意见》，加强组织管理顶层设计，把思政课建设情况纳入学校党的建设工作考核、办学质量和学科建设评估标准体系，全面统筹办学治校各领域、教育教学各环节、人才培养各方面，明确质量标准，厘清教育者、管理者和服务者的职责规范，在思政课经费投入、资源配置等方面给予重点倾斜。

创新做好高校思想政治工作，要构建新时代"三全育人"工作新格局。高校思想政治工作是一项系统工程，需要统筹各个层面，协调各方面要素，形成一体化的育人体系，增强育人的整体性。为了使思想政治工作达到良好的效果和目的，必须形成全员抓思政的大环境，构建"三全育人"工作新格局。这就要求高校，一是要在教育主体上实现全员参与，充分挖掘专业课教师、思想政治理论课教师、哲学社会科学课教师、辅导员、班主任、管理干部等各方力量，实现教书育人、管理育人、服务育人等多维协同育人；二是要在育人环节上实现全过程，变"单兵作战"为"协同合力"，推进各部门协同联动，奏起育人的"协奏曲"，将育人工作贯穿到学生发展的各个阶段、各个方面；三是在育人空间上实现全方位，将高校思想政治工作覆盖到课内课外、校内校外、网上网下，使育人无处不在、无时不在。同时大力推进学校、社会、家庭一体化育人，达到多方位合力育人的效果。

创新做好高校思想政治工作，要把构建中国特色社会主义哲学社会科学学科体系和教材体系作为高校思想政治工作的关键环节。中国特色社会主义哲学社会科学学科体系和教材体系对于引导大学生坚定信仰、

[①] 习近平. 习近平谈治国理政：第 2 卷[M]. 北京：外文出版社，2018：378.

增强"四个自信",具有十分重要的作用。只有构建体现中国社会主义特色、中国风格、中国气派的体系,才能有效发挥高校哲学社会科学重要的育人功能,才能用科学的马克思主义教育引导学生。

创新做好高校思想政治工作,还在于创新思政工作方式,落实《高校思想政治工作质量提升工程实施纲要》,切实构建"十大"育人体系,提高学生思想政治素质的"四个正确认识"。凝聚思想政治教育工作合力,建立和完善党委统一领导、专兼职队伍相结合、全校紧密配合、学生自我教育的全员育人机制。注重实践育人,从大学生的课堂教育、社会实践、日常生活等各个方面,建立全过程的育人模式,把以文化人、以文育人作为工作的重要方式和途径,通过创新丰富多样的文化活动载体来实现共同育人的目的,打造互联网新媒体高校思想政治工作的创新平台,运用新媒体新技术,结合大学生的习惯特点,以新时代丰富的文化提升思想政治工作育人实效。

新时代对高校思想政治工作提出了新要求。高校要以习近平新时代中国特色社会主义思想为指导,聚焦立德树人核心使命,强化思想政治理论课建设,遵循思想政治工作规律,把习近平新时代中国特色社会主义思想融入学校全面深化综合改革、事业发展、人才培养的全过程,确保答好中国发展的"未来问卷"。

第三节 创新实践

习近平总书记指出:"做好高校思想政治工作,要因事而化、因时而进、因势而新。"[1]这不仅是对思想政治工作经验与规律的深刻总

---

[1] 习近平. 习近平谈治国理政:第2卷[M]. 北京:外文出版社,2018:378.

结，更是推进高校思想政治工作创新发展的科学方法论。面对新形势新任务，思想政治工作作为中国特色社会主义高校的生命线，关系到培养什么样的人、如何培养人以及为谁培养人这一根本问题，需要立足立德树人"根本点"，把准思政工作"总方向"，牢筑思政工作"大格局"，丰富新实践，取得新发展。

一、坚持党的领导

坚持党的领导是中国特色社会主义教育发展的基本经验。站在新时代新起点，建设教育强国，必须旗帜鲜明地坚持党对高校工作的领导，办好中国特色社会主义高等教育。

（一）坚持党的领导是办好中国特色社会主义高校的基石

习近平总书记指出："我国有独特的历史、独特的文化、独特的国情，决定了我国必须走自己的高等教育发展道路，扎实办好中国特色社会主义高校。"[①]中国特色社会主义高等教育发展道路，最重要的就是中国共产党的领导。

在中国特色社会主义高等教育领域，党的领导不是抽象的，而是具体的；不是务虚的，而是务实的，有着丰富内涵。主要表现在：

中国共产党指明了中国高等教育发展的政治方向，即为人民服务，为巩固和发展中国特色社会主义制度服务，为改革开放和社会主义现代化建设服务，这就使中国高等教育与整个中国共产党领导下的中国特色社会主义事业紧紧联系在一起，为中国特色社会主义高等教育构建起了广阔的发展空间。

改革开放以来，中国共产党制定了八个五年计划（规划），引领中国特色社会主义不断前进。中国共产党也根据我国教育实际，制定了包括高等教育事业在内的五年规划、中长期教育改革和发展规划纲要等，

---

① 习近平. 习近平谈治国理政：第2卷[M]. 北京：外文出版社，2018：376.

为我国高等教育提供了连续性的目标引领和战略抓手。

党委领导下的校长负责制和高校系统内的党、政、团、学组织，在分工协作基础上形成了具有强大治理功能的体制机制，保障了不同时期高等教育发展目标的实现。

高校从教职工到学生健全的党的基层组织体系为中国高等教育发展提供了强大的动员力量，党员师生也成为实现党的教育方针、引领广大师生为人民谋幸福和为民族谋复兴的强大力量。

正是因为有了中国共产党的领导，中国特色社会主义高等教育才能不断为中华民族伟大复兴和人类和平发展做出突出贡献，马克思主义也才能真正成为我国大学最鲜亮的底色。

（二）坚持党的领导是建设教育强国的根本保障

步入新时代，新要求呼唤着新作为。习近平总书记关于教育工作的一系列重要论述，深刻指明了新时代我国高等教育发展的战略方向。在新时代高等教育发展的复杂环境中和艰巨任务面前，加强教育强国建设，更要坚持好中国共产党的领导。

党的领导是实现中国特色社会主义教育强国目标的根本保障。在实现教育强国目标过程中，坚持和加强党的全面领导、坚持党对高校一切工作的领导，必须持续不断地深入学习和贯彻习近平新时代中国特色社会主义思想，特别要持续不断地深入学习习近平总书记关于发展我国高等教育的重要讲话精神，在"双一流"建设中推动高等教育内涵式发展，不断满足人民群众对高等教育的新需要新期待。

必须按照新时代党的建设总要求，把高校党的政治建设作为高校党建的根本性建设任务，坚决维护党中央权威和集中统一领导，保障党的教育方针和建设教育强国战略规划在高校贯彻落实。要把思想建设作为高校党的建设的基础性建设工程，在加强高校党员师生"四个意识"过程中，提高党组织的组织力量和动员力量，为建设教育强国聚集起磅磅礴力量。要以提升党委领导下的校长负责制制度建设为抓手，加强高校党的领导体制机制和干部队伍建设，以坚强有力的党建提升高校治理体系和治理能力的现代化。要把造就有理想信念、有道德情操、有扎实学识、有仁爱之心的高校教师队伍作为战略任务，以培养富有创新精神和立德树人的高素质教师队伍为动力，不断推进教育强国建设。

改革开放四十年中国高等教育发展实践充分表明，只有在中国共产党领导下，才能把中国特色社会主义道路自信、理论自信、制度自信、文化自信转化为办好中国特色世界一流大学的自信，中华民族才能实现建设教育强国的梦想。

（三）坚持党的领导是推进全面从严治党的重要环节

立足新时代，高校要坚持党的领导，牢牢掌握党对高校工作的领导权，切实加强和改进高校党的建设，把全面从严治党的根本要求转化为从严治校的动力保障，使高校成为全面从严治党的坚强阵地。

1. **要把坚持正确的政治方向作为高校全面从严治党的根本前提。**高校要始终坚持社会主义办学方向不动摇。我们的高校是党领导下的高校，必须坚持社会主义办学方向，全面贯彻党的教育方针，坚持以马克思主义为指导，不断增强"四个自信"。要坚持党委领导下的校长负责制，充分发挥党委引领政治方向、把握发展大局、端正思想观念、坚定党性立场等方面的作用。党员干部和广大师生要不断强化"四个意识"，做到在思想上政治上行动上全方位向党中央看齐，在围绕中心、服务大局中找到坐标、找准定位；做到带头维护党中央的权威，坚决贯彻执行党的路线方针政策，决不在落实上打折扣、搞变通，也决不对中央的大政方针和重大工作部署评头论足。

2. **要把加强思想建设作为高校全面从严治党的内在基础。**坚定理想信念，坚守共产党人精神追求，始终是我们共产党人安身立命的根本；对马克思主义的信仰，对社会主义和共产主义的信念，始终是我们共产党人的政治灵魂，是共产党人经得住任何考验的精神支柱。习近平总书记一再强调，"理想信念动摇是最危险的动摇，理想信念滑坡是最危险的滑坡"，这就需要我们把坚定理想信念作为加强高校理论武装、推进师生思想建设的首要任务，教育引导广大师生牢记党的宗旨，以习近平新时代中国特色社会主义思想为主线，弘扬马克思主义学风，自觉用党的创新理论武装头脑，解决好世界观、人生观、价值观这个"总开关"问题，精心培植我们的精神家园，使马克思主义成为高校最鲜亮的底色。

3. 要把加强基层党组织建设作为高校全面从严治党的有效抓手。加强高校基层党组织建设，是切实推进高校党的建设的基础工程，也是团结和组织广大师生的凝聚力工程，更是落实全面从严治党根本要求的有效抓手。要以提升高校基层党组织的组织力为切入点，选好配强基层党支部班子，进一步规范基层组织建设的组织形式和活动方式；充分发挥基层党组织战斗堡垒作用，推动全面从严治党要求向基层党支部延伸。还要以提升高校基层党组织的创新力为切入点，将基层党组织建设与学校中心工作相结合，与发挥基层党组织的战斗堡垒作用和党员先锋模范作用相结合，与激发基层党组织内在活力、探索建立长效机制相结合，发挥以点带面引领带动的作用。

4. 要把推进党风廉政建设作为高校全面从严治党的重要保障。高校党风廉政建设是全面从严治党的重点环节，在学校校风建设中同样具有重要意义。加强党风廉政建设，以党风带师风，师风带学风，营造风清气正的育人环境，更是完成立德树人根本任务的前提和保证。高校各级党组织必须增强责任意识，进一步确立抓党风廉政建设是党委主要工作的责任意识和抓好党的建设就是最大政绩的理念；深化责任落实，突出业务领域的纵向监督、过程管控和内部检查考核，使各层级"一岗双责"的监督责任落地生根；加强廉洁教育，坚持思想道德教育和党纪政纪校规教育相结合，示范教育和警示教育相结合，廉政教育和勤政教育相结合，把廉洁文化贯穿到师德建设、学风建设和大学文化建设全过程，引导广大师生树立尊廉崇洁、诚实守信、积极向上的崇高思想和道德情操，构筑牢固的思想防线。

二、配齐建强教师队伍

在学校思想政治理论课教师座谈会上，习近平总书记进一步强调，"办好思想政治理论课关键在教师，关键在发挥教师的积极性、主动性、创造性"。这些重要论述，为新时代加强教师队伍建设指明了努力方向，为做好新时代立德树人工作提供了重要遵循。

（一）坚持办学正确政治方向，切实理顺教师管理体制机制

习近平总书记指出，"教育必须培养社会发展所需要的人"，"世界一流大学都是在服务自己国家发展中成长起来的"，"只要我们在培养社会主义建设者和接班人上有作为、有成效，我们的大学就能在世界上有地位、有话语权"。这深刻揭示了教育与政治、经济和文化发展的内在关系，也进一步阐明了新时代中国高等教育所承载的历史使命和时代任务。

教师承担着传播知识、传播思想、传播真理的历史使命，肩负着塑造灵魂、塑造生命、塑造人的时代重任，是教育发展的第一资源，是国家富强、民族振兴、人民幸福的重要基石。高校要着力提升教师的思想政治素质，加强教师党支部和党员队伍建设。要将全面从严治党要求落实到每个教师党支部和教师党员，用习近平新时代中国特色社会主义思想武装头脑，充分发挥教师党支部教育管理监督党员和宣传引导凝聚师生的战斗堡垒作用，充分发挥党员教师的先锋模范作用；要选优配强教师党支部书记，注重选拔党性强、业务精、有威信、肯奉献的优秀党员教师担任教师党支部书记，实施教师党支部书记"双带头人"培育工

程；要健全把骨干教师培养成党员，把党员教师培养成教学、科研、管理骨干的"双培养"机制，创新方式方法，增强党的组织生活活力。

"国将兴，必贵师而重傅。"新时代，高校尤其要落实好《中共中央国务院关于全面深化新时代教师队伍建设改革的意见》，注重保障教师队伍能力水平，打造一支爱岗敬业的专业化、信息化、现代化教师队伍。要用心留住那些乐教、适教、善教的优秀人才，引导他们潜心教书育人。通过改革职称评定和考核评价制度，坚持德才兼备、全面考核，突出教育教学实绩，让醉心于教学的"老实人"不吃亏。同时，给教师充足的专业发展和职业上升空间，打造一支富有理想，有创新意识、闯劲干劲，以及丰富教育教学管理经验的学校管理人才队伍。

（二）坚持师德师风第一标准，着力造就高素质教师队伍

人才培养，关键在教师。教师队伍素质直接决定着大学办学能力和水平。党的十八大以来，习近平总书记在多个重要场合深刻阐释了教育工作和教师工作的极端重要性，先后提出了"四有"好老师、"四个引路人"、"四个相统一"等重大论断和战略要求。在2018年考察北京大学时的讲话中，习近平总书记进一步强调指出："评价教师队伍素质的第一标准应该是师德师风。"[①]坚持师德师风标准的首要性，并以师德师风引领教师队伍建设，是习近平教育思想的重要原理，为新时代我国高校教师队伍建设指明了方向。

教师教育是教育事业的工作"母机"，是提升教育质量的动力源泉，新时代要统筹实施《中共中央国务院关于全面深化新时代教师队伍建设改革的意见》，大力振兴教师教育，不断提升教师专业素质能力。例如，陕西师范大学以实施《教师教育振兴行动计划》为契机，进一步引导全校教师把教书育人和自我修养结合起来，做到以德立身、以德立学、以德施教、以德育德，努力建设一支能够肩负起新时代新使命，政

---

① 习近平. 在北京大学师生座谈会上的讲话[N]. 人民日报，2018-05-03（2）.

治素质过硬、业务能力精湛、育人水平高超的高素质教师队伍；学校健全师德建设组织机构，成立了党委教师工作部和师德建设委员会，建立和完善党委统一领导、党政齐抓共管、院部具体落实、教师自我约束的领导体制和工作机制，形成师德建设合力；加强顶层设计，制定出台系列文件，将教师思想政治工作融入人才队伍建设全过程；强化理论武装工作，以学习贯彻习近平新时代中国特色社会主义思想为重点，并组织不同层级的专题学习培训，进一步夯实广大教师的思想根基，坚定"四个自信"，增强"四个意识"；完善师德考核体系，把师德要求作为关键指标融入人才引进、评优奖励、年度考核、职务晋升、岗位聘用等工作中，为每位教师建立师德档案，坚持师德"一票否决"，进一步深化教师综合评价体系改革；选树优秀师德标杆，加强师德师风宣传推介，学校涌现出了全国高校黄大年式教师团队、全国优秀教育工作者、全国模范教师、全国优秀教师、全国教育系统职业道德建设标兵、全国师德标兵等一批先进典型。

（三）坚持立德树人根本任务，培养新时代"四有"好老师

习近平总书记在阐述高校的任务时指出，"大学是立德树人、培养人才的地方，是青年人学习知识、增长才干、放飞梦想的地方"，我们的教育"要培养德智体美劳全面发展的社会主义建设者和接班人"[①]，并以"爱国、励志、求真、力行"为基点对新时代青年提出了殷切期盼。这一重要论述把高校人才培养的道德标准、知识标准和实践标准提高到了新水平新境界。

"把立德树人的成效作为检验学校一切工作的根本标准"这一要求，对培养基础教育教师的传统师范大学和培养高层次人才的国内一流学府而言，不仅要培养出拥有较高专业知识和技能的人才，还要培养出能够引领社会文明，有坚定理想信念、高尚道德情操、浓厚家国情怀的

---

① 习近平.在北京大学师生座谈会上的讲话[N].人民日报，2018-05-03（2）.

中国特色社会主义建设者和接班人,培养出更多新时代的"四有"好老师。为此,高校必须以立德树人为根本,紧紧抓住内涵发展和全面提高人才培养质量核心工作,使教书育人规律、学生成长规律和思想政治工作规律有机融合,建立以"思政+"为驱动,以"领导、激励和评价"三大机制为保障,以"思想引领、课程育人、文化育人、实践协同育人、学术科研育人、组织协同育人"等六大平台为支撑的育人体系,全面构建"三全"育人新格局。比如陕西师范大学自2017年起在公费师范生中开设"《习近平的七年知青岁月》导读"特色思政课,通过学习习近平总书记青年时代在陕西梁家河艰苦环境中磨炼意志和品格的奋斗故

图7-5　陕西师大师生开展"四史"学习活动

事，引导和激励大学生以习近平为榜样，自觉树立"扎根西部、脚踏实地、爱岗敬业、服务教育、心系人民、矢志报国"的理想信念和道德情操，为青年学生成长为"四有"好老师奠定思想基础，并面向全校学生开设"习近平新时代中国特色社会主义思想概论""延安十三年史""'四史'理论教育系列讲座"等课程，形成有效的思政课程体系。要坚持把加强党的领导和党的建设作为形成高水平人才培养体系的重要内容，以提升党建工作质量为重点，聚焦基层党建质量提升攻坚，完善学校党委、院系分党委（党总支）、党支部、党员四位一体党建工作体系，发挥好组织育人的功能。要坚持以拔尖创新人才培养为突破口，以"双一流"建设推动高水平人才培养体系建设，以一流学科建设支撑一流人才培养，形成具有一流水平的教师培养体系，培养出一大批卓越教师和未来教育家。

三、创新学生工作方式

就高校学生工作而言，如何引入新思维、采用新方法、适应新形势，帮助青年学生提高思想道德品质，如何为学生成长成才创造条件、科学引导、因材施教、提供服务，其实大有文章可做，具体来说，可概括为四个方面。

（一）推动学生工作方式创新，在于育人理念创新

习近平总书记指出，做好高校思想政治工作，要遵循思想政治工作规律，遵循教书育人规律，遵循学生成长规律。其中，遵循学生成长规律是激发思想政治教育内生动力的重要内容，也是提升思想政治教育工作针对性的重要保证。遵循学生的成长规律，本质是把"人"作为教育发展的核心命题和基本价值取向，把教育的重点转向人本身，坚持"五育并举"，在教育过程中把人的全面发展放在中心地位。

培养德智体美劳全面发展的社会主义建设者和接班人这一根本任

图7-6　陕西师大马列理论读书社与启夏英才训练营共同发起
"马克思主义国家观与新时代爱国主义思想政治教育论坛"活动

务,对大学的人才选拔和培养体系也提出了更高的要求。招生选拔具有重要的教育导向性,并且应该将选拔和培养过程衔接起来。在培养上,大学和中学的教育要有效衔接;在选拔中,将符合教育基本方针要求的人才选拔体系和基础教育培养体系衔接起来,不能"唯分数论"、一味只看重"智"。总的来说,作为高校,一是要注重知识体系的建构。大学是一个人成长的关键阶段,高校要牢牢把握大学生成长的关键节点,在不同阶段善抓不同的教育重点,进行有针对性的知识体系建构。二是要注重价值观念的塑造。把社会主义核心价值观贯穿大学生成长成才全过程，锤炼大学生道德品质，促进大学生成才。三是要突出实践导向。要积极鼓励、指导和帮助大学生开展及参与社会实践活动，引导大学生勤学苦练、修德修身、明辨是非、笃实笃行，着力构建服务于青年学生成长成才的思想引领与教育体系。

（二）推动学生工作方式创新，在于育人模式创新

思想政治工作本身就是一项复杂的系统工程。对标习近平总书记所强调的"全员全过程全方位"育人工作要求，从思想政治工作主体上看，要突出"全员"参与，做到"全员"关联。思想政治工作不单是分党委（党总支）书记及副书记、团总支书记、辅导员、思政课教师的事情，还应该吸纳专业教师、管理服务单位以及社会资源、社会力量主动参与。从思想政治工作的育人阶段来看，要突出"全过程"育人，对大学而言，要注重从大一学生成长的"灌浆期"到大四学生"成熟期"的每个环节，从学生思想和精神需求出发，持续性、贯穿性、系统性和有针对性地开展思想政治教育。从思想政治工作的载体看，要突出"全方位"育人，不仅要把思想政治工作的理念与目标融入学生日常管理、学风建设、诚信教育等常规工作中，更要渗透到科学研究、管理服务、文化建设、社会实践等多种活动中，使它们均成为育人载体，做到不同育人载体、育人资源的系统整合。

（三）推动学生工作方式创新，在于育人技术创新

随着互联网技术的不断进步，社交网络、即时通信工具、互联网等新媒体愈来愈受到广大青年学生的追捧。如何利用新媒体加强对大学生的思想引导，做好网络思政工作，是当前亟待解决的课题。高校各级学生工作队伍要关注网络发展的新动向新趋势，运用新媒体设施，建设和掌握可信、可管、可控的网络阵地，形成学校、院系及学生组织等相互联动的新媒体宣传教育格局。比如，建立思想政治工作优秀网络作品成果评选机制，将其纳入高校科研成果统计、职务（职称）

评聘和评奖评优范围;比如,讲好身边的故事,善于把深刻道理通过创新的语言表达和新媒体方式讲清楚、讲透彻,不断增强思想政治教育的时代感和吸引力。同时,要强化问题导向,聚焦青年学生关心关注的热点难点问题,优化内容供给、改进工作方法、创新工作载体,在破解高校思想政治工作短板上取得实质性进展,激活高校思想政治工作内生动力。如陕西师范大学积极构建思想政治工作"一端三网四微"的新媒体矩阵,创建思想政治教育工作的宣传窗口网络站群,注重以学生喜闻乐见的方式开展教育引导,打造"有广度、有深度、有温度"的"云上"思想政治工作新生态,使思想政治教育主旋律"响"起来。

(四)推动学生工作方式创新,在于文化环境创新

把学生工作落实落细。如果说,构建高水平的校园文化活动体系是新时代高校校园文化活动融入思政教育工作的"落细",创新高质量的校园文化活动载体是其"落小",那么,创设安全稳定和谐的校园环境和文化氛围,把好育人思维导向就是其"落实"。一方面,要求高校要注重"以文化人""以文育人",结合高校师生思想特点,注重中华优秀传统文化与服务国家和社会发展有机融合,通过体系化设计,分层次、分梯度转化与输出民族精神与校园文化;另一方面,还要牢牢掌握意识形态工作领导权话语权,抓住教室、教材、教师三个关键,严格课堂教学管理,完善教学考核、教材使用、督导管理等制度,积极探索"互联网+"思想政治工作模式。高校要坚持用优秀传统文化滋养人,用红色革命文化感染人,用先进文化引领人,把政治信念、科学精神、人文精神的培育融为一体,让青年学生在潜移默化中珍爱"中国故事",坚持"中国道路",笃实"中国价值"。比如,陕西师范大学连续十四年坚持组织全校老教授书法名家用毛笔书写大学录取通知书,又比如首创系统全面的"六字三段教学法",形

成"测评—展演—创作"三位一体多元教学评价体系,以中华优秀传统文化提升大学生人文素养,为培养德智体美劳全面发展的社会主义建设者和接班人打上深厚的文化底色。

图7-7 陕西师大老教授用毛笔书写新生录取通知书

在新时代背景下，高校思想政治工作有了新的发展机遇、新的思想旗帜、新的发展方位，加强和改进高校思想政治工作任重道远，只有社会和高校全方位行动、全过程贯彻，才能保证增强思想政治工作的实效性。习近平新时代中国特色社会主义思想是高校思想政治工作把握时代机遇的根本指针，新时代下，高校思想政治工作发展也必将比历史上任何时期都更有信心、更有能力抓住机遇，迎接挑战，在开启全面建设社会主义现代化国家新征程的伟大事业中发挥新的时代作用。

第八章 着眼未来是大学创新发展之策

教育事业是民族振兴、社会进步的基石。教育的未来发展，关乎国家进步和民族昌盛。新一轮科技革命和产业变革方兴未艾，互联网、大数据、云计算、人工智能等新技术的迅猛发展，正在改变社会发展方式，重塑教育形态。准确把握教育的未来发展方向，对办好高等教育，切实服务国家发展和社会进步具有十分重大的意义。

任何一个国家的教育发展都根植于自身历史条件、文化传统和独特国情，不同国家的教育都有其特殊的内在逻辑和生成规律。中国大学需要扎根中国大地办学，需要将教育发展的基本规律和我国国情相结合，走出一条具有中国特色的教育发展之路。

中国特色社会主义进入新时代，高等教育面临新形势、新任务、新挑战。未来中国高等教育的发展，既要高瞻远瞩，未雨绸缪，顺应世界高等教育发展的趋势；又要坚持中国特色，立足现实需要，务实创新，提升内涵发展，在日趋激烈的国际竞争中赢得优势。

面临百年未有之大变局，中国大学必须抢抓机遇，提前布局，以更高远的历史站位、更宽广的国际视野、更深邃的战略眼光，立于世界高等教育的潮头。在人才培养上，向国际化创新型人才转型；在科学研究上，向尖端前沿水平布局；在社会服务上，向国家重大战略和区域迫切需求跟进；在文化传承与创新上，向国内优秀文化与国外先进文化汲取涵养。这是新时代中国高等教育的未来发展之道。

第八章

着眼未来是大学创新发展之策

> 教育是民族振兴、社会进步的重要基石，肩负着增强民族创新创造活力、实现民族伟大复兴的时代使命。教育的未来发展，关乎国家进步和民族繁盛。准确把握教育未来发展方向，对于实现高等教育强国战略目标，切实服务国家发展和民族进步具有重要意义。

第一节 远瞩世界教育发展格局

到21世纪中叶，世界高等教育的发展将呈现何种格局，中国高等教育在这种格局中的地位如何，应成为广大教育工作者深入思考形成判断，并高瞻远瞩地提出应对举措的主要内容。因为这既关乎我国高等教育发展综合实力的展现，高校如何顺应世界高等教育发展潮流等问题，也关乎我国在世界竞争中如何基于文化科技发展而做出相应决策等问题。

从世界教育格局方面来说，长期以来，英美法德日等发达资本主义国家高等教育发展历史悠久，发展水平较高。我国高等教育发展历史较短，想要奋力追赶，超越并后来居上，改变这种格局，难度很大。由于高等教育实力的综合发展是一个相对漫长的积淀过程，很难在短时间内实现大的跨越。因此，未来二三十年，世界高等教育基本格局将依然是英美法德日等发达资本主义国家的高等教育具有相对的整体优势，中国则很难整体超越，但通过我们的不懈努力，会有若干大学优先超越，成为世界一流大学，差距进一步缩小，甚至整体发展水平与发达资本主义国家高等教育的水平非常接近。

从具体高校发展来说，北京大学、清华大学建设目标是未来二三十年内成为世界一流大学，浙江大学、南京大学、复旦大学、吉林大学、上海交大、西安交大等高校也制订了建成世界一流大学，或某些学科专业发展跻身世界一流水平的目标。根据目前各种大学排名的情况，我们可以预测，进入全球最有影响力的100所高校中，中国大陆的高校有望超过20所，且部分高校的综合实力将更具国际影响。当然，抓住信息技术迅猛发展的机遇，将使部分具有良好基础的高校充分利用信息革命契机迎头赶上，从而跻身世界一流行列。

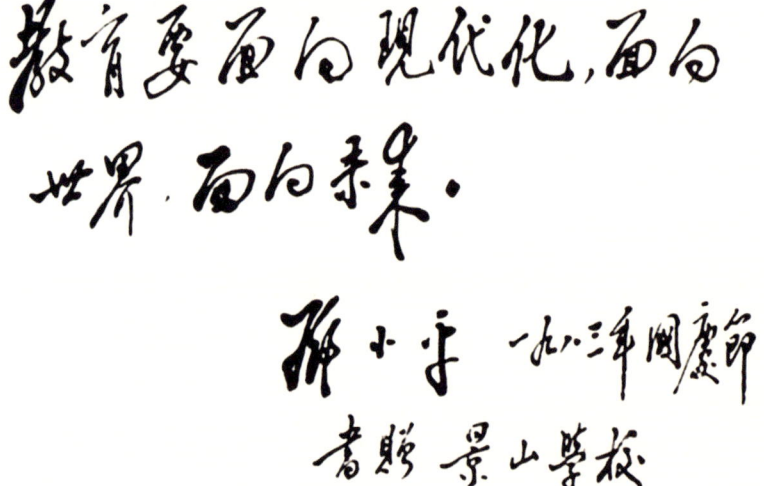

图8-1　1983年，邓小平同志为北京景山学校题词：
教育要面向现代化，面向世界，面向未来

从国内高校发展格局来看，随着"双一流"建设的深入推进，高等教育将重新洗牌，基本形成一流大学为第一方阵、一流学科建设为第二方阵、其他大学为第三方阵的格局，北大、清华将继续领跑。中国高校冲击世界一流水平，一流建设高校将逐步分化，一部分冲击并进入世界一流高校行列，一部分则依然是国内一流。所谓国家布局，包括两层意思：其一，就是有意识地在一些地区重点建设部分高校，如第一轮"双一流"建设中跻身一流建设高校的云南大学、新疆大学和郑州大学，这既是基于地区人才发展需要的考虑，也是基于考生基数和完善"985工程"建设的考虑；其二，就是有意识地扶植一些特色发展的高校，比如对师范院校、农林院校、中医药院校和艺术类院校等的支持。所谓重新洗牌，可能包括以下几点：一是东南经济发达地区的高等教育将进一步获得长足发展，中西部地区的高等教育则面临更大的发展压力；二是高层次人才竞争将更趋激烈，如何有效优化人才流动甚至将影响教育政策的适度调整；三是优势学科、特色学科建设将成为高校发展的战略性考量，如何调整资源配置，有所侧重地集中建设部分学科专业，将成为高校全面思考并慎重做出选择的艰难选题。

中国高等教育如何实现内涵式发展，则必须考虑高等教育发展的另一个评判维度——基本国情。水平提升与国情需要，用这两个维度来分析和判断，才能更为清晰地把握中国高等教育的未来。习近平总书记在全国教育大会、全国高校思想政治工作会议上的讲话分别指出，必须坚持和推进中国特色的高等教育发展，强调必须扎根中国大地办学，办具有中国特色的、高质量高水平的、人民满意的大学。因此，展望高等教育的未来发展，必须将上述两者结合起来，既高瞻远瞩，洞悉和顺应世界高等教育发展的格局与趋势，找准定位，不懈努力，又要坚持中国特色，立足现实需要，不断务实创新，提升内涵发展。

从回归高校办学根本、顺应世界高等教育发展潮流、呼应国家和民族发展需求等方面来说，未来中国高等教育的发展，主要可以从三个宏观层面来推进：其一，立足国情，坚持立德树人，扎根中国大地办学；其二，立足现实需求，对接国家发展战略和区域经济社会发展，提升基础研究和科学技术的核心竞争力；其三，立足校情，提升治理体系和治理能力现代化水平，切实推进内涵建设。

第二节　扎根中国大地办学

任何一个国家的教育发展都基于自身历史条件、文化传统和具体国情，不同国家的教育都有其独特的内在逻辑和生成规律。因此，扎根中国大地办学是由矛盾的普遍性和特殊性原理决定的，需要我们将教育发展的基本规律和国情相结合，走出一条具有中国特色的教育发展之路；扎根中国大地办学是由培养社会主义建设者和接班人的教育根本任务决定的，要求我们始终根据党和国家的发展，培养立志为中国特色社会主义奋斗终身的有用人才；扎根中国大地办学也是由我们为世界教育提供中国智慧和中国方案的时代使命决定的，需要我们认真审视中国教育改革发展的独特价值，用社会主义先进文化滋养和培育，形成本土化的教育发展之路，为世界上类似国家的教育发展提供借鉴。扎根中国大地办学，具体到我国具体国情，就是要按照习近平总书记所强调的，在党的坚强领导下，全面贯彻党的教育方针，坚持马克思主义指导地位，坚持中国特色社会主义教育发展道路，坚持社会主义办学方向，立足基本国情，遵循教育规律，坚持改革创新，以凝聚人心、完善人格、开发人力、培育人才、造福人民为工作目标，培养德智体美劳全面发展的社会主义建设者和接班人。

扎根中国大地办学，"根"是本源，是立足所在，可以理解为立足中国特有的历史、文化、政治、经济和社会等影响大学办学的根本性因素；"地"可以理解为国家需要、人民期望乃至民族复兴的需要等实践性因素。"扎根中国大地"的基本内涵就是满足人民对接受优质教育的期望，通过鲜明的价值引领建设具有中国特色的大学形态。

从实践层面来说，扎根中国大地办学，需要做好六个方面的工作。

第八章
着眼未来是大学创新发展之策

（一）坚持把加强党的领导作为学校事业发展的根本保证

中国特色社会主义最本质的特征是中国共产党领导。办好中国特色、世界一流大学，必须加强党的全面领导，坚持正确政治方向，不断完善管理体制机制，落实立德树人根本任务，为学校事业发展提供强大的思想、政治和组织保证。在办学过程中，要切实坚持和完善党委领导下的校长负责制。"党委领导"是党委在高校处于领导核心地位，全面领导学校的工作，是党的集体领导、集体决策；"校长负责"是校长和行政领导班子其他成员自觉接受党委的集体领导，负责处理学校的日常教学科研、行政管理工作。2014年，中共中央办公厅印发《关于坚持和完善普通高等学校党委领导下的校长负责制的实施意见》，从管方向、全局，管干部、人才以及党要管党等方面，明确了党委的十项工作职责，从抓教学、科研、管理等方面，确定了校长的十项工作任务，理顺了党委领导、分工负责、互相配合的工作机制。也就是说，党委要发挥好领导核心作用，集中力量把方向、抓大事、管干部，总揽学校改革发展稳定的全局；校长服从党委领导，在党委集体领导下行使职权，积极主动做好教学、科研和行政等方面的管理工作。

（二）坚持把培养社会主义事业的建设者和接班人作为学校事业发展的核心使命

"培养什么人、怎样培养人、为谁培养人"，这是高等教育的首要问题和根本问题。未来高等教育发展必须树立育人为本、德育为先的教育理念，统筹推进学生的全面发展，以建立和完善育人为本的教育政绩观和教育评价观为引导，牢固确立人才培养中心地位。因此，高校要紧紧抓住培养德智体美劳全面发展的社会主义建设者和接班人这个根本，坚持立德树人，不断推进本科教育教学改革和研究生培养机制改革，构建高水平人才培养体系，发展有中国特色、世界水平的一流本科教育和研究生教育。

（三）坚持把加强教师队伍建设作为学校事业发展最重要的基础性工作

师资队伍是兴教之源、育才之本、强校之基，教师担负着传播知识、传播思想、传播真理和塑造灵魂、塑造生命、塑造新人的时代重任，也在本质上塑造着民族、国家乃至世界的未来。因此，扎根中国大地办学，需要切实提高教师队伍的政治素养和教育价值观，把全面加强教师队伍建设作为一项重大的基础性工作切实抓紧抓好。从学校自身来说，要充分认识教师工作的重要性，着力培养和造就一支师德高尚、业务精湛、结构合理、充满活力的高素质专业化教师队伍；要营造风清气正的教师成长土壤，促进教师安心、热心、舒心和静心地全身心投入教育工作。从教师自身来说，要以坚定的理想信念、高尚的道德情操、扎实的学养学识和博大的仁爱之心，坚持四个"相统一"，成为学生成长发展的引路人。

（四）坚持把建设中国特色现代大学制度作为大学建设发展的根本性保障

在坚持党委领导下的校长负责制的基础上，不断加强中国特色现代大学制度建设，具体来说，要做好以下三个方面的工作：一是完善大学章程，坚持以章办学。大学章程的内容要体现多元利益主体的内在需求，在制定程序上体现国家和地方政府的宏观管理，使之真正成为规范大学办学的行为准则，从而更大程度地激发高校活力。二是按照中国特色现代大学治理结构，统筹处理好学校党委、行政与学术委员会、教职工代表大会之间的权力关系与运行机制。这个体现的是校内治理结构的调整、优化和完善。三是推进高校基层学术组织建设。高校权力要从高校管理层逐步下移至基层学术组织，推进招生、专业设置、教师职称评聘等学术权力的下放，既要充分调动基层组织人员的积极性和创造力，也要避免学术系统与行政系统在人员组成、权力行使等方面的交叉重叠。这个体现的是学校与院（系）二级治理关系的问题。

（五）坚持把打造昂扬向上的校园文化作为塑造大学办学灵魂的重要抓手

大学不仅是人们看得见摸得着的一种客观实体，更是一种精神文化的存在。一所大学的精神文化是其生命源泉，也是其绵延发展之血脉，只有通过长期的实践和碰撞、积淀和传承，才能逐步形成。小而言之，要让校园里每栋楼、每条路、每块石头都会说话，以环境和人文的浸润和熏陶，鲜明地向学生传递一所高校独特的文化气息和文明姿态，让他们能够用心感知大学的文化精神，并以之滋养自己的大学生活，逐步将独特的文化精神作为一生的价值遵循，融入自己追寻梦想的人生历程，从而达到高校塑造学生诗书气质、创新品质和担当精神的教育目的，完成培养社会主义建设者和接班人的根本任务。

（六）坚持把加强中华优秀传统文化教育作为大学实现文化传承和创新功能的重要方式

大而言之，党的十八大以来，党中央从中华民族最深沉的精神追求和最根本的精神基因、独特的精神标识和民族的精神魂魄、最宝贵的精神品格和精神命脉的高度，来定位优秀传统文化；从涵养社会主义核心价值观的重要源泉、实现"两个一百年"奋斗目标和民族伟大复兴的精神支撑的高度，来弘扬优秀传统文化；从民族最基本的文化基因、最深厚的软实力和坚定文化自信的高度，来要求继承优秀传统文化。毫无疑问，作为承担着文化传承和创新使命的高等学校，必须从推动民族现代化进程的战略高度，加强中华优秀传统文化教育，创新和发展优秀传统文化，坚定文化自信。具体来说，高校应不断阐发优秀传统文化的思想精华和历史精髓，继承和弘扬传统美德，加强爱国主义、集体主义和社会主义教育，让优秀传统文化成为我们实现民族复兴、增进人类福祉的坚实根基。

进入新的历史发展时期,高等教育改革发展面临着新形势新任务新挑战,最根本的是需要我们扎根中国大地办学,坚持正确的办学方向,坚持立德树人根本任务,建设好教师队伍,完善中国特色现代大学制度,传承和弘扬优秀传统文化,高校要在日趋激烈的国际教育竞争中保持旺盛的生命力,书写中国高等教育独特的奋进篇章。

第三节 服务国家发展战略

从全球来看,当前新一轮科技革命和产业革命正在孕育兴起,重大科技创新正在引领社会生产新变革,互联网、人工智能等新技术的发展正在不断重塑教育形态。高校必须抓住机遇,超前布局,以更高远的历史站位、更宽广的国际视野和更深邃的战略眼光,规划学校发展战略,为加快推进教育现代化、建设教育强国积极努力。中共中央、国务院印发的《中国教育现代化2035》是新时代推进教育现代化、建设教育强国的纲领性文件,对标新时代中国特色社会主义建设总体战略安排,从"两个一百年"奋斗目标和国家现代化全局出发,系统勾画了我国教育现代化的战略愿景,明确了教育现代化的战略目标、战略任务和实施路径。高校的发展必须纳入教育现代化的整体布局之中。

结合高等教育的基本职能,高校未来的科学研究必须对接国家发展战略,服务区域经济发展,即不仅需要我们在基础研究上实现从"0"到"1"的突破,在应用科研上向高精尖推进,实现高科技成果转化,还需要培养大量具有国际视野的创新型人才。这主要包括两个方面的内容。

(一)以科学研究支撑创新驱动发展

习近平总书记指出:"科技创新已经成为提高综合国力的关键支撑,成为社会生产方式和生活方式变革进步的强大引领,谁牵住了科技创新这个牛鼻子,谁走好了科技创新这步先手棋,谁就能占领先机、赢得优势。"科技创新能力已经成为提高国际竞争力的关键和核心因素,只有拥有强大的科技创新能力,才能提高我国的国际竞争力。因此,对于高等教育来说,必须重视创新驱动发展,为创新人才培育和科技强国行动奠定坚实的教育基础,提升关键领域核心技术的竞争力,培养造就大量的高科技创新型人才。

在新的历史起点上,高校要牢牢把握新一轮世界科技革命和产业变革机遇,进一步加强基础性、战略性、前瞻性问题研究,增强自主创新能力,推动科技创新与经济发展的深度融合,以科技创新支撑服务国家战略行动,担当起创新驱动发展的职责和使命。高校要认真思考学科链、创新链与产业链、服务链的对接问题,积极引导科研资源嵌入地方支柱和主导产业价值链,加快高校科研成果有效转化为现实生产力;结

图8-2 广州传祺汽车现代化制造车间

合国家战略需要和区域经济社会发展，提升能力、改革机制、营造环境，构建有效的科技创新模式与服务模式；通过环境优化、机制创新、平台搭建、基地建设，提升高校科技创新能力，使大学成为高新技术企业孵化器、高新技术企业的技术创新基地以及培养创新创业人才的摇篮，为区域经济社会发展提供强有力的科技支撑。高校还应主动适应以新技术、新产业、新业态和新模式为特征的新经济时代的要求，主动应对新一轮科技革命与产业变革、推进产业转型升级和新旧动能转换的需要，以及支撑服务创新驱动发展、"中国制造2025"等一系列国家战略的需要。

总之，未来的高等教育，只有全面推进办学理念、学科专业、项目探索、产教融合、组织创新的深化，才能更好地推进高等教育创新，从而助力民族复兴、国家振兴。

（二）以人才培养服务区域经济发展

创新人才的培养是国家崛起、民族复兴的基础条件。建设教育强国，需要培养和造就一大批工程制造、工商管理、金融贸易、文化法律等方面的拔尖人才。只有培养了大批拔尖人才，才能为建设教育强国、建设创新型国家奠定人才基础。现阶段，我国已形成世界上最大规模的教育体系，但还不是教育强国。当前，高校人才培养结构、质量与经济社会发展需求之间还存在严重的结构性矛盾，因此，高校应当加强人才培养力度，提升人才培养质量，担当起为社会培养拔尖创新人才、为民族复兴提供人才保障的历史使命。不同类型高校要结合自身实际，系统分析国家战略需要和区域经济社会发展人才需求状况，深入研究人才培养目标与经济社会发展的契合度、人才培养对经济社会的贡献度，扎实推动以需求为导向的人才培养供给侧结构性改革，积极探索学科专业优化调整机制，建立以国家战略需要为导向、适应区域经济社会发展的人才培养体系。

高校人才培养应该依靠自身优势及特色特点，实现错位发展。例如，以研究型大学为主的"双一流"建设高校的办学目标是产出高水平科研成果、培养高层次精英人才、支撑国家创新能力和可持续发展；以教学型大学为主的高校则主要面对区域经济社会发展需要，培养高质量的人才。

第四节 构筑高校内部发展体系

建设教育强国是中华民族伟大复兴的基础工程。加快教育强国建设是建设社会主义现代化强国，实现"两个一百年"奋斗目标和中华民族伟大复兴中国梦的必然要求。进入21世纪以来，全球化进程不断加速，国际竞争日趋激烈，知识经济已经成为人类社会发展的典型特征和主流思潮，世界发达国家都毫无例外地将高等教育发展作为提升国家竞争力的重要抓手。教育是一个复杂的系统，教育强国建设是一个系统工程。加快教育强国建设必须找准着力点，系统推进，重点发力。现阶段，高校主要应以建设世界一流、中国特色的大学为目标，加强内涵建设，展开国际交流合作，倾力打造教育强国。在改革发展中，主要应从三个方面大力推进。

（一）创新治理体系

完善的高校治理结构是体现大学治理能力和治理水平现代化的重要标志，只有完善高校治理结构，才更有可能激发其内在的办学活力，实现从规模粗放到质量内涵的发展。在高校内部，学校党委的政治核心和组织领导作用将更加突出，行政组织独立行使管理职权的边界将更加明确，学术组织将逐渐成为学校内部治理中的重要力量。但必须切实落实和扩大二级教学科研单位的办学自主权，激发基层学术组织活力。具体来说，应该包括以下三项内容。

1. **完善学院内部治理结构。** 充分发挥学院党委（党总支）的政治和监督保障作用，监督和保障党的路线方针政策及上级党组织和学校决定的贯彻执行，全面做好党组织的思想建设、组织建设、作风建设、制度建设和反腐倡廉建设。明确学院党委、行政、学术和民主管理等不同权力主体的职权，落实好学院党政共同负责、班子成员分工协作的管理体制，同时，保障学术委员会行使学术事务的决策、审议、评定和咨询等职权，充分发挥教职工代表大会及学生会的民主监督和民主管理作用。此外，要健全师德师风建设长效机制，实施教师教育振兴行动计划，提高教师专业素质能力。

2. **落实学院的主体地位。** 学校要把学院纳入学校的决策当中，建立校院共同决策机制，让学院在学校决策中发挥咨询、建议和反馈作用，确保学校决策能关注学院切身利益、满足学院发展需求、解决学院发展困难、提升学院发展能力。同时，在学院的具体办学活动中认识问题、发现问题和解决问题，把学院办学活动作为学校改革发展的出发点，促使学校改革发展围绕学院办学活动进行。此外，要切实落实"放管服"改革，将学院由管理对象变为服务对象，为之提供相应的技术、知识、资源等支持。

3. **激发学院办学的积极主动性。** 学校应将管理重心下移，充分赋予学院在人才培养、经费管理、科学研究、项目管理、队伍建设、绩效评价等方面的权力，保障学院按照自身的发展实际及需求进行管理决策。要强化绩效管理，对学院办学活动的效益、效果和效率进行评价，激发学院的竞争意识和绩效意识。

（二）推进"双一流"建设

如何建设成为世界一流大学和一流学科，是高等教育未来发展的主要目标。当前，我国高等教育发展总体水平还不高，科研创新能力、优秀人才培养能力还不强。因此，我国高等教育发展需要对标国际标准，进一步明确我们要从哪些方面建设什么样的大学和学科，科学确立建设发展目标。具体来讲，高校至少要做好以下几项工作。

1. 构建具有中国特色的学术体系。强化具有中国特色的指导思想、学科体系、学术体系、话语体系等建设，在国际舞台上充分展现中国特色、中国风格、中国气派，形成具有独特优势的学科水平和学科标准，形成强有力的国家话语体系和学科竞争优势。

2. 更加注重以绩效配置资源。高校办学资源的争取，主要靠实力、特色、成果、质量、水平，国家在高等教育总体协调均衡发展的基础上，特别在一流大学、一流学科建设方面，资源的投向一定是扶优扶强扶特，"吃大锅饭""利益均沾""平衡照顾"的资源配置方式将淡出历史舞台。

3. 开展强有力的高层次教师队伍建设。高等学校综合实力的竞争，说到底是人才的竞争。高校必须加大高层次人才建设力度，利用其学术视野、学术影响、学术资源、学术成果，带动学校整体科研水平和人才培养水平的提升，尽可能在某一领域某个学科形成突破，达到世界一流水平。

4. 更加注重标志性成果的产出。"双一流"建设的显性指标是在科研创新水平方面建立学术声誉。能否产出世界领先、国内一流、国家急需的标志性科研成果，将成为高校制订评价体系的重要考量。因此，加强国际前沿问题研究，着力解决影响人类生存与发展的重大现实问题以及国家发展的重大战略需求问题，产出一批标志性学术成果，大力提升学术声誉，是"双一流"建设的重要内容。

（三）开展国际交流合作

高校必须把国际合作交流作为新的发展模式和发展战略，在整体发展上进行具有国际视野的顶层规划并稳步推进实施。具体工作主要包括三个方面。

1. **充分利用国家战略平台，提高国际化水平。**充分利用国家"一带一路"经济带建设、东欧"16+1"合作、东盟"10+1"、东盟"10+3"、东北亚自由贸易区等国家发展战略平台，积极争取国家资金、政策、科研交流平台等资源，创新管理体制机制，构建教学、科研、社会服务实施平台，开展人才培养、智库服务、文化交流等活动，努力提高国际化办学水平。

2. **广泛开展与国际知名大学合作，提升竞争能力。**通过与国际知名大学及研究机构合作，开展联合攻关等，提升学校的竞争能力。以美国为例，可以努力争取与耶鲁大学合作建立全球化研究中心，聘请世界知名学者专家，研究全球化的相关问题；与斯坦福大学合作，开展卫生经济、生物医学等方面的研究；与耶鲁大学合作成立生物医学研究中心，共同研究某些疾病的分子性能，探索医疗改进的途径；等等。

3. **加强具有国际视野人才的培养，提升人才培养质量。**大学实现国际化，可以为学生提供丰富、多元的教育环境，使他们更好地适应未来世界的发展。因此，高校必须大力加强具有国际视野人才的培养力度。从具体措施来说，高校需要与国外高水平大学、顶尖科研机构进行学术交流与科研合作，推动中外优质教育模式互学互鉴，创新联合办学体制机制，加大校际访问学者和学生交换力度，以此促进人才培养质量的快速提升。

参考文献

[1] 雅斯贝尔斯. 什么是教育[M]. 邹进,译. 北京:生活·读书·新知三联书店,1991.

[2] 安娜蓓尔·碧莱尔. 领导与战略规划[M]. 赵伟,译. 北京:机械工业出版社,2000.

[3] 德里克·博克. 走出象牙塔:现代大学的社会责任[M]. 徐小洲,陈军,译. 杭州:浙江教育出版社,2001.

[4] 阿特巴赫,波达尔,甘波特. 21世纪的美国高等教育:社会、政治、经济的挑战:第2版[M]. 施晓光,蒋凯,译. 青岛:中国海洋大学出版社,2007.

[5] 弗兰克·纽曼,莱拉·科特瑞亚,杰米·斯葛瑞. 高等教育的未来[M]. 李沁,译. 北京:北京大学出版社,2012.

[6] 布鲁贝克. 高等教育哲学[M]. 郑继伟,等选译. 杭州:浙江教育出版社,1987.

[7] 奥尔托加·加塞特. 大学的使命[M]. 徐小洲,陈军,译. 杭州:浙江教育出版社,2001.

[8] 廖湘阳,王战军. 改革开放以来我国研究生教育政策的文本分析[J]. 高等教育研究(武昌),2004(6).

[9] 毕宪顺,张峰. 改革开放以来中国高等教育的跨越式发展及其战略意义[J]. 教育研究,2014(11).

[10] 别敦荣,李连梅. 柏林大学的发展历程、教育理念及其启示[J]. 复旦教育论坛,2010(6).

[11] 蔡克勇. 21世纪中国教育的走向[M]. 广州:广东高等教育出版社,2004.

[12] 陈学飞. 西方怎样培养博士:法、英、德、美的模式与经验[M].

北京：教育科学出版社，2002．

［13］许晓冬，孙晓程，李秀兰，等．基于创新创业能力培养的高校实践教育基地建设研究［J］．高等财经教育研究，2016，19（2）．

［14］程光旭，邱捷．践行钱学森教育思想 探索科技领军人才培养模式［J］．中国高等教育，2009（C3）．

［15］程光旭，汪宏，陈花玲．基于研究生教育问题的改革实践与政策建议［J］．中国高等教育，2009（24）．

［16］程光旭，姚若侠，孔祥利．推进师范类高水平大学一流学科建设［J］．中国高等教育，2016（3）．

［17］程光旭．工程坊：大学生实现创新梦想的训练平台［J］．高等工程教育研究，2011（3）．

［18］程光旭．努力实现人才培养模式改革的新突破［J］．中国高等教育，2009（1）．

［19］程光旭．突破人才培养方式 培养高层次创新人才［J］．中国高等教育，2007（18）．

［20］程光旭．知名高水平大学精英教育探析［J］．西安交通大学学报（社会科学版），2006（6）．

［21］程序．我国高校创新人才培育新机制下研究生培养模式探究［J］．湖北社会科学，2017（12）．

［22］程雅杰．从"211工程"到"985工程"再到"2011计划"：基于渐进模型视角的分析［J］．教育与考试，2013（5）．

［23］德里克·博克．走出象牙塔：现代大学的社会责任［M］．徐小洲，陈军，译．杭州：浙江教育出版社，2001．

［24］第四轮学科评估首次采用分档方式公布［J］．西部素质教育，2017（24）．

［25］葛李．发展中国家研究生教育模式借鉴［J］．教育与职业，2014（19）．

［26］顾秉林，王大中，汪劲松，等．创新性实践教育：基于高水平学科建设的创新人才培养之路［J］．清华大学教育研究，2010（1）．

［27］顾明远．教育大词典：第3卷［M］．上海：上海教育出版社，1991．

［28］郭为藩．转变中的大学：传统、议题与前景［M］．北京：北京大学出版社，2006．

［29］洪冠新．法国大学的研究生教育模式［J］．北京航空航天大学学报（社会科学版），2007（A1）．

［30］胡建华. "双一流"建设对我国高校学科建设的影响［J］. 江苏高教，2018（7）.

［31］华勒斯坦，等. 开放社会科学：重建社会科学报告书［M］. 刘锋，译. 北京：生活·读书·新知三联书店，1997.

［32］黄达人，等. 大学的根本［M］. 北京：商务印书馆，2015.

［33］黄达人，等. 大学的治理［M］. 北京：商务印书馆，2013.

［34］黄达人，等. 大学的转型［M］. 北京：商务印书馆，2015.

［35］黄达人. 大学的观念与实践［M］. 北京：商务印书馆，2011.

［36］蒋笑莉，王征. 研究型大学学科国际评估的探索与实践：以浙江大学为例［J］. 学位与研究生教育，2013（10）.

［37］靳晓燕. 扶优扶需扶特扶新 建设高等教育强国［N］. 光明日报，2017-01-26（8）.

［38］卡尔·雅斯贝尔斯. 大学之理念［M］. 邱立波，译. 上海：上海人民出版社，2007.

［39］康健. 从历史的演变看大学的第三职能［J］. 高等教育研究，1995（2）.

［40］康宇. 我国研究生教育发展历程及其现实困境［J］. 哈尔滨学院学报，2013（12）.

［41］柯文进. 科学发展 合理定位 建设一流财经大学［J］. 首都经济贸易大学学报，2008（5）.

［42］李静，许博. 对当代中国高等院校研究生教育模式的研究［J］. 北京体育大学学报，1999（3）.

［43］李娟，陈美娟. 提升研究生创新能力的助推器：校内研究生创新实践基地建设的探索与实践［J］. 中国大学教学，2013（10）.

［44］李鸣. 创新开启未来 忠诚铸就辉煌：关于研究生创新和奉献精神培养的几点体会［J］. 学位与研究生教育，2016（5）.

［45］李天竹，彭胜民，卢铁光. "双一流"背景下地方农林院校学科建设研究：以东北农业大学为例［J］. 东北农业大学学报（社会科学版），2017（3）.

［46］刘广送，李春亮. 大学继续教育品牌建设相关概念浅析［J］. 继续教育，2014（3）.

［47］刘军跃，余运胜，黄伟九，等. 美、英、德、日四国研究生教育模式的比较［J］. 重庆文理学院学报（社会科学版），2009（4）.

[48] 刘献君. 大学之思与大学之建 [M]. 武汉：华中科技大学出版社, 2013.

[49] 刘新民, 徐云飞. 大学生就业品牌化战略的思考 [J]. 思想政治教育研究, 2006（5）.

[50] 刘振天. 我国新一轮高校本科教学评估总体设计与制度创新 [J]. 高等教育, 2012（7）.

[51] 卢铁城. 面向新世纪建设高水平综合大学的思考 [J]. 中国高教研究, 2001（2）.

[52] 罗文广, 蓝红莉, 文家燕, 等. 以创新为导向的地方高校研究生教育实践体系建构 [J]. 实验技术与管理, 2018（8）.

[53] 马陆亭. 高等教育强国的政策路径选择 [J]. 探索与争鸣, 2016（7）.

[54] 马铁东, 柴毅, 甘思源. 高校第四轮学科评估指标体系的分析与思考 [J]. 大学教育, 2018（6）.

[55] 潘懋元, 陈春梅. 高等教育质量建设的理论设计 [J]. 教育文化论坛, 2016（3）.

[56] 前瞻产业研究院. 2018—2023年中国国家重点实验室建设发展与运行管理模式创新分析报告 [R]. 2018.

[57] 施亚, 陈琳, 夏雪娇, 等. 全国第四轮学科评估对地方高校师资队伍建设的启示 [J]. 西部经济管理论坛, 2016（4）.

[58] 束洪春. 谈地方高校核心竞争力的提升 [J]. 中国电力教育, 2008（A10）.

[59] 孙卉. 对研究生创新教育培养模式的思考 [J]. 文教资料, 2005（33）.

[60] 孙悦涵. 培养学科带头人和建设学术梯队的思考 [J]. 科教文汇, 2018（7）.

[61] 谭敏. 我国研究生国际合作培养现状及其质量保障研究 [J]. 高等理科教育, 2011（5）.

[62] 汤强. 以学科评估促进高校学科建设：基于教育部第四轮学科评估指标体系的分析 [J]. 中国高等教育评估, 2018（1）.

[63] 陶俊勇, 邝溯琼, 杨定新. 以创新人才培养为导向的研究生实践教学体系探索 [J]. 实验室研究与探索, 2013（11）.

[64] 田海平, 汤曾. 研究型大学研究生的道德教育目标 [J]. 江淮论坛, 2004（6）.

［65］王晨，刘虹. 第四轮学科评估指标体系的变化、问题及启示［J］. 上海教育评估研究，2018（6）.

［66］张强，王建升，杜启振. "双一流"背景下的高校学科建设管理体制创新探索［J］.中国石油大学学报（社会科学版），2017（4）.

［67］王均平. 基于用人单位需求的普通高校毕业生从业能力的选择与设计［J］. 高等教育研究，2013（5）.

［68］王璐，王向旭. 当今英国研究生教育规模和结构的变化与走向［J］. 比较教育研究，2007（12）.

［69］王战军. 构建研究生教育质量保障体系：理念、框架、内容［J］. 研究生教育研究，2015（1）.

［70］魏军英，李学艺，刘起宇. 研究生创新能力与课程体系改革［J］. 黑龙江教育（高教研究与评估），2018（8）.

［71］吴康宁. 人才培养：强化大学的根本职能［J］. 江苏高教，2017（12）.

［72］吴咏诗. 综合性，研究型，开放式，国际化：关于建设国内外知名高水平大学的若干思考［J］. 高等工程教育研究，2001（2）.

［73］吴越. 世界一流大学的学科建设理念：基于MIT的个案研究［J］. 西北师大学报（社会科学版），2010（2）.

［74］谢桂华. 改革开放30年我国学位与研究生教育的历史性跨越［J］. 中国高教研究，2008（12）.

［75］谢和平. 高等教育的发展趋势与当代高水平大学的使命［J］. 中国大学教学，2008（5）.

［76］谢延龙. 中国学位与研究生教育30年：历程、成就和经验［J］. 中国高教研究，2008（6）.

［77］熊丙奇. 大学只有一个真正的功能：人才培养［J］. 大学（学术版），2010（2）.

［78］徐继宁. 中世纪大学与现代大学的职能比较［J］. 高教发展与评估，2009（1）.

［79］徐晓飒. 研究生教育质量提升的多元治理视域［J］. 高等工程教育研究，2018（1）.

［80］宣勇. 建设世界一流学科要实现"三个转变"［J］. 中国高教研究，2016（1）.

［81］闫治国. 地方高校建设世界一流大学的现实挑战与推进策略：以郑

州大学、云南大学、新疆大学为例［J］．河南师范大学学报（哲学社会科学版），2018（4）．

［82］杨旸，吴娟．地方高校"双一流"发展路径探寻［J］．长江大学学报（社科版），2016（5）．

［83］于富增．国际高等教育发展与改革比较［M］．北京：北京师范大学出版社，1999．

［84］翟亚军，王晴．"双一流"建设语境下的学科评估再造［J］．清华大学教育研究，2017（6）．

［85］张伟，徐广宇，缪楠．世界一流学科建设的内涵、潜力与对策：基于ESI学科评价数据的分析［J］．现代教育管理，2016（6）．

［86］张炜，翟艳辉．我国大学跨学科研究现状及其运行机制探析［J］．软科学，2003（5）．

［87］张优良，刘腾飞．大学生能力发展与就业部门选择的实证研究：基于首都高校大学生发展状况的调查［J］．国家教育行政学院学报，2016（7）．

［88］赵沁平．社会发展的需要 改革开放的成就：中国学位与研究生教育50年发展回顾［J］．学位与研究生教育，1999（5）．

［89］赵心恬．研究生分类培养模式的实践与探索［J］．当代教育理论与实践，2016（6）．

［90］中华人民共和国教育部．共和国教育50年：1949—1999［M］．北京：北京师范大学出版社，1999．

［91］钟秉林．大学的走向［M］．北京：商务印书馆，2015．

［92］周光礼．"双一流"建设中的学术突破：论大学学科、专业、课程一体化建设［J］．教育研究，2016（5）．

［93］周光礼．俄罗斯走上高等教育强国的历程及其经验［J］．赣南师范学院学报，2009（2）．

［94］周湘林．教育政策四维渐进决策模式构建与分析：以中国高校本科教学评估政策的演进为例［J］．教育研究与实验，2011（5）．

［95］朱小平，刘毅．高校学科建设存在的问题及对策探讨［J］．西北医学教育，2005（3）．

后 记

改革开放四十年来，我国经济社会各方面发生了巨大的变化，事实充分证明，改革开放是中华民族实现"富起来—强起来"的关键一招和制胜法宝，其理论的正确性和实践的成功性，在实现中华民族伟大复兴的中国梦历程中具有深远的意义，值得我们总结和反思。

我是20世纪60年代生人，能够上大学接受系统的高等教育，本身就得益于改革开放。除了在国内外学习深造，我一直在高校从事教学科研和党务行政管理工作，亲历了中国高等教育四十年的发展变迁。所经所为，所见所闻，所思所虑，使我对高校充满了感情，同时也有诸多感受和体会。

2018年，时值改革开放四十周年，党和国家举行了形式多样的纪念活动，各高校也举办了多种纪念活动，我个人出席、参加或组织的纪念活动也不少。结合自己在高校四十多年学习工作的经历，特别是在高校从事管理和领导工作过程中，先后撰写发表了二十余篇有关高等教育和高校发展的文章。当此之际，我就萌生了写一本关于改革开放四十年中国大学改革发展的书，力图从一名高校管理者的视角，以改革开放以来中国高等教育特别是大学改革发展历史过程为主线，对四十年来中国高校的办学活动和治理实践进行梳理和研究，以期能够比较全面地总结改革开放以来中国高等教育特别是大学的改革发展经验，总结四十年来我国大学发展变化的"道"与"思"，为构建和提升我国高校治理体系和治理能力现代化，与高校的管理者共商共议大学治理之策，做一些自己的努力。

由于工作繁忙，写作多是在闲暇时间、工作之余进行，故本书从酝酿构思到编写完成历时三个年头。本书编写过程中，笔者在框架构建、理论构思、内容编写、案例选择、数据引用等方面反复斟酌、认真考量，多次修改修订，倾注了一定的心血，方才形成现有的体系结构及内容安排。尽管如此，由于本人受时间精力、知识储备、管理经验等方面的局限，本书难免还存在不够完善、不尽人意之处，甚至还会有数据引用不准确、表述不正确的问题，恳请大家提出宝贵的意见建议，以便进一步修改完善。

本书集中反映了本人多年来关于高等教育管理及高校办学思想的总结与思考，对国内外高校办学经验与实践进行了系统归纳与总结，是一部集理论性、实践性、史实性、资料性于一体的著作，各章内容均主要以改革开放四十年为时间坐标，但也有少量的时空溯源作为历史背景以阐释说明相关内容。本书突出改革开放四十年来高等教育发展的重大事件和重点案例分析，列举了国内外一些大学的实例与做法，引用和摘录的资料都是公开发表或官方披露的，对此表示感谢。在本书撰写过程中，还参考和引用了许多专家、学者的研究成果，一并表示感谢。

从一定意义上说，本书也是集体智慧的结晶、团队合作的成果，陕西师范大学孔祥利、杨聚鹏、王秀铭、王文军、张小东、李铁绳、吴国彬等同志，从选题论证、内容框架、文献资料、调研咨询等方面做了大量工作，在此表示感谢。

在本书编写过程中，得到了陕西师范大学高等教育研究与评估中心有关同志的协助与支持，在此对他们表示感谢！我还要特别感谢钟秉林先生在百忙之中为本书作序，感谢邬大光教授、周洪宇教授、任晓伟教授、陆根书教授对书稿提出宝贵的修改意见。本书的出版还离不开陕西师范大学出版总社编辑同志的辛勤付出，他们在文字校订、图表编辑、版面设计等方面做了大量工作，付出了辛勤劳动，对此致以诚挚的谢意！

程光旭

2021年5月